KB179660

도산 안창호의 민족혁명론

도산 안창호의
민족혁명론

박만규 지음

역락

머리말 **나의 도산 공부 반세기**

이 책은 도산 안창호 선생의 사상에 관해 그동안 저자가 편편이 쓴 10편의 논문들을 모은 것이다. 오랜 기간에 걸쳐 간헐적으로 써 온 글들이다 보니 지금의 눈으로 보면 미숙한 점들이 아주 많고 일관된 체계도 부족하여 여러모로 미흡하게 여겨진다. 또 불가피하게 중복된 부분들도 있어 독자들께는 매우 죄송스럽다. 그럼에도 불구하고 따로 손보지 않고 거의 그대로 수록하기로 한 것은 기본 관점과 논지들만은 지금 생각과 크게 다른 점이 없기 때문이다. 또 개인적으로는 도산 선생에 관한 저자의 이해가 어떻게 진행되어 왔는지를 돌아보는 의미가 있기도 하다.

도산 안창호(1878~1938년) 선생이 활동한 19세기 말부터 20세기 전반의 우리 근대 역사는 말 그대로 수난의 역정이었다. 세계사적으로 제국주의 지구촌 시대가 마지막으로 완결되는 그 시점에서 우리는 주변 국가들에 비해 상대적으로 경쟁력이 미약한 전근대적 약소민족의 하나로 판명

됐고 그래서 직접적으로는 한발 앞서 근대화의 길을 밟아 간 일본의 식민지로 전락하고 말았다. 하지만 오랜 역사를 통해 자신의 삶과 문화를 훌륭하게 영위해 왔던 한민족이 무기력하게 침략당하고 순순히 지배만 당한 것은 아니었다. 치열하게 저항하고 투쟁하면서 끊임없이 스스로를 혁신해 와 마침내 자기 역사를 되찾을 수 있었던 값진 성장 발전의 시간이기도 했다.

그 과정에서 가장 앞장서고 중심에 섰던 분이 도산 안창호 선생이었다. 민족의 최고 지도자로서 그는 자기혁신과 항일투쟁을 아우르는 탁월한 민족혁명론을 확고히 정립하고 직접 그 실행에 전력을 다하다가 마침내 순국하였다. 민족 수난의 시기에 온몸을 바쳐 싸운 애국지사들과 선열들은 모두 존숭尊崇받아야 마땅하거니와 민족혁명의 사상과 운동이 절실히 필요했던 시기에 그처럼 이론과 실천을 겸비했던 지도자는 진실로 소중한 존재가 아닐 수 없었다. 저자는 오랜 기간 선생을 사숙하면서 그 점을 늘 절감하며 경탄해 마지않았다.

저자가 처음 도산 선생과 인연을 맺게 된 것은 1969년 고등학교에 입학하면서였다. 어느 봄날 단짝 친구들 셋과 당시 을지로 입구에 있던 흥사단에서 개최하는 금요개척강좌를 들으러 갔다가 강당에 걸린 큰 사진을 처음 보았다. 잘생긴 신사 같은 첫인상이 깊숙이 각인되었다.

1973년 재수 끝에 소망하던 서울대 국사학과에 입학했고 흥사단 서울대아카데미에 가입하였다. 대학 생활을 헐렁헐렁 지내다가 졸업에 임박해서 졸업논문을 써야만 했다. 그나마 들은 풍월이라고 도산 선생을 주제

로 하여 쓰기로 했다. 춘원 이광수의 『도산 안창호』와 송아 주요한의 『안
도산전서』를 급급히 베끼고 축약해서 「도산 안창호의 생애와 사상」이라
는 평범한 제목으로 원고지 150매가량을 작성했다. 지도교수이시던 김철
준 선생님께 가져갔더니 진한 평안도 사투리로, "박군이 도산을 알갔어?
도산은 큰 인물이야. 춘원식으로 할라믄 하지 말라우." 하시면서도 두고
가라고 하셨다. 정통으로 찔려서 가슴이 뜨끔했지만 뒤에 돌려받았는데
표지에 A가 큼직하게 적혀 있었다. 내 교수 생활의 경험에 비추어 보건대
읽지 않고 그냥 후하게 주셨거나 아니면 혹시 앞으로라도 잘해 보라는 격
려의 점수였을 것이다. 어쨌든 간 우선 최고 평점을 받은지라 속으로 쾌
재를 불렀으니 유치하기가 끝이 없던 시절이었다.

졸업하고 대학원에 입학만 해둔 채로 2년 반 동안 군 복무를 마친 다음
1979년 2학기에 대학원에 복학했다. 문제는 대학원생이 됐는데도 특별
히 생각하고 있는 절실한 연구 주제도 반드시 파고들어야겠다는 치열한
문제의식도 없는 얼치기라는 사실이었다. 어느 날 정신문화연구원(오늘
의 한국학중앙연구원)의 원장으로 가 계시던 김철준 선생님을 찾아뵈었더니
반겨 주시면서 논문 계획에 대해서도 물으셨다. "박 군은 도산 제자 아닌
가. 도산에 대해 써 보지 그러나?"라고 하셨다.

그런데 당시 국사학계에서는 도산이 몹시 공격당하고 있는 아주 옹색
한 처지였다. 박정희 유신 말기에서부터 곧이어 폭압적인 전두환 신군부
가 재집권하는 험악한 정세 속에서 사상적으로나 실천적으로 투쟁적인
민주화운동이 주류를 차지할 수밖에 없었다. 따라서 우리 근대 인물들 속
에서도 신채호나 이동휘 나아가서는 김일성 같은 강성強性의 인물들이

높이 평가되고 있었다. 반면에 도산은 잘해야 양심적이고 도덕적인 인격 수양론자 내지는 온건한 비폭력 준비론자였고 대체로는 민족개량주의자 내지 타협적 자치론자로 치부되고 있었다. 물론 뒤에 알고 보니 이는 춘원이 그려 놓은 도산상을 전제로 한 평가이고 규정이었다. 도산의 인격만을 과도하게 미화한 춘원의 성자적聖者的 도산상과 당시 학계의 민족개량주의자라는 도산관은 실은 한 손의 앞뒷면과 같은 것이었다.

하지만 결국 용기 없는 나는 도산의 민족운동을 앞으로의 박사논문 과제로 미루기로 하고 우선은 일제의 침략사를 이해하기로 하되 그중에서도 비교적 범위가 특정되는 한말 일제의 철도 침략을 석사논문으로 다뤘다. 이어서 광산 침탈에 대해서도 썼다. 그러다가 5공 정권의 졸업정원제 시행에 따라 교수 수요가 대폭 늘어난 덕에 박사과정 중에 있으면서 1984년 봄 전남대학교 국사교육과에 전임강사로 채용되어 가게 되었다.

5·18의 본거지 광주 전남대학교에서의 초기 생활은 저자에게 여러모로 진실로 의미롭고 보람되었지만 한편으로는 번민 많은 시기이기도 했다. 박사논문 제출 시한이 다가오고 있었기 때문이었다. 논문 주제로는 『도산 안창호의 민족운동연구』를 가제목으로 제출해 두고 계획서 발표까지도 마쳤다. 하지만 명석한 두뇌도 없고 집중적인 탐구력도 부족한 데다 멀리 광주에 이미 교수로 정착한지라 제대로 진전이 이루어지지 않았다. 무엇보다 '춘원식이 아닌 도산상'이 무엇인지 아직 명확히 그려지지 않았다.

한참 뒤에야 깨닫게 됐지만 그때를 되돌아보면 참으로 하룻강아지 범 무서운 줄 모르는 무모한 도전이었다. 겨우 뒷동산이나 오르내릴 실력으로 천하제일의 고산준봉高山峻峯을 오르겠다고 나선 꼴이었다. 당시 학계의 도산관이 매우 편향적이고 부당하다는 것은 감각적으로 느끼고 있었지만 이를 돌파할 명확한 대안의 도산상을 미처 정립하지 못하고 있었던 것이다.

도산 선생은 청년 시절부터 평생을 민족운동의 한복판에서 활동한 인물이었다. 한때의 집중적인 책상머리 공부로 전모를 파악할 수 있는 대상이 아니었다. 연구자 스스로의 안목과 경륜이 어느 정도 쌓여야 조금씩 윤곽이 드러나고 마침내 선명한 모습을 볼 수 있는 분이었다. 결국 박사학위 논문은 불발되고 말았다. 그래서 36년간의 오랜 교수 경력에도 불구하고 나의 최종 학력은 박사과정 수료에 그치고 말았다.

어쨌거나 나의 도산 공부는 느슨하게나마 꾸준히 계속되었다. 그러면서 점차 내 나름의 확고한 도산관을 갖게 되었다. 그의 삶과 사상 전체를 아우르는 전기나 평전을 통해 최종적으로 그려져야 하겠지만 우선 사상만을 간략히 요약하면 다음과 같다. 그의 사상의 핵심은 현시점에서는 아직 한국 민족의 혁명론이 되겠는데 크게 2단계로 전개되었다. 먼저, 1차 민족혁명론은 일본의 침략으로 국권 상실을 목전에 둔 20세기 초 한말에 정립되었다. 민주공화국건설론과 독립전쟁준비론의 두 가지를 핵심 축으로 근대제국주의 시대에 대응하기 위한 한국근대민족주의 바로 그것이었다. 다음, 2차 민족혁명론은 1920년대 후반에서 1930년대 초에 정립되고 주창된 좌우합작의 대혁명당 조직론과 그 사상적 바탕으로서의 대공주의大公主義였다. 대공주의는 기존의 자본제국주의와 신흥 공산제국주의가 대립하게 되는 새로운 정세 변화에 조응하여 나온 신新민주국가론으로서 한국 민족의 자주적 독립사상이면서 동시에 세계 평화사상이기도 하였다.

누가 19세기 후반부터 오늘까지의 한반도 상황을 한편의 파노라마처럼 연속적으로 일별한다고 하면 그야말로 상전벽해桑田碧海의 대변화를 실감할 수밖에 없을 것이다. 제국주의 침략, 남북 분단과 6·25전쟁, 장기간의 가난과 독재 등 인류 역사 속의 온갖 역경들을 모두 다 겪으면서도 끝내 이기고 헤쳐 나온 한민족은 오늘에는 남북한 나아가 전 세계를 무대로 가장 역동적인 삶을 살아가고 있다. 지난 한 세기 반 동안 한국 민족이 이끌어 온 변화는 하나의 〈거대한 혁명〉이라 불러 마땅할 것이다.

그 한민족 격변의 와중에서도 가장 암울했던 일제 강점 시기에 최고 민족지도자가 도산 안창호였다. 그는 엄혹한 현실을 뚫고 나갈 이론과 실천이 절실히 요청될 때마다 그 부름에 가장 성실히 응답한 혁명운동가이자 혁명사상가였다. 절망적 상황에서도 불굴의 의지로 현실에 정면으로 대응하였으며 가느다란 틈새에서도 어떻게든 미래 비전을 가꾸어 가며 수난의 동포들에게 희망을 제시하려 한 인물이었다. 그 스스로 말했듯이 "밥을 먹어도 대한의 독립을 위해, 잠을 자도 대한의 독립을 위해" 바친 그의 60년 생애는 그야말로 혁명가의 전범典範이었다. 그러는 동안 일제 군경에 세 차례 구금되어 혹독한 고문을 당했으며 도합 3년 반가량의 옥고를 치른 끝에 끝내 순국하였다.

하나 더 주목할 사실은 그의 역할과 사상이 대부분의 여느 독립운동가들과는 달리 자기 당대에 그리고 한국 독립사상의 범위 안에만 국한되지 않는다는 점이다. 그는 자신이 살았던 시대의 소명에 충실했을 뿐 아니라 한국 민족은 물론이고 나아가 인류 전체의 평화와 번영 그리고 행복 실현의 방안에 대해서도 늘 심사숙고하였다. 그리하여 애기애타愛己愛他와 대공주의 및 세계대공世界大公과 같은 넓고 큰 새로운 개념들을 정립하였다.

이 책에서는 미처 본격적으로 다 다루지 못했지만 그가 제시한 이런 미래를 위한 비전은 이미 현재에도 매우 값진 자산이 되고 있다. 앞으로 시간이 지나면서 세계 속에서 우리의 위상이 높아질수록 점점 더 주목받으며 더욱 그 빛을 발할 것이라고 확신한다. 저자의 이런 도산관은 물론 어느 날 일거에 얻어진 것이 아니다. 이번에 그의 사상을 『민족혁명론』이라고 이름 지은 것은 비록 느린 걸음이었지만 일단 반세기 도산 공부의 중간 결실이라고 감히 말하고 싶다.

이 책이 나오기까지 몇 분의 직접적인 은덕을 입었다.

저자의 대학 후배이기도 한 이선민 선생은 오랫동안의 언론인 생활을 마치고 서울대학교에서 박사학위 과정을 밟고 있다. 만학도로서 우리의 자주적 근대화 과정을 탐구하는 과정에서 도산 선생의 존재와 역할이 매우 중요함을 간파하고 필자에게 그간의 논문들을 모아 발간할 것을 적극 권유해 주었다. 도산의 전기 집필만을 과제로 여겨왔던 저자가 그에 앞서 이번 논문집 발간을 결심하는 직접 계기를 만들어 준 셈이다. 감사드린다.

유튜브와 저술 그리고 출판을 통해 한국사의 대중화 작업에 큰 역할을 하고 있는 역사바로잡기연구소의 황현필 소장에게도 큰 감사를 드린다.

전남대학교에서 저자와 사제의 관계로 만난 황 소장께서는 어려운 출판 여건을 돌아보지 않고 흔쾌히 출간을 맡아주겠다고 나섰다. 황 소장을 도와 함께 일하고 있는 공정범, 공지영 두 분도 이 책 발간에 정성을 기울여 주셨다. 아울러 깊이 감사드린다.

2022년 11월 9일
도산 안창호선생 탄신 144주년 기념일에, 박만규 씀

차례

1부 | 20C 초 민주공화국건설론과 독립전쟁준비론

I. 한말 도산 안창호의 민족운동 이념과 방법론

1. 머리말

한말·일제하 지도적 민족운동가의 한 사람으로 활약하였던 도산 안창호(1878~1938)는 다음의 두 가지 점에서 특히 주목되는 인물이라 할 수 있다.

첫째, 그는 다방면에 걸쳐 직접 활동을 전개하였던 실천가이면서, 동시에 나름대로의 구국 방안을 부단히 모색했던 이론가였다는 사실이다. 독자적인 이론 체계와 활동 영역을 함께 보여 준 드문 예의 하나였다.

둘째, 그는 스스로의 민족운동 이론과 방식을 가졌을 뿐만 아니라 당시 최고위지도자의 일인으로서 상당한 세력을 결집, 지도하였다는 점이다.

이는 그의 민족운동 이론과 역할이 당대에는 물론 후대에도 매우 큰 영향을 미치고 있던 점이 아울러 고려되어야 한다는 것을 뜻한다.

안창호에 대해서는 이미 적지 않은 관심이 기울여져 왔다고 할 수 있다. 그의 생애와 사상에 관해 언급하고 있는 다수의 전기물이 있으며, 특히 그의 교육사상에 대해서는 많은 학술적 고찰이 행해져 왔다. 반면, 그의 한말 국권회복운동과 일제하 민족독립운동을 포함한 민족운동의 이론을 깊이 있게 다룬 글은 의외로 찾아보기 어렵다.[1]

본격적인 연구가 결여된 채로 그의 민족운동 이념과 방법론에 관한 기존의 피상적인 견해는 대부분 크게 잘못되어 있음을 보게 된다. 흔히 실력양성론, 준비론 등으로 지칭되고 있지만 그 진의가 제대로 이해되고 있지 못하다.

이제 여기서는 안창호의 민족운동 이론을 살펴보기로 하되 시간적인 범위를 크게 좁혀 우선 그가 한말에 전개하였던 민족운동의 이념과 방법론을 검토해보고자 한다. 이 시기 그의 민족운동 이론은 당시에는 애국계몽운동의 가장 선진적인 이론이었으며, 그 자신에 의해서는 대체로 1920년대 전

---

[1] 안창호의 생애와 사상에 관해서는, 이광수(『도산 안창호』, 1947.)와 박현환(『속편 도산 안창호』, 1953.)의 초기 단행본에 이어, 그의 어문집을 포함하여 행적과 사상을 상세하게 기술한 주요한(『안도산전서』, 1963.)의 방대한 저서가 있으며, 그 밖에 장리욱과 임중빈에 의한 저술도 있다. 그의 사상에 관해서는 안병욱(『도산사상』, 1972.)의 단행본과 신일철의 짧은 글(「민족성 개혁의 선구자」, 『사상계』, 1962년 3월, 『안도산전서』에도 수록.)이 참고되며, 최근에는 그의 독립운동과 관련한 사회사상을 다룬 박명규(「도산 안창호의 사회사상」, 신용하, 『한국현대사회사상』, 지식산업사, 1984에 수록.)의 논문이 나와 있다. 그 밖에 각 대학에서 주로 그의 교육사상을 다룬 다수의 석사 학위논문이 나오고 있다.

반까지 민족독립운동의 이념과 방법론으로도 일관하여 주장되고 있음을 볼 수 있다.

이를 위해서는 당연히 그가 민족운동의 전개를 목적으로 조직했던 신민회의 이념과 방법론이 주로 분석될 것이다. 또 그 전제로서 그가 이면에서 한말 애국계몽운동을 총괄하였던 신민회를 구상하고 조직하기까지의 과정과 그 지도자로 부각될 수 있기까지의 배경적 과정도 간략히 언급되어야 하겠다.

2. 민족운동 지도자로의 성장 과정

도산 안창호는 1878년 11월 9일 평안남도 강서군에서 농업을 하던 안흥국의 3남으로 태어났다. 그의 가계에 대해서는 농가였다는 것뿐 더 이상 상세한 기록을 볼 수가 없다. 다만 몇 가지 사실로 미루어 볼 때 농가로서는 비교적 여유 있는 중상층 정도의 자작농 혹은 자작 겸 지주였을 것으로 생각된다.[2]

---

2 이 같은 추정의 근거는 다음과 같다. ① 그가 목동을 겸하면서 가정과 서당에서 한문과 유학을 배울 수 있었던 점, ② 독립협회 활동 후 그가 곧 점진학교와 하천매축에 착수하고 있는 점, 『안도산전서』 참조. ③ 그 밖에 3·1운동 이후 상해에서 그가 이끄는 흥사단에 입단하였고 자주 그를 만나 이야기를 들었다는 김산은 "안창호는 평양 부근 강서 지방에 있는 어느 중류 지주의 가정에서 태어났다."라고 하였다. 님 웨일즈 지음, 조우화 옮김, 『아리랑』, 동녘출판사, 1984.

그는 만 17세 때까지 향리에서 서당에 다니며 한문을 배웠다. 특히 14세에서 16세까지의 3년간에는 김현진이라는 선비에게서 유학을 수학하였고 동문의 선배인 필대은으로부터 신지식에 접할 수 있었다고 한다.[3]

이때 배운 그의 전통 한학이 어느 정도의 수준에 이르고 있었는지는 확인할 수 없지만 후일 그의 상당한 필력과 평이하면서도 요령을 얻고 있는 고사 인용 등은 소년기의 한학 수업에 크게 힘입은 것이 아닌가 한다. 동시에 이 시기 필대은과의 접촉은 그의 생애에 큰 영향을 미친 중요한 계기의 하나로 볼 수 있다. 도산보다 몇 살 위의 선배로서 한문을 잘하였고 고서적과 중국 서적을 많이 읽어 도산에게 지식 방면에 많은 영향을 준[4] 그는 청소년기의 안창호에게 유일한 선각적 계몽자였던 셈이다.

만 16세 때인 1894년 그는 평양에서 청일전쟁을 직접 목격하고 큰 충격을 받았다고 한다. 전장의 폐허를 바라보며 그는 "어찌하여 일본과 청국이 우리나라에 군대를 끌고 들어와서 전쟁을 하게 되었는가?"를 거듭거듭 생각하게 되었다. 마침내 그는 "외국이 마음대로 우리 강토에 들어와서 설레는 것은 우리나라에 힘이 없는 까닭"이라는 결론에 도달하였다.[5] 이후 그가 실력 또는 힘을 누누이 강조하게 된 것과도 무관하지 않은 커다란 각성의 계기였다고 할 수 있다.

이듬해 1895년 17세의 그는 홀로 상경할 것을 결심하게 된다. 당시 정

---

3 주요한, 『안도산전서』19기년 수정증보판, 삼중당. 이하 그의 전기적 사실은 주로 이에 의거하며, 『전서』로 약칭한다.

4 『전서』, p.20.

5 이광수, 『도산 안창호』, 흥사단출판부, 1984, p.8.

동에 있던 언더우드 H. G. Underwood학교의 보통반에 입학하여 이를 마치고, 다시 특별반에 들어가 19세에 졸업하였다. 언더우드학교에서는 이때 주로 기도와 찬미 등을 가르치고 있었다. 여기서 그는 기독교에 입교하였고 서양 문화도 마음대로 받아들일 수 있었다고 한다.[6]

그가 언더우드학교를 졸업하였을 때는 서울에 이미 독립협회가 결성되어 활동하고 있었다. 안창호 역시 졸업 후 이에 가담하였는데 그가 독립협회에 참여한 것이 정확히 언제부터인지는 분명하지 않다. 기록에 의해 확인할 수 있는 것은 독립협회가 이른바 민중투쟁기로 접어든 이듬해 1898년 8월 이후부터이다.

그는 당시 독립협회 내의 소위 '소장혁신 신진파'로 불릴 수 있는 청년 간부의 일원으로서 과장 내지 부장급에 위치하였다.[7] 또 그는 이에 앞서 필대은 등과 함께 독립협회의 평양지회 설립에 참여한 중심인물이기도 했다. 독립협회의 활동은 만민공동회운동과 더불어 1898년 후반을 그 절정으로 하여 큰 반향을 불러일으키다가 결국 그해 말 당시의 광무정권에 의해 강제 해산을 당하였다.

비록 짧은 기간이었지만 독립협회 및 만민공동회에서의 활동은 최초의 사회 활동이었다는 점 이외에도 그에게 몇 가지 큰 의미를 갖고 있는 것으로 보인다.

첫째, 독립협회의 사상에 직접 접하게 된 사실이다. 자주독립, 자유민

---

6 『전서』, p.25.
7 신용하, 『독립협회연구』, p.101.

권, 자강개혁으로도 말해지고 있는 독립협회의 주요 사상은 결국 근대적 민족주의와 민주주의 그리고 근대화론으로 이루어져 있었다.[8] 그는 이에 공감하면서 적극적으로 활동하였던 것이다. 이 시기의 신지식층이 총망라되었던 독립협회의 사상은 만 20세의 청년 안창호에게도 깊은 영향을 미쳤을 것으로 생각된다.

둘째, 특히 만민공동회의 활동을 통해 그는 장차 본격적으로 전개될 국권회복운동 및 민족독립운동 기간에 접하게 될 많은 인물들과 교제를 가졌던 점을 지적할 수 있다. 이 시기 만민공동회운동에 참여하였던 소장층들은 대부분 그 후 1900년대 후반의 애국계몽운동과 3·1운동 이후 민족독립운동의 중진 지도층으로 성장하였다. 독립협회와 만민공동회운동 참여의 배경이 있었기 때문에 그가 이후 약 5년간의 미국 체재로 인한 공백에도 불구하고 이를 비교적 쉽게 극복하고 한말 신민회를 조직하는 등 주도적으로 활동할 수 있었던 것이다.

셋째, 그가 이때 특히 계몽 시대에 거의 필수적으로 요청되는 뛰어난 웅변력을 닦을 수 있었다는 점이다. 그는 1898년 당시에도 평양에서의 쾌재정 연설 등 웅변으로써 이미 그의 이름을 대중들 사이에 널리 인식시킬 수 있었다. 그러나 이때 그가 직접 많은 청중을 상대로 자주 연설의 기회를 가짐으로써 후일 더욱 세련된 웅변 능력을 쌓게 되었던 점은 결코 과소평가될 수 없는 사실이라 하겠다.

1898년 말 독립협회가 해체된 이후 그는 귀향하여 즉시 초급 과정의

---

8   신용하, 「독립협회의 사회사상의 사회학적 해석」, 『독립협회연구』.

점진학교를 세웠다. 물론 그가 교장이었으며 최광옥, 이석원 등의 교사와 함께 엄격한 교풍을 수립, 견지하였다고 한다.[9] 당시로서는 획기적인 남녀공학이었다는 특징과 함께 특히 점진이라는 학교의 명칭이 주목된다. 그의 운동방식은 흔히 점진주의로 말해지고 있는데 이때 벌써 그 단적인 표현을 보게 되는 것이다.

동시에 그는 하천매축 공사에도 착수하였다.[10] 그 의미는 말하자면 농업 진흥을 위한 산업운동에도 손을 댄 것이다. 직접적인 정치 활동이 탄압을 받아 실패로 돌아가면서 보다 장기적이고 근본적인 교육과 산업 활동을 통해 국가의 자주권을 수호하고 사회의 근대화를 달성할 수 있는 기본 역량을 먼저 배양하자는 것은 이 시기 신지식층의 공통된 생각이었다. 안창호는 그 전형적인 예로서 독립협회 활동이 종식된 이후 만 3년간 20대 초반의 약관으로 고향에서 교육과 산업에 종사한 것이다.

1902년 9월 그는 점진학교의 운영을 동지들에게 맡기고 반쯤 진척된 하천매축 공사는 바로 위의 형에게 맡긴 다음 유학을 목적으로 미국을 향해 떠났다. 처음 교육학을 연구하고 돌아와 국내에서 교육 사업에 종사하려는 계획과 기독교의 오의奧義(깊은 뜻)를 연구하려는 생각을 품고[11] 샌프란시스코에 도착한 그는 이내 방침을 바꾸게 된다. 현지 동포들의 비참한 생활상에 충격을 받아 일단 학업을 포기하고 우선 그들의 생활 개선을

---

9 『전서』, pp.32~33.

10 『전서』, p.33.

11 『전서』, p.35

위한 지도에 나서게 된 것이다.

당시 미국 서부의 샌프란시스코에는 20여 명의 한국인이 있었다. 그중 반가량은 그와 비슷한 처지의 유학생이었으며, 나머지 반은 주로 중국인을 상대로 하여 인삼을 판매하는 행상이었는데 좀 더 나은 곳을 차지하려고 상호 간에 치열한 경쟁을 벌이며 사소한 이익을 다투고 있었다. 물론 그 생활 정도는 극히 낮아 하층민으로서의 처지를 벗어나지 못하였다.

그는 동향 출신의 유학생 이강, 정재관, 김성무 등의 도움을 받으며 헌신적으로 교민 지도에 나섰다. 차츰 신임을 얻게 된 그는 이듬해 9월 9명의 동조자를 모아 상항桑港친목회를 조직하였다.[12] 이는 비록 그 세력은 미미하였지만 미국에서 조직된 최초의 한인 단체였다는 데서 그 의미가 적지 않은 것이었다.

이어 그는 로스앤젤레스 부근의 리버사이드로 이주하였다. 여기에서도 그는 18명의 한인 노동자로 공립협회를 조직하였다. 곧 그 회원이 35명까지 증가하고 어느 정도의 기틀이 세워진 다음, 그는 동지들의 권유를 받아들여 다시 샌프란시스코로 되돌아갔다.[13]

1905년 4월 그는 샌프란시스코에서 앞서의 상항친목회를 확대, 발전시켜 공립협회共立協會로 개편하고 이를 공립협회의 본부로 삼았다. 이때 샌프란시스코에서 공립협회 본부를 조직하면서는 이전의 상부상조를 목적으로 하던 단순한 친목 단체로서가 아니라 애국이라는 정치적 목적

---

12 김원용, 『재미한인 50년사』, 『독립운동사자료집』8, 독립운동사편찬위원회, pp. 659~660.
13 『전서』, pp. 45~47.

이 가미된 정치사회 단체로 발전시켰다.[14]

공립협회는 국내에서 을사보호조약이 체결되던 때인 그해 11월 3층 건물의 자체회관을 마련하였고 기관지로 한글판 주간 신문인 공립신보를 발간하기에 이르렀다. 이후 공립협회는 일단 하와이로 왔던 한인 노동자들이 속속 미국 서부 지역에 도착함으로써 그 세력이 크게 증대되었다. 그가 귀국한 무렵인 1907년경에는 샌프란시스코의 본부 외에 로스앤젤레스, 레드랜드, 리버사이드, 오클랜드, 보이드, 라크스, 브릭스 등에 지부를 둔,[15] 회원 700~800명의 대단체로 성장하였다.[16] 초대 회장이었던 그의 뒤를 이어 송석준, 정재관 등이 회장을 역임하였으며 그가 귀국한 이후 1909년에 이르러 하와이의 합성협회合成協會와 합병하여 국민회로 확대, 개편된다.[17]

결국 안창호의 미국행은 원래의 유학 목적에서 완전히 벗어나고만 셈이었다. 교민 지도라는 현지의 당면 과제에 뛰어들어 시간과 노력을 집중하게 되었던 것이다. 그것이 결과적으로는 그의 전 생애를 통해 민족운동을 전개하는 과정에서 언제나 든든한 기반이 되어 주었다는 점에서, 일단은 매우 중요한 의미를 갖는 것으로 볼 수 있다. 반면 그가 정규 학위 과정을 거치지 못한 손실도 적지는 않았다고 생각된다. 예를 들면 이승만이 학위 취득에 집중하여 미국 철학박사로서 누렸던 특권을 생각해볼 때 그

---

14 김원용의 앞의 책, 『독립운동사자료집』8, p.660.

15 김원용의 앞의 책, 『독립운동사자료집』8, p.660.

16 「공립협회의 성황」, 『태극학보』, 아세아문화사, pp.467~468.

17 김원용의 앞의 책, 『독립운동사자료집』8, p.667.

득실을 정확히 판단하기는 어렵다고 하겠다.

어쨌든 미국의 한인 교민사회가 형성되어 가던 초창기에 그 대중적 지도자로서 착실히 기반을 쌓던 그는 1906년 말경 귀국을 결심하게 된다. 이때 국내의 실정은 1905년 11월 을사늑약을 통해 외교권을 박탈당하고 일본의 보호국으로 전락하였다. 이듬해 1906년 2월에는 일본이 한국통감부를 개설하여 내정에서도 그 실질적인 통치권을 장악해 감으로써 점차 완전 식민지로 변해가고 있었다.

3. 비밀결사 신민회의 구상과 조직

그의 귀국 결심은 막연한 생각에서 나온 것이 아니었다. 국내에서의 활동에 대한 구체적인 목표와 계획을 갖고 결정된 것이었다. 당시 국내에서 전개되고 있던 애국계몽운동을 하나의 구심점 아래 묶어 본격적인 민족운동으로 승화시키려는 구상이었으며 구체적으로는 바로 비밀결사 신민회의 조직 계획이었다.

이 무렵 국내에서는 일제의 통감부가 실질적인 통치권을 행사하는 가운데 지방에서는 주로 유생층이 농민대중을 이끌고 의병항쟁을 전개하고 있었으며, 서울을 중심으로 한 도시에서는 개명관료와 신지식층이 주로 청년학생층을 대상으로 애국계몽운동을 펼쳐 나가고 있었다.

그러나 이들은 우선 국권회복이라는 공동의 목표를 갖고 있었으면서도 서로 이해와 협조가 결여되어 있었다. 또 그 각각의 내부를 들여다보아도 큰 취약점들을 안고 있었다. 의병운동의 경우 그 장비의 전근대성은 두말할 필요도 없고 처음부터 승패를 초월한 투쟁이었다. 반면 애국계몽 운동은 비록 때와 힘을 헤아리는 탁시양력度時量力의 중요성을 인식하는 데서 출발하고는 있었지만 기본적으로 그 힘이 너무도 미약하였다. 서우학회와 한북학회의 지방적 단체 외에 대한자강회가 전국 규모의 단체로 활동하고 있었지만 일제의 엄중한 감시 아래 완전히 노출되어 있는 상태였다. 더욱이 일본인이 중요 인물로 참여하는 등 본격적인 민족운동의 수준에는 도달하지 못한 채 그야말로 아직 계몽운동의 차원을 벗어나지 못하고 있는 실정이었다.

따라서 이 같은 취약점들을 보완 내지 종합 지양하여 민족운동의 참뜻에 명실상부하게 합치시키는 것이 당시의 시급한 과제였던 것이다. 안창호가 귀국을 결심함과 동시에 구상한 신민회의 이념과 방법론은 이 같은 과제에 대한 대응이었다고 할 수 있다.

신민회가 최초로 발기된 것은 미국의 로스앤젤레스 부근 리버사이드에서였다.[18]

1907년 초 귀국 직전 안창호는 이강, 정재관, 김성무, 임준기 등에게 자신의 구상을 설명하여 대한신민회를 조직하기로 합의하고,[19] 〈대한신

---

18 "본인 등은 국민의 일분자로서 해외에 표박한 지 이에 다년 이에 우으로 천지신명에 질質하고 아래로 동포 형제에게 모謀하여 드디어 일회를 미국 가주 하변河邊에서 발기하니 그 이름을 대한신민회라 하다." 「대한신민회취지서」, 『한국독립운동사』, 국사편찬위원회, pp.1026~1027.

19 『전서』, pp.55~56.

민회취지서〉와 〈대한신민회통용장정〉을 작성한 것으로 보인다.[20] 곧 이 취지에 공감하여 신달윤, 박영순, 이재수 등이 가담함으로써 우선 미주 지역의 대한신민회가 먼저 조직된 셈이었다.[21]

안창호는 공립협회와 이들이 마련해 준 여비와 자금을 갖고 만 4년 반 동안의 미주 교민 지도 활동을 일단 마치고 귀국길에 올랐다. 이때 그는 공식적으로는 공립협회 학무學務의 직함을 갖고 있었다. 1907년 1월 8일 샌프란시스코를 출발한[22] 그는 같은 달 말경 일본의 동경에 도착하였으 며 약 2주일간 한국인 유학생들과 접촉하였다.[23]

당시 일본에는 약 600여 명 내지 700명의 한인 유학생이 있었으며[24] 이들 간에는 전체 유학생의 집결체인 대한유학생회 외에도, 주로 출신 지 역에 따른 지연을 중심으로 하여 태극학회太極學會, 낙동친목회洛東親 睦會, 한금청년회漢錦靑年會 등의 유학생 단체가 조직되어 있었다.[25] 그

---

20 「대한신민회취지서」와 「대한신민회통용장정」의 내용은 1909년 초 일제 정보기관이 입수하 여, 일본문으로 번역한 내용(1909년 경시총감기밀보고 592의 1)을 우리말로 다시 옮긴 것이 국사편찬위원회의 『한국독립운동사』1권의 자료편에 실려 있다. 따라서 원래 작성된 원문 그대로는 아니며 생략된 부분도 있다. 그러나 현재로서는 신민회의 취지와 목적을 알아보 는 데 있어서 가장 중요한 자료 가운데 하나라고 할 수 있다.

21 『전서』, p.56.

22 노재연, 『재미한국인사략』, 『독립운동사자료집』8, 독립운동사편찬위원회, p.481.

23 당시 샌프란시스코와 요코하마 사이의 정기 항로의 항해 기간은 약 21일이 소요되었다고 하며, (신용하, 「신민회의 창건과 그 국권회복운동」, 『한국학보』8호, 1977, p.39, 주9 참조) 그가 동 경을 떠난 것은 2월 12일이었다. 『태극학보』7호, p.57.

24 「대한유학생회학보취지서」, 『대한유학생회학보』1호, p.1.

25 「변辯아我유학생사회분합동이설分合同異說」, 『대한유학생회보』3호, pp.15~19.

가운데서 1906년 8월에 결성된 태극학회는 주로 관서지방 출신들의 모임이었다.[26] 자연히 그는 태극학회의 회원들과 주로 접촉하였던 듯하며, 이전부터 이미 안면이 있던 김지간이 안내역을 맡았다고 한다.[27]

태극학회에서는 2월 3일 아침 85명의 유학생이 참석한 가운데 그의 환영을 겸한 모임을 개최하였다. 이 자리에서 안창호는 답사를 통해 약 1시간에 걸쳐, ① 우리 국민이 현재 처하고 있는 상황, ② 우리 국민의 약점, ③ 해외에 있는 우리 국민의 일대 각오 및 미주 동포의 실황, ④ 일본 도착 후 유학생계를 살펴본 소감, ⑤ 우리 청년의 분발과 전진 방침을 말하였다. 그의 극진한 열정과 웅장한 변설은 유학생들로 하여금 부지불식간에 뜨거운 눈물을 흘리게 하는가 하면 용기백배하게 만들어 깊은 감동을 심어 주었다고 한다.[28] 이때 그가 접촉한 태극학회의 주요 간부인 장응진(회장), 최석하(부회장), 김지간(총무) 등은 모두 후일 국내에서 그의 활동에 적극 참여하였다. 귀국 도중에 안창호가 이처럼 일본에 장기간 체류한 것은 물론 유학생들 속에서 많은 인재를 발굴해 내려고 했던 데 그 뜻이 있었다고 하겠다.[29]

2월 12일 동경을 출발하여 일단 귀국한 그가 서울에 올라와 본격적인 사회 활동을 시작한 것은 같은 달 하순에 들어서였다. 그는 먼저 황성신문사와 대한매일신보사에 들러 공립협회의 명의로 각각 35원의 국채보

---

26 백순재, 「태극학보 해제」, 『태극학보』 1호 참조.

27 『전서』, p.57.

28 「안창호 씨 환영 및 김석환 씨 송별회」, 『태극학보』 7호, pp.468~469.

29 후일 그를 극진히 따랐던 최남선을 처음 만났던 것도 이때였다고 한다.

상금을 기부하였다.[30] 이어 3월 1일에는 남대문 밖 한양학교의 초청을 받아 광흥학교와 균명학교 그리고 청련학교 등의 여러 학생과 교사들이 참석한 가운데 연설하였다.[31] 다음날 3월 2일에는 서우학회의 제5회 통상회 후에 개최된 그의 환영회에 참석하여 관서지방의 유지들과 인사를 나누고, '국민의 의무는 단합, 진력 두 건 사事 외는 무無하다.'라는 주제로 연설하였다.[32]

이때부터 안창호는 서울, 대구, 원산 등 각지를 왕래하며 연설을 통해 반일의식을 고취하였다.[33] 3월 10일경에는 서울의 휘문의숙에서 연설하였으며,[34] 3월 11일에는 평양의 사범강습소 개교식에 참석하여 연설하였다.[35]

특히 그는 고향인 평양에 장기간 체류하면서 주로 기독교도를 상대로 기회 있을 때마다 연설을 통해 시국의 급박함을 경고하고 특히 일본인에게 토지를 팔지 말 것 등을 역설하였다.[36] 4월 초에 열린 평안남도 추기 대운동회는 당시 평안남도 관찰사로 있던 이시영과 강서 군수 이우영이

---

30 잡보「재외동포의연」, 『황성신문』, 1907.2.23, 잡보「해외의연」, 『대한매일신보』, 1907.2.24.

31 잡보「한교漢校강연」, 『황성신문』, 1907.3.2, 잡보「지사연설」, 『대한매일신보』, 1907.3.2.

32 『서우』상, 아세아문화사, p.295

33 "안창호는 각지에 유세하여 경성, 대구, 원산 등 서로 호응하여 배일열을 선양하다." 「안창호의 귀국과 평안도 민정에 관한 내전양평內田良平의 조사보고서」, 『한국독립운동사』1, p.1016.

34 잡보「안씨연설」, 『황성신문』, 1907.3.13.

35 잡보「서경사범西京師範」, 『대한매일신보』, 1907.3.16.

36 주33의 조사보고서 참조. 『한국독립운동사』1, pp.1012~1023.

서우학회와 함께 발기하였는데 23군의 학생 3,100여 명이 참석하는 대
성황을 이루었다. 여기에서도 안창호는 김명준, 이동휘 등과 함께 연설하
였다.[37] 그는 당시의 고위 관리로서는 극히 이례적으로 반일운동에 앞장
서고 있던 이시영과 특히 긴밀한 접촉을 유지하였던 듯하다. 그는 4월 8,
9일에는 연 이틀에 걸쳐 이시영, 이우영 이하 각 관리들과 명륜당에 모여
비밀회의를 개최하였으며 특히 이시영과는 좌우를 물리치고 4시간 동안
이나 밀담하였다고 한다.[38] 일제에 의한 한국의 합병설이 떠돌고 있던 당
시의 평양 분위기는 극히 험악하여 일부 청년들은 결사대를 조직하여 곧
상경할 기세였다. 이시영 역시 13일 상경하기로 하고 이에 앞서 안창호는
4월 10일 서울로 올라왔다.[39]

그리고 이때부터 신민회의 조직에 본격적으로 착수한 듯하다. 그가 국
내에서 조직한 신민회의 최초 발기위원으로 선택된 인물은 후일 그의 진
술에 의하면, 이갑李甲, 유동열柳東說, 이동휘李東輝 등의 무관과 이동
령李東寧, 전덕기全德基, 양기탁梁起鐸이었다.[40] 양기탁이 총감독, 이동
령이 총서기, 전덕기가 재무원을 각각 맡았으며, 그 자신은 집행원으로서[41]
추천된 신입회원 후보자를 심사하여 그 가입 여부를 최종 결정하는 역할

---

37 잡보「평안남도학교대운동」,『황성신문』, 1907.4.6.

38 주36 참조. 이때의 밀의는 곧 신민회의 조직에 관한 것이었다고 생각된다.

39 앞의 주 참조.

40 박현환,「안창호예심심문조서」,『속편 도산 안창호』, pp.86~87. 그 밖에 이시영, 최광옥 등
몇 사람이 더 참여했을 가능성이 있다. 이시영은 2주일간의 휴가를 얻어 실제로 상경하였
던 것으로 보인다. 잡보「평찰상경平察上京」,『황성신문』, 1907.4.13. 참조.

41 위와 같음.

을 맡았다. 비밀결사를 지향한 신민회에서는 무엇보다도 가장 핵심적인 직책이었다고 할 수 있다.

그 추구하는 목적과 당시의 상황과의 관계에 비추어 볼 때 비밀결사일 수밖에 없었던 신민회는 회원의 선택에 극히 신중하지 않을 수 없었다. 후일 신민회가 일제에 의해 그 정체가 파악되고 탄압당한 1911년 9월의 105인사건, 이른바 데라우치총독암살미수사건 당시 일제가 행한 조사의 결과에 의하면 다음과 같은 선별 절차를 거쳤다고 한다.[42]

"회원은 토착의 부호 명사 혹은 학생 중에서 모집하고 수령급은 상호 연락하여 그 선택에 세심한 주의를 기울여 쉽게 입회를 허락하지 않는다. 각 수령은 항상 회원의 모집에 주의하여 회원의 추천이 있어도 길게는 1년 이상, 짧더라도 수개월간 그 행동을 살피고 의지가 견고함이 인정되지 않고는 입회시키지 않는다. 더구나 입회의 결정은 수령 스스로 직접 면담하여 국가 사상의 후박厚薄을 문답하고 다시 담력을 알아보고자 한 가지 일을 시켜서 여기에 합격해야 입회가 허락된다. 그래도 당분간은 쉽사리 신민회의 존재를 일러주지 않고 다만 국권회복을 목적으로 하는 표면상의 회명을 알려줄 뿐이며, 신민회와 그 내용은 의사의 강약 담력의 여하를 알고 나서야 알려줌으로 사람에 따라 비록 다르지만, 그중 빠른 경우라야 입회 후 1년 이상 걸려야 한다는 것이다."

---

42 『불령사건으로 본 조선인』, pp. 57~58. (강재언, 『한국근대사연구』, 한울출판사, p. 382, 1982에서 옮김.)

이 같은 엄격한 과정을 거쳐서야 회원으로 가입될 수 있었지만 정식 입회 과정에는 또다시 일정한 예식이 있었고[43] 여기서는 회에 대한 의무와 책임을 다짐하는 회원으로서의 서약도 따랐다. 그 서약의 내용은 회의 명령에 대해서는 회원 자신의 생명과 재산까지도 바친다는 엄중한 것이었다.[44]

안창호는 신민회를 조직한 후에도 표면 단체인 서우학회에 계속 참여하면서 기회가 있는 대로 공개 연설도 하였지만 이는 결국 신민회의 조직 책임자로서 그 입회 대상자를 선택하는 일과 관련되었다고 할 수 있다. 그는 신민회 조직 직후인 5월 중순에는 다시 일본에 건너가고 있는데,[45] 이것 역시 앞서 접촉했던 유학생들 가운데서 신민회원을 포섭하기 위한 것으로 생각된다. 이런 그의 헌신적인 노력에도 불구하고 확보된 신민회원의 수는 그가 1910년 4월 국외로 탈출할 때까지의 만 3년 동안 300명 정도에 불과했다고 한다.[46] 일제의 엄중한 감시 속에서도 신민회의 존재가 4년 이상 드러나지 않았던 점과 함께, 조직 책임자로서의 그의 엄격한 회원 선별 방침이 얼마나 철저하게 견지되고 있었던가를 짐작하게 하는 일이라 하겠다.

신민회는 그 성격상 도시 시민층 또는 신지식인층이 주로 참여할 수밖

---

43 9개 장으로 이루어진 「대한신민회통용장정」의 6장은 입회예식 및 회원의 책임에 관한 것이었다.

44 애국동지원호회, 『한국독립운동사』, p.91.

45 그는 서우학회장 정운복과 함께 동경박람회 참관을 명목으로 5월 16일 동경에 도착하였다. 『태극학보』8호, 아세아문화사, p.48.

46 「안창호예심심문조서」, 『속편 도산 안창호』, p.87.

에 없었다.[47] 또 지역적으로는 주로 관서지방과 기호지방이 중심이 되어 발전하였다. 이는 당시의 지역적 특성과도 관련되지만 이동령과 전덕기 가 기호지방의 인물들을 다수 포섭하였고 안태국과 최광옥이 관서지방 인물들을 활발히 가입시킨 데 반해, 함경도와 영남지방 및 호남지방에서 는 적임자가 없어 제대로 성과를 거두지 못했던 때문이었다.[48]

결국 신민회는 안창호가 국외로 망명하기까지 그가 조직 책임자로 있 던 동안에는 주로 관서지방과 기호지방의 대표적인 애국계몽운동가들을 거의 망라하였고 미주의 교민과 일본의 유학생층 일부에도 회원이 있었 던 셈이다. 또 그와 극히 가까웠던 이강, 김성무, 정재관 등이 미주 국민 회의 특파원으로 가 있던 연해주의 중심지 블라디보스톡에도 연락이 미 치고 있었다고 할 수 있다.[49]

안창호가 신민회를 조직해 전개한 민족운동의 구체적인 활동들에 대 해서는 참고할 수 있는 기존의 상세한 연구가 있으므로 여기서는 생략하 기로 한다.[50]

---

47 105인 사건 당시 판결받은 122명 가운데 상업(39명), 공광업(7명), 교사(28명), 학생(19명), 종교인(6명), 공무자유업(6명)으로 밝혀진 인원이 전체의 85% 이상으로서 불명(8명)을 포 함한 농업(7명), 노동자(2명)의 14%보다 압도적으로 많다. 신용하, 「신민회의 창건과 그 국 권회복운동」상, 『한국학보』8, 가을호, 1977. p.51 참조.

48 「일기」, 『전서』, 1921.2.6, pp.777~778.

49 『전서』, pp.125~126.

50 신용하, 「신민회의 창건과 그 국권회복운동」상·하, 『한국학보』8·9, 가을·겨울호, 1977. 『한국민족독립운동사연구』, 을유문화사, 1985에 재수록. 신 교수는 여기에서 신민회의 활 동을 ① 교육구국운동, ② 계몽강연학회운동, ③ 잡지서적출판운동, ④ 민족산업운동, ⑤ 청 년운동, ⑥ 독립군기지창건운동으로 나누어 자세히 설명하고 있다.

4. 안창호의 민족운동 이념과 방법론

1) 이념―민주공화제의 국민국가 건설

안창호가 신민회 조직의 구상을 갖고 귀국을 결심한 목적은 구체적으로는 민족운동을 전개하기 위해서였다. 그는 미국에 체재하는 동안 국내의 정세를 예의 주시하는 가운데 1905년 11월 을사보호조약이 체결되었음을 알고 대한제국의 주권은 이미 완전히 상실된 것이라고 단정하였다.[51]

을사보호조약은 일본이 러일전쟁을 통해 러시아를 실력으로 꺾고 영국과 미국의 사전 양해를 받아 한반도를 독점적으로 지배하기 위해 강요한 것이었다. 표면적으로는 외교권만을 박탈하여 보호국화한 것이지만 동시에 통감을 주재시켜 내정에 대한 권한까지도 장악하게 함으로써 완전 식민지화에 이르는 과도기로 삼으려는 것이었다. 따라서 그의 상황인식은 정확한 것이었다. 저간의 상황에 대한 그의 인식은 〈대한신민회취지서〉 속의 다음 글을 통해서 보다 구체적으로 엿볼 수 있다.[52]

"일러의 전쟁 포성이 아직 끝나지 않고 시모노세키조약의 잉크가 아직 마

---

[51] "명치 38년 일한조약이 체결되자 안창호 등의 무리는 미국에 있으면서 한국의 주권은 멸망한 것이라고 사유하고 동지를 모집하여 성盛히 배일을 고취하였다." 신용하, 『조선음모사건』, p.26. 앞의 논문에서 재인용.

르기도 전에 외교권이 하루아침에 일본으로 넘어가고, 정부 자리에는 외국인이 자리를 차지하고 앉아 군대, 경찰, 사법, 재정軍警法度이 하나씩 모두가 넘어가고 광산과 산림과 토지도 조금씩 떼어져 일본에 넘어간다. 슬프다 동포여! 아는가, 모르는가, 꿈을 깨었는가. 작은 초가집도 나의 집이 아니며 작은 산과 밭도 나의 땅이 아니며 문전의 뽕나무나 잣나무도 나의 나무가 아니며 동네 앞의 개울물도 나의 마실 물이 아니다. 내 몸이 죽어서 묻힐 땅이 없으며 나의 자손이 자라서 살 집이 없으니 눈을 들어 하늘을 쳐다보매 능히 흐르는 눈물을 그치며 칼을 뽑아 땅을 자름에 능히 약동함을 억제하랴. 말이 이에 미침에 우리 2천만 동포가 기왕에 때를 놓침과 장래의 통탄함을 금하지 못하여 한스러운 눈물이 흐르고 뿜어져 나오는 피가 솟구치는 도다."

* 국한문 혼용체로 기록되어 있으나 편의상 의미를 따라 한글로 옮김

여기서는 1904년의 러일전쟁 발발로부터 1906년 말에서 1907년 초로 추정되는 신민회취지서 작성 시까지의 상황이 집약적으로 잘 표현되어 있음을 볼 수 있다. 즉 외교권이 이미 상실되었고 내정권 역시 차례로 침해당하고 있는 가운데 광산, 산림, 토지가 빠짐없이 넘어가고 있어 이미

---

52 『한국독립운동사』1, 국사편찬위원회, pp.1025~1026. 〈대한신민회취지서〉와 〈대한신민회통용장정〉을 안창호가 직접 기초하였는지는 확인할 수 없다. 현재 남아 있는 것으로 그의 생각을 전하는 1차 사료는 대부분 구술이나 연설을 초록 혹은 전문 기록한 것이며 그가 직접 글로 쓴 것은 일기와 편지 등뿐으로 극히 예외적인 경우에 속한다. 그러나 위의 두 글은 작성 당시의 상황으로 보아 그가 직접 썼을 가능성이 많으며, 설사 다른 사람의 대필에 의한 것이라 하더라도 그의 생각을 거의 그대로 반영하고 있다고 보아도 좋을 것이다.

죽어도 묻힐 땅이 없고 장차 후손들의 생존 근거마저 잃은 상태임을 말하고 있는 것이다.

그렇다면 이 같은 상황에서 우리가 해야 할 일은 무엇인가? 〈신민회취지서〉에서는 이어서 다음과 같이 말하고 있다.[53]

　　"오호라! 이 나라는 내 나라인데 내가 한번 죽어버리고자 하면 이 나라를 어데다 버려두며, 내가 한번 깊은 곳에 숨어버리고자 하면 누구에게 위탁할 것인가? 사나이의 한가로이 앉아 있음은 하늘이 미워하는 바이다. 어찌 일시적 비분으로써 자결을 시도하며 또한 세상을 회피하는 비관으로써 표표히 숨어 들어갈 바이랴. 그러므로 금일 우리들의 앞날의 계책은 오직 애국하는 것뿐임."

실질적으로 이미 국권을 상실한 상태에서 우리가 해야 할 일은 자결도 아니고 은거도 아니며 수수방관은 더욱 아니라는 것이었다. 오직 나라를 위한 행동, 곧 적극적인 실천일 뿐이라고 하였다. 이는 우선 을사보호조약 체결 이후 많은 사람들이 시국에 절망하거나 소극적이고 회피적인 태도에 빠져드는 것을 경계한 것이었다. 뿐만 아니라 나아가서는 민영환, 조병세 등의 예에서 보는 나라를 위한 자결까지도 적합하지 못한 행동으로 비판하고 있는 것이다. 결국 이는 그가 을사보호조약 체결 이후 나타난 우리 민족의 다양한 반응 가운데 오직 적극적으로 국권회복을 위해 행

53　앞의 책, p.1026.

동에 나섰던 의병투쟁과 애국계몽운동만을 일단 긍정하고 있음을 보여준다.

그러나 동시에 우리가 주목해야 할 사실은 그가 의도한 민족운동은 단순히 침해당한 국권을 되찾아 대한제국으로의 환원을 위한 것이 아니었다는 점이다. 그는 이때 전혀 새로운 국가의 건설을 의도하고 있었던 것이다.

이제 안창호가 신민회를 조직함으로써 명확히 정립시켰던 한말 애국계몽운동 세력에 의한 민족운동의 공식 이념이 어떤 것이었는가를 살펴보기로 하자. 편의상 먼저 왜 그가 신민회를 철저한 비밀결사로 의도하였는가를 알아보는 것이 좋은 방법이 될 듯하다. 후일 안창호 자신의 설명에 의하면 그 이유는 다음과 같았다.[54]

"당시 인민의 정도가 유치하여 이를 표면 단체로 하면 사회의 반감을 사서 방해를 받을 것이요, 또 입회 희망자를 전부 참가시키면 어떠한 인물이 섞이는지도 모르고 따라서 동회의 목적을 달성하기 불가능할지며, 또 동회는 정치적으로 자립자존을 목적으로 하므로 총감부總監府(일제의 경시총감부)에게 해산을 당하여서는 안 되겠는 고로 실력이 생길 때까지는 비밀결사로 두는 것이 필요한 까닭이다."

신민회를 비밀결사로 한 이유를 물은 일제 검사의 질문에 대한 그의 설

---

54 박현환, 「안창호예심심문조서」, pp. 89~90.

명은 대체로 당시의 진상을 그대로 말하고 있는 것이라 생각된다. 결국 표면 단체로 할 경우 예상되는 수구파의 반발과 방해, 부적격자 및 불순 분자의 침투, 일제의 탄압 등을 미연에 방지하기 위한 것 때문이었다.

그런데 이 같은 점들을 우려하게 되는 보다 근원적인 이유는 역시 안창호가 의도하였던 신민회의 진眞 목적 곧 그 이념에서 찾아질 수밖에 없을 것이다. 신민회의 〈대한신민회통용장정〉 제3장 목적 및 방법 조항에 의하면 그 목적은 다음과 같이 표현되고 있다.[55]

"본회의 목적은 아한我韓의 부패한 사상과 습관을 혁신하여 국민을 유신 케하며, 쇠퇴한 교육과 산업을 개량하여 사업을 유신케하며, 유신한 국민이 통일연합하여 유신한 자유문명국을 성립케 함."

위의 목적 조항에 의하면 신민회의 최종 목표는 유신한 자유문명국을 성립하는 것임을 알 수 있다. 국민을 유신케 하고 사업을 유신케 하는 일과 유신한 국민이 통일연합하는 것은 곧 그 목표에 이르기 위한 과정이며 방법이었다.

원래 안창호의 신민회 조직 구상은 ① 신민의 창출, ② 신단체의 조직, ③ 신국가의 건설이라는 세 단계의 과정이 전제된 위에서 나온 것이었다.[56] 즉 자신自新을 통해[57] 창출된 선각한 신민新民들이, 통일연합하여 신단체를 조직하고, 신단체의 역량이 증대되어 일정한 정도에 이르면, 무

---

55 『한국독립운동사』1, 국사편찬위원회, p.1028.

력 혹은 정치의 적당한 방법에 의해[58] 신국가를 건설한다는 과정을 상정하였던 것으로 보인다.

이 같은 전제하에 조직된 신민회는 말하자면 자신을 통해 유신된 신민들이 통일연합한 신단체로서, 장차 보다 많은 국민을 유신시키고 또다시 이들을 통일연합하여 역량이 증대되어감에 따라 신국가를 건설할 주체였던 것이다.

그러면 이제 안창호가 의도하였던 신국가, 곧 앞서 신민회의 목적 조항에 나타나고 있는 유신한 자유문명국의 실체가 무엇인가를 보다 구체적으로 살펴보기로 하자.

신민회가 조직된 지 2년 후 그 취지서를 입수한 일제 정보기관은 위의 목적 조항의 깊은 뜻, 곧 신민회의 이념을 '한국으로 하여금 열국의 보호하에 공화정체의 독립국으로 함에 있는 것'이라고 일단 파악하였다.[59] 그러면서도 일제 경찰은 한편 이것은 한국인의 상투적인 말장난에 불과한

---

56 "무릇 우리 한인은 내외를 막론하고 통일연합으로써 그 진로를 정하고 독립자유로써 그 목적을 세움이니 이는 신민회의 발원하는 바며 신민회의 품고 있는 바이니 약언하면 오즉 신정신을 불러일으켜 신단체를 조직한 후 신국가를 건설할 뿐이다." 「대한신민회취지서」, 국사편찬위원회, p.1027.

57 신민회에서는 자신 自新을 크게 강조하고 있었다. "우리가 예부터 자신치 못하여 악수악과 惡樹惡果를 오늘에 거두게 되었으나 오늘 진실로 자신할진대 선수선과 善樹善果를 타일에 거둘 지라. 오늘 나라를 위하는 길은 역시 자신일 뿐이니라." 「대한신민회취지서」, 국사편찬위원회, p.1026.

58 그는 후일 일제 검사와의 문답을 통해 신민회는 "(민족의) 실력이 생긴 때에 무력으로써 일을 도모하든가 혹은 정치로 일을 도모하든가 정할 심산"이었다고 말한 바 있었다. 박현환, 「안창호예심심문조서」, p.90.

것일 수도 있다고 의심하고 있다.[60] 그러나 근거 없이 삽입되어 있는 "열국의 보호하에"라는 귀절을 제외하면 사실은 정확한 파악이었다고 할 수 있다.

우리나라에서 공화국 건설의 주장은 이미 10여 년 전 독립협회 때부터 제기되고 있었다. 당시에는 우선 엄연한 전제군주 체제 아래에서 그것이 공식 목표로 정립될 수는 없었고, 입헌군주제를 목표로 하는 가운데 공화제 주장은 다만 소수 청년층의 급진적인 견해에 그치고 있었다.[61]

그리고 10여 년이 지난 이때까지도 애국계몽운동의 지도자들은 같은 생각을 갖고 있었다. 즉 애국계몽운동의 정치 목표는 입헌군주제였던 것이다. 그런 상황에서 안창호는 민주공화국가 수립의 목표를 갖고 귀국하여 새로운 차원의 민족운동을 전개하기 위해 비밀혁명결사인 신민회를 조직하려 한 것이다.

뿐만 아니라 안창호는 신민회를 조직한 직후인 1907년 5월 12일 삼선평에서 열린 서북 지역 출신 학생들의 연합운동회에 참석하여 행한 공개 강연을 통해 다음과 같이 공공연하게 국민주권사상을 고취하고도 있었다.[62]

"우리나라는 수천 년 이래로 나라와 백성國與民 간에 서로 벽이 가로막혀(隔膜하야) 백성들은 나라 알기를 다른 사람의 소유로 알아 고려 시대에는

---

59 「대한신민회의 구성」, 국사편찬위원회, 앞의 책, pp.1023~1024.

60 「대한신민회의 구성」, 국사편찬위원회, 앞의 책, pp.1023~1024.

61 신용하, 『독립협회연구』, pp.214~215.

62 「연설」, 『서우』7, p.25.

왕씨의 나라라 하며 조선에 들어와서는 이씨의 나라라 하야 그 흥하고 망하는 것이 나와는 무관한 일이라 하며, 국가가 백성들을 대하기는 물고기들이 큰 고기들은 중간 고기들을 잡아먹고 중간 고기들은 작은 고기들을 잡아먹듯이 백성들을 침탈하기를 당연시 하였으니 비록 천지가 뒤집히는 변고가 닥쳐와도 조금도 돌아보지 않다가 마침내는 노예 신세가 되는 지경에 이르렀으되 여전히 예전 상태대로 어떤 대책도 아니 세우고 단지 외인의 눈에 들기만 하는 것으로 자신의 보신책을 삼으려 하니 천리인정天理人情에 이러고서야 어찌 용납될 리가 있겠는가. 그런즉 국가는 한 사람의 소유가 아니요, 우리들 모두의 어깨 위에 대한大韓 두 글자를 각기 짊어졌으니 원컨대 지금까지의 이런 생각을 절대 갖지 말라."

그는 청년학생들에게 이처럼 자신들이 각기 국가의 주인임을 자각하고 국가가 국왕 한 사람의 소유라는 구시대의 군주주권사상을 버릴 것을 극력 강조하였던 것이다. 이 같은 그의 국민주권사상은 단지 하나의 주장으로 그치지 않고 신민회를 통해 당시 민족운동의 이념으로 공식 정립되어 추진되었던 것이다. 그리하여 한말 애국계몽운동가들의 민족운동을 이면에서 총괄하였던 신민회의 최종 목표는 그의 민족운동 이념과도 관련하여 전제군주제는 물론 입헌군주제마저도 구시대의 유물로 단정한 가운데 명확히 민주공화제의 국민국가 건설에 두어져 있었다.

이 같은 그의 이념은 신민회를 통한 한말 당시의 민족운동 과정에서는 결국 실현되지 못하였지만, 1919년 3·1운동 직후 상해의 대한민국임시정부에 의해 불완전하게나마 실현되었다. 그리하여 1919년 6월 28일 상해임시정부의 국무총리 대리를 겸해 내무총장에 취임한 안창호는 이제 항구적 세계평화에의 기여라는 데까지 그 지평이 확장된 가운데 독립 실현을 통한 모범적 공화국의 건설을 거듭 다짐하였던 것이다.[63]

2) 방법론—독립전쟁론, 독립전쟁준비론

민주공화제의 근대국민국가 건설이라는 안창호를 비롯한 신민회 회원들의 민족운동 이념이 실현되기 위해서는 상실당한 국권의 회복이 전제되어야 했다. 따라서 우선 당면의 과제는 일제로부터 국권의 회복을 달성하는 일이었다.

안창호는 상실된 국권을 회복하기 위해서는 일제와의 전쟁이 불가피하리라고 보았다. 그는 앞에서 본 삼선평에서의 연설에서 다음과 같이 독립을 위해서는 전쟁이 불가피함을 먼저 암시하였다.[64]

"근래 우리 대한 사회에 일종 언론이 있으되 우리가 하느님을 믿으면 하늘이 반드시 도우실 것이라 하니, 오호라 하느님이 우리나라를 돌보신지 4천여 년에 우리가 지키지를 못하여 스스로 멸망하였거늘 다시 어찌 하늘의 도움을 바라리요. 유태인은 하느님을 믿다가 망하였고 인도인은 부처님을 믿다가 망한지라 오늘 우리 대한 사람은 누구를 믿으려는고?

---

63 「내무총장에 취임하면서」, 『전서』, p.534.

64 「연설」, 『서우』상, pp.394~395.

많은 하등인들은 말하되 계룡산에 진인眞人이 나오면 외국인이 스스로 물러가리라 하며, 이들보다 조금 나은 자들은 일본과 잘 지내면 우리나라가 행복을 누리리라 하며, 혹은 영국이나 미국이나 우리 대한을 원조할가 희망하니, 이는 절대로 믿을 수 없는 것을 믿는 것이라. 계룡산에 진인도 결단코 없는 것이요, 일본인은 자기 나라 일을 위할 뿐이니 엇지 다른 나라 사람을 위할 생각이 있으리오. 영국과 미국에 이르러서는 더욱이 멀고 먼 나라들이라 우리나라 독립이 그들에게 이익이 있을 터이면 혹 원조를 하려니와 만약 이익될 일이 없으면 단지 돕지 않을 뿐만 아니라 오히려 무자비한 폭력을 가할지니 단지 믿을 수 없을 뿐만 아니고 실로 두려워할 자들이로다.

이들 망령되고 부패한 이야기들은 일체 끊어 내버리고 오로지 우리가 마땅히 해야 할 사업에 용감히 매진하야 그 목적지에 이를지어다."

안창호는 우선 미신적인 요행에 기대하거나 근거 없는 열강에 대한 의존적 견해를 통틀어 망탄부패지설妄誕腐敗之說로 규정하여 일축했다. 곧이어 그는 "바로 오늘로부터 우리나라를 침해하는 강국과 전쟁 개시를 알리는 선전서를 날리어(傳檄開戰하야)" 국권을 회복[65]하자고 하여, 국권 회복을 위한 독립전쟁론을 분명하게 주장하였다.

안창호가 일제의 심한 감시가 따르고 있는 상황에서도 학생들을 상대로 한 공개적인 자리에서까지 국권회복을 위해서는 전쟁이 불가피하다는 것을 극력 주창한 사실은 그 시사하는 바가 대단히 크다고 할 수 있다.

---

65 앞의 책, p.25.

우선 그가 신민회의 회원들에게는 더욱 더 국권회복을 위한 전쟁의 불가피성을 강조했을 것이라는 추측이 가능하다. 나아가서는 비록 신민회의 취지서와 통용장정에는 명시적으로 독립전쟁론을 시사하는 귀절을 싣지 않았다 하더라도 그가 신민회의 조직을 구상한 의도 속에는 이미 독립전쟁을 목표로 하고 그를 위한 준비를 가장 중요한 사업으로 생각하고 있었을 것이라는 추측까지도 가능하게 한다.

이 같은 추측은 후일 그 자신의 진술에 의해서도 일단 확인이 된다. 후일의 〈안창호예심심문조서〉속에는 다음과 같은 일제 검사와의 문답이 기록 되어 있다.[66]

문 신민회는 전술과 같은 활동을 하여 조선민족의 실력이 생기면 무력으로써 일을 도모하려고 조직한 것이 아니었는가?

답 그 근본이 될 실력을 양성함에는 상당한 세월을 요함으로 그 실력이 생긴 때에 무력으로써 일을 도모하든가 혹은 정치적으로 일을 도모하든가 정할 심산이었고 미리 그런 물음과 같은 목적 하에 조직한 것은 아니다.

여기서는 처음부터 무력 사용을 전제로 하고 있었는가 하는 질문에 대해, 실력이 생긴 이후에 결정할 심산이었다고 하여 일단 그 가능성을 전혀 부인하지 않는 선에서만 답변하고 있음을 알 수 있다. 그러나 앞에서

---

66 박현환, 『속편 도산 안창호』, p.90.

보았듯이 그는 신민회의 조직 직후에 이미 독립전쟁론을 분명히 주장하고 있었던 것이다.

1907년 전반 안창호가 미국으로부터 귀국한 즉시 이처럼 독립전쟁론을 주창한 사실은 민족운동의 일환으로 전개되었던 애국계몽운동의 발전 과정에서는 물론이고 한말 민족운동의 전체 구조 속에서도 그 의미가 대단히 큰 것이라 말할 수 있다.

을사늑약 이후 본격화된 의병운동과 애국계몽운동 간에는 처음 심한 간극이 있었다. 그 이념과 주도 세력의 성격에 비추어 이는 일면 당연한 일이었다. 예를 들면 애국계몽운동 세력의 대변지라 할 수 있는 대한매일신보에서는 1906년 5월 30일 자의 의병을 제목으로 한 논설을 통해 다음과 같이 격렬하게 비판하고 있다.[67]

"그러나 때와 힘을 헤아리지 못하고 공연히 한때의 흥분 상태를 자극하여 백천 명의 오합지졸을 모아 이처럼 분분히 일어나 헛되이 나라의 화란을 더하고 백성들을 도탄에 빠뜨리니 어찌 조금이라도 지각 있는 자의 할 일이

---

67 논설「의병」,『대한매일신보』, 1906.5.30. "然而不度時不量力하고 徒激於一時之血憤而嘯聚千百烏合之徒하여 爲此粉粉 一擧則徒增國之禍亂하고 靡爛其生民而己니 是豈稍有知覺者之所爲者耶.
且其衆寡强弱之勢와 利純巧拙之情은 尙矣自見이라 勿論反而思之하면 其主謀首唱者는 或能以決死爲心者有之矣나 其應募襴從者는 非皆無道無賴之徒乎아 , 彼其思想이 在於掠奪民財하야 濟其須臾之命者니 是可以得其死力於爲國之地者耶 名雖義兵이나 却不免於匪徒之行故로 其爲國恥民辱이 益復甚焉이라."

겠는가. 또 그 수의 다소와 형세의 강약과 훈련의 정도는 이미 스스로 드러
난 바라.

물론 반대로 생각하면 그 주도자들은 혹여 죽기를 각오한 자들이 있겠으
나 그 추종자들은 모두 무뢰배들이 아님이 없다. 그들의 생각은 백성들의 재
물을 약탈하여 잠깐이라도 연명하려는 자들이니 이들이 가히 사력을 다해 나
라를 위하려는 자들이겠는가. 이름은 비록 의병이라 하나 행실은 비적 떼를
면하지 못하니 나라의 수치요 백성들을 욕보임이 이보다 더 심할 수 없다."

＊ 한글로 옮김

당시 애국계몽운동가들의 입장에서 볼 때 의병은 우선 때와 힘을 헤아
리지 못하는不度時不量力의 무모한 집단이었다. 뿐만 아니라 비록 주모
자는 그렇지 않다 할지라도 그 대부분의 추종자는 의병이라는 허울 좋은
이름만을 내걸었을 뿐 실은 약탈을 일삼는 도적 떼에 지나지 않은 것으로
비쳐졌다. 그리하여 의병을 국치민욕國恥民辱을 더하는 존재 이상으로
평가하지 않았던 것이다.

애국계몽운동가들이 동시대에 전개되고 있으며 세력으로는 오히려 자
신들을 압도하고 있던 의병투쟁을 이처럼 무모하고 유해무익한 존재들로
파악할 수밖에 없는 동안은 무력항쟁 그 자체에 대한 의미 부여마저 부정
적이거나 소극적이 될 수밖에 없었다. 이러한 때에 안창호는 일제와의 무
력을 통한 대결을 국권회복을 위한 불가피한 수단으로 인식하여 적극적
으로 평가하였던 것이다.

물론 그가 의병투쟁을 적극적으로 평가하였다고 하여 당시 의병들의

전 근대적인 의식, 훈련, 장비 등을 있는 그대로 긍정한 것은 아니었을 터
이다. 후술하듯이 그는 철저한 준비를 갖춘 이후 국권회복의 최소한의 가
능성을 가진 근대적 전쟁을 전제로 한 무장투쟁을 의도하였기 때문이다.

어쨌든 1907년 전반에 시작된 안창호의 독립전쟁론 주창에 자극된 애
국계몽운동가들은 의병운동에 대한 인식을 달리하게 되었다고 할 수 있
다. 그리하여 1907년 8월의 군대해산을 계기로 의병운동이 질과 양의 양
면에서 한층 더 발전해 가게 되면서는 애국계몽운동가들도 이를 강력히
지지 성원하게 되었던 것으로 보인다. 당시 민족운동이 성공하기 위해서
는 반드시 이루어져야 할 의병운동과의 접근 계기가 되었던 셈이다. 애국
계몽운동가로서는 획기적으로 맨 처음 독립전쟁론을 주장했던 안창호는
그 후 실제로 의병대장들과도 일정한 연락을 갖고 있었다고 한다. 다음과
같은 기록은 이를 말해주고 있다.[68]

"이응준의 말에 의하면, 이즈음 도산은 남대문 밖 제중원 숙직실에 유숙
하고 있었다 하며, 의병대장들에게 보내는 연락 통신과 격려 편지를 한국 종
이에 잘게 기록하여 그것을 한 줄씩 베어 노끈을 꼬아서 인편으로 비밀히 보
냈다. 이응준은 소년 학생으로 그 노끈 만드는 일을 거들었다 한다."

이때 그가 교류하고 있던 의병대장들이 구체적으로 누구인지는 확인
되지 않는다. 다만 군대해산 이후의 사실로써 유생층이 아닌 구군인 출신

68　『전서』, p.977.

이거나 개화파 계통의 의병장이었을 것으로 일단 추측할 수 있다. 그러나 이 같은 교류가 미처 성숙되기 전에 일제에 의해 합병당하고 말았던 것으로 볼 수 있다.

위에서 살펴보았듯이 안창호는 국권회복을 위한 가장 중요한 방법으로 독립전쟁론을 제시하였다. 그러나 그 역시 지금 당장에는 우리에게 국권을 회복할 만한 근대적 전쟁의 수행 능력이 없음을 잘 알고 있었다. 따라서 그는 동시에 독립전쟁을 위한 준비의 필요성을 극력 강조하였다. 일본을 예로 들면서 다음과 같이 말하고 있다.[69]

"여러분은 나의 전쟁하자는 말을 듣고 지금에 병력이 심히 약하고 군함과 대포 등 장비가 다 없는데 무엇으로써 전쟁을 하겠다는 것인가 하여 필시 모두가 놀라고 의아할 터이나, 저 일로전쟁을 한번 보라. 그 선전포고는 비록 2, 3년 전이나 그 전쟁의 준비는 38년 전이니 어찌하여 그렇게 말할 수 있는가?

38년 전에는 일본도 야만 미개한 나라였는데 다행히 그때 두세 학생이 미국에 유학하여 학업이 조금씩 성취되고 지식이 점차 발달하여 멀리 동양의

---

69 「연설」,『서우』7호, p.25. "諸君은 我의 開戰之說을 聞하고 現時에 兵力이 甚弱하고 軍艦과 大砲 等物이 率皆闕如하니 何로써 開戰할까 하여 必皆驚訝할 터이나 試觀日俄戰爭하라, 其宣戰布告는 雖在二三年 前이나 其開仗準備는 卽在三十八年 前이라, 何謂其然也오? 三十八年 前에는 日本도 野蠻未開之國이라 幸於其時에 二三學生이 遊學美國하야 學業이 稍成하고 智識이 漸達하야 遠觀 東洋之形勢하니 萬若 俄國을 擊退치 못하면 自國의 支保가 難할 지라 所以로 開戰을 準備한지 三十八年을 經過하야 畢竟에 如彼한 好結果를 得하얏스니 諸君은 此事를 前鑑하야 誓自今日로 開戰事를 準備할 지어다."

형세를 보니 만약 러시아를 격퇴하지 않으면 자기 나라를 지킬 수 없는지라 그 까닭에 전쟁을 준비한 지 38년을 지나 마침내 저런 좋은 결과를 얻었으니 여러분은 이 일을 거울삼아 전쟁을 준비할지어다."

결국 안창호에 의하면, 지금 우리가 한길로 매진해야 할 유일한 당면 과제는 "언제 어느 때何年何日에든지 일차 선전서를 포고하야 태극기를 휘날릴顯揚 수 있도록, 오늘부터 즉시卽自今日로 함께 맹약하고 장래 타국과 개전할 일을 준비"하는 일이었다.[70] 따라서 안창호의 독립전쟁론은 장차 국권을 회복하기 위해서는 반드시 치러야 할 독립전쟁에 대비하기 위한 준비, 곧 독립전쟁준비론으로 이어졌던 것임을 알 수 있다.

안창호의 독립전쟁론을 전제로 한 독립전쟁준비론은 곧 신민회의 현실적인 국권회복운동방법론이기도 하여 국외독립군기지 설치 운동을 비롯한 각종 활동의 최고 지표가 되었다. 한말 안창호의 독립전쟁론 및 독립전쟁준비론은 신민회를 통해 애국계몽운동계 전체의 민족운동의 최고 전략이 되고 당면한 활동 지침이 되었던 것이라 하겠다.

원래 개화파 지식인들에 의해 전개된 애국계몽운동의 제 활동은 일반적으로 실력양성운동이라는 말로 표현되고 있다. 보다 구체적으로는 근대적 실력을 배양하기 위한 교육을 중심으로 한 모든 노력을 범칭하는 용어였던 것이다.

그러나 탁시양력을 앞세운 초기의 애국계몽운동은 비록 국권회복의

---

70 앞의 책, p.25.

목표를 의식하고는 있었지만 도시 시민층과 학생층을 상대로 한 계몽운동의 차원을 벗어나지 못하고 있었다. 근대적 지식을 소개하기 위한 언론과 교육 및 단체 활동이 거의 전부였다고 할 수 있다. 국권회복을 위한 체계적이고 구체적인 전략을 마련하지 못한 채 또 다른 세력에 의해 전개되고 있는 의병운동과도 거리를 극복하지 못하고 있었다.

아직 이 같은 상황에 처해 있을 때 1907년 전반부터 안창호에 의해 제시된 독립전쟁론 및 이를 전제로 한 독립전쟁준비론은 애국계몽운동계 전체에 신선한 충격으로 받아들여졌던 것으로 보인다.[71] 국권회복을 위한 독립전쟁이 명확한 목표로 떠오르고 기왕의 각종 실력양성운동이 일체 독립전쟁을 위한 준비 활동으로 수렴되어 갔던 것이다. 1907년 전반 그의 독립전쟁론 및 독립전쟁준비론 제시는 애국계몽운동이 본격적인 민족운동의 궤도에 들어서게 한 결정적 계기였던 셈이다.

이후 애국계몽운동계의 실력양성운동이 독립전쟁 준비 활동으로 집약되고 있는 단적인 예의 하나를 안창호 자신에 의해 운영되었던 대성학교

---

71 예컨대 안창호의 삼선평에서의 연설을 듣고 이를 소개하고 있는 한북학생 김성열은 다음과 같이 쓰고 있다. "나 역시 당일 방청에 격발됨을 이기지 못하여 전말을 간략히 서술함에 비록 그 만분 지 일도 다하지 못할지나 일언반구 一言半句라도 실로 동포들의 각성에 유익함이 있겠는 까닭에 이에 약술하노니 무릇 우리 대한의 혈성동포血性同胞는 다만 말인즉슨 옳다만 이라고 하지 말고 서로 격발激發하며 서로 분진奮進하야 한 걸음 두 걸음 천신만고를 참고 지나서 죽을 결심으로 후일을 기약하면 한 가닥 살길 一條生路를 가히 얻을지니 마음에 새기고 뼈에 새길 銘心刻骨 지어다. 아직도 절망병을 간직하고 다만 어찌할 방도가 없다 莫可奈何라 할진대 청산 속 소나무 그늘에 사슴과 벗하기를 일찍 도모할지언정 생물계에 독충이 되지 말지어다." 「5월 12일 서북학생친목회운동장연설」, 『서우』7호, pp.23~24.

大成學校의 교육 내용을 통해 엿볼 수 있다. 후일 그 졸업생의 한 명에 의해 기술된 다음과 같은 회고가 있다.[72]

"그리고 체조 시간을 제일 존중하되, 당시 체조교사로는 원래 군대의 사관으로 뜻 높은 철혈鐵血의인人 정인목 씨이었던 바, 전혀 군대식으로 학생을 교련하였다. 눈 쌓인 혹한에도 광야에서 전술 강화를 하였고, 이따금 야간에 비상소집령을 내리어 험산 계곡에서 담력을 기르게 하며 달빛 아래 얼음 위에 서서, 〈장하도다. 우리 학도 병식행보兵式行步가〉의 노래를 부르며 숙숙肅肅한 행진을 하여 활기를 길러 주었다."

대성학교는 원래 교원 양성을 위한 사범학교의 목적을 갖고 있었지만 그 교육 내용은 위에서 지적되었듯이 전혀 군대식이어서 병사와 장비만 주어지면 언제든지 사관士官으로도 역할할 수 있도록 훈련되고 있었음을 알 수 있다.

안창호의 독립전쟁준비론은 그 후 1910년부터 본격적으로 논의되기 시작한 국외의 독립군기지설치운동에서 보다 구체화된다. 국내에서의 독립전쟁준비론에 입각한 실력양성운동이 1909년 10월 안중근의 이등박문총살사건으로 난관에 부딪치자 이제 그 돌파구를 찾아 보다 적극적인 타개책을 수립한 것이다. 안창호 자신이 중심이 되었던 최초의 국외독립군기지 설치 시도는 현지에서 동지들 간의 의견 차이로 실패하였지만, 이

---

72 김형식, 「평양 대성학교와 안창호」, 『삼천리』, 1932년 1월호, 『전서』, p.89에서 옮김.

후 신민회의 다른 동지들에 의해 부분적인 성공을 보기에 이르렀다.[73]

안창호에 의해 제시된 국권회복을 위한 방법론으로서의 독립전쟁론과 독립전쟁준비론은 그 이론의 탁월성에도 불구하고 결국 본래의 목적을 달성하는 데는 실패하였다. 그 이유는 무엇보다도 주어진 실력양성 즉 전쟁 준비의 시간이 너무 짧았기 때문이었다. 전쟁 개시를 위한 실력이 미처 준비되지 못하였고 또 그의 독립전쟁론이 전제로 하였던 중일, 러일, 미일 간의 충돌 즉 기회가 아직 오기 전에 일제에 의해 먼저 병합당하였던 것이다.

그러나 안창호의 독립전쟁론 및 독립전쟁준비론은 한말의 국권회복운동과 일제하의 민족독립운동 기간을 통하여 그를 중심으로 대부분의 독립운동가들이 주장하였던 가장 주류적인 방법론이었다.[74]

---

73 이의 상세한 내용은 신용하 교수의 전게논문 참조.

74 독립전쟁론에 대해서는 윤병석 교수가 처음 이를 언급하였다.(「1910年代의 한국독립운동」, 『사학연구』27, 1977.) 신용하 교수는 이를 바탕으로 그 개념과 역사적 추이에 관해 보다 상세한 설명을 가하면서(「신민회의 창건과 그 국권회복운동」, 『한국학보』8·9, 1977.) 독립전쟁을 최고 전략으로 채택한 주체는 1909년의 신민회였다고 하였다.(앞의 논문 주346) 그리고 같은 논문에서 이에 큰 영향을 준 인물은 안중근이 아닌가 추정하였다. 그러나 신민회가 국외독립군기지 설치를 구체적으로 논의하고 결정한 사실을 일단 별도의 일로 차치한다면, 한말의 독립전쟁론 자체는 최소한 이미 1907년 5월에 안창호에 의해 공개적으로 주장되고 있던 이론이었다. 따라서 신민회가 독립전쟁전략을 채택한 것은 1907년 전반의 초직 당시부터이며 그 발의자이고 조직자인 안창호의 주장에 의한 것으로 봄이 타당하다고 하겠다.

5. 맺음말

개항 직후 출생한 도산 안창호는 1880년대 후반과 1890년대 전반의 청소년기에 가정과 서당에서 한문과 유학을 배웠으며 신학문에도 관심을 갖게 되었다. 1894년 평양에서 직접 청일전쟁을 목격함으로써 우리나라의 무력함과 힘의 필요성을 절감한 그는 마침내 이듬해에 상경하여 3년간 언더우드가 세운 구세학당에서 기독교와 서양 문물에 접하게 되었다. 구세학당을 졸업한 그는 1898년 후반에는 독립협회와 만민공동회 운동에 청년간부의 일원으로 적극 참여하였다. 이때 만 20세였던 그는 이미 당시로서는 가장 선각적인 지식인의 한 사람으로 성장해 있었으며, 뛰어난 웅변력으로 특히 서울과 관서지방 일대에서는 큰 명성을 얻고 있었다.

1898년 말 독립협회가 해체당한 뒤 고향에 돌아온 그는 만 3년간 점진학교와 하천매축의 교육과 산업 활동에 종사한 다음 다시 주로 교육학과 기독교에 대한 관심을 갖고 1902년 9월 미국으로 유학의 길에 나섰다.

그러나 미국에 도착한 그는 방침을 바꾸어 교민 지도에 헌신하게 된다. 샌프란시스코와 로스앤젤레스 일대를 중심으로 상항친목회와 이를 확대, 발전시킨 공립협회를 조직한 그는 점차 형성되는 과정의 초창기 미국 한인 교민사회의 최고지도자로 성장하였다.

미국 교민사회에서 대중적 지도자로 확고한 기반을 쌓은 그는 1906년 말 귀국을 결심하게 되었다. 을사보호조약 체결 이후 일제의 식민지로 전락해 가고 있는 국내에서 민족운동을 전개하기 위해서였다. 비밀결사 신민회 조직의 구상을 갖고 1907년 초 미국을 출발한 그는 일본을 거쳐 국내에 도착하였다.

그의 귀국은 당시 신지식인층의 애국계몽운동계에 신선한 활력소로 작용하였다. 그는 귀국 후 한 달 반 만인 4월 중순경 그동안 구심점을 갖지 못한 채 몇 갈래로 분산되어 있던 애국계몽운동 세력을 결집해 신민회를 조직함으로써 본격적인 민족운동의 궤도에 들어서게 하였다.

한편 신민회의 조직과 동시에 안창호는 민족운동의 참신한 이론을 제시하고 있었다. 그는 민주공화제의 국민국가 건설을 민족운동의 공식 이념으로, 그리고 동시에 독립전쟁론을 민족운동의 최고 전략으로 각각 정립시켰다. 특히 그는 당시 아직 계몽적인 성격을 벗어나지 못하고 있던 애국계몽운동가들의 실력양성론을 그의 독립전쟁론에 입각한 독립전쟁준비론에 수렴시킴으로써 실력양성운동의 각 부면에 크게 활력을 불어넣었다. 흔히 실력양성론 혹은 준비론으로 말해지는 그의 민족운동방법론은 따라서 독립전쟁론을 전제로 한 독립전쟁준비론임을 알 수 있는 것이다.

그의 민주공화제의 국민국가 건설이념과 그 실현을 위한 방법론으로서의 독립전쟁론 및 독립전쟁준비론은 당시 가장 선진적인 민족운동의 이론으로서 애국계몽운동계 전체에 수용되었다. 비록 그것은 한말의 민족운동을 통해서는 실현되지 못했지만 이후 일제 강점기 한국 민족독립운동의 중심적인 이념과 방법론으로 계승 발전되어 갔던 것이다.

II.　한말 도산 안창호의
　　　　신민회 조직과 준비론 주장

1. 머리말

　한말·일제하 국권회복운동과 독립운동에 앞장섰던 지도적 인물들 가운데 한 사람인 도산 안창호는 그의 생애를 통해 매우 다양한 실천 활동을 보여 주었다.[1] 그러나 자세히 들여다보면 동시에 이들 활동의 주변에는 언제나 일관된 하나의 운동 논리가 깔려 있음을 알게 된다. 이른바 준비론으로 불리는 안창호의 국권회복과 독립달성의 방안이 그것이었다.

　현재 준비론은 대개 투쟁성이 결여된 실력양성론과 동일시되면서 같은 시기의 이른바 독립전쟁론과는 전혀 관련이 없는 별개의 주장으로 잘못 파악되고 있는 실정이다. 그리하여 한말 국권회복운동에서 매우 중요

1　안창호의 생애와 활동에 대해서는, 춘원 이광수의 『도산 안창호』, 1947와 주요한의 『안도산전서』(1963, 1971 신증판)를 참조.

한 위치를 점하고 있는 비밀결사 신민회가 안창호의 처음 제안에 의해 결성된 사실과 신민회의 국권회복운동 방안이 독립전쟁론 혹은 독립전쟁전략이었다는 점은 잘 알고 있으면서도 그 정확한 정립 경위나 상호 관계에 대해서는 제대로 이해하지 못하는 한계를 보이고 있다.[2]

그리하여 여기서는 먼저 안창호의 준비론이 구체적으로는 독립전쟁준비론이었음을 확인하고, 아울러 이는 그가 본격적인 국권회복운동의 전개를 위한 비밀결사 구상과 함께 미국에서 정립해 1907년 2월 귀국 즉시 신민회를 조직하는 과정에서 그 이론적 뒷받침을 위해 주장한 사실을 밝히려 한다. 이를 통해 안창호 사상의 일단을 정리하고 나아가 한말 국권회복운동의 이론적 발전 과정을 명확히 하려고 한다.

2. 비밀결사 신민회의 조직

개항 직후 평양 근교의 한 농가에서 출생한 안창호가 우리나라 근대 민족운동의 흐름 속에 뛰어든 것은 독립협회 활동에 가담하면서부터였다. 비록 매우 짧은 기간이었지만 이때 그는 독립협회의 평양지회 설립에 중요 인물의 한 사람으로 참여하였고 만민공동회에서의 뛰어난 연설로 상

---

2 이는 온건한 이미지만이 과도하게 부각되어 있는 안창호에 관한 선입견에 제약되어 있기 때문으로 여겨진다. 한말 신민회운동의 실패 후 그가 상대적으로 점차 온건한 모습을 보이게 된 사실과 한편 그것이 일제하 독립운동의 흐름 속에서 지나치게 강조되어 인식되었던 연유에 대해서는 별도의 고찰이 있어야 할 것이다.

당한 대중적 명성도 얻게 되었다. 그러나 1898년의 독립협회와 만민공동
회 활동에서 만 20세였던 그는 청년 실행 간부의 한 사람으로 활약하기는
하였지만 아직 전체 운동 방향에 영향을 미칠 정도의 주도적인 위치에는
이르지 못 하였다. 그 역시 우리 근대 민족운동의 큰 흐름에서 보면 개화
파 계열의 독립협회 지도층의 근대화론과 민주주의사상 그리고 민족주의
에 크게 영향받으면서 성장하고 있었던 것이다.[3]

안창호가 나름대로 하나의 독자적인 사회 세력을 형성하여 그 지도적
위치에 설 수 있었던 것은 미국의 교포사회에서였다. 1902년 유학을 위
해 미국에 건너간 그는 1903년 9월 샌프란시스코에서 17명의 교민들을
모아 한인친목회를 만들었으며, 이어 1905년에는 이를 확대, 발전시켜
공립협회共立協會를 조직하고 그 초대 총회장이 되었던 것이다. 공립협
회는 1905년 4월 창립 이래 1907년 초 그가 미국을 떠나기까지 직접 이
끌었던 2년 미만의 단기간에 600여 명의 교민을 결집하는 한편 회관으로
공립관이라는 3층 건물을 구입하게 되었으며 매월 두 차례 공립신보를
발간하는 등 당시로서는 국내외를 통해 매우 유력한 단체 가운데 하나로
성장하였다.[4]

결국 유학이라는 본래 목적에서는 벗어나고 말았지만 그는 5년간의 미
주 교민 지도를 통해 두 가지 큰 성과를 얻은 셈이었다. 우선 이후 그가

---

3 흔히 자주독립, 자유민권, 자강독립으로 요약되는 독립협회의 사회사상은 결국 민족주의와
민주주의와 근대화론으로 이루어져 있었는데 그 구체적 내용에 대해서는 신용하, 『독립협
회연구』, 일조각, 1976 참조.

평생토록 민족운동가로서 활동하는 동안 늘 인적, 재정적으로 도움을 받을 수 있었던 튼튼한 지지기반의 하나를 확보한 점을 들 수 있다. 동시에 후술하듯이 이때의 공립협회 활동 과정에서 그는 그가 전 생애를 일관하여 견지한 국권회복 및 독립달성의 방안을 정립하게 되었던 것이다.

형성 과정의 초창기 미주 교민사회에서 그 최고지도자로 성장한 안창호는 마침내 4년여 만에 귀국의 길에 오르게 된다. 미국에서의 활동은 주로 노동 이민으로 이루어진 열악한 처지의 교민들을 결집시켜 그들의 생활상 권익을 보호하고 민족의식을 유지, 강화시킨 나름대로 큰 의미를 가진 것이었다. 그러나 전체 민족운동의 시야에서 보면 먼 해외에서의 주변부적 활동에 불과하다는 한계를 벗어날 수 없었다. 본격적인 역할을 위해서는 역시 국내에 거점을 두어야 했던 것이다.

그리하여 1907년 2월 귀국한 그는 병합 직전 다시 국외로 망명을 떠나기까지 3년 동안 국내에서 다양한 실천 활동을 전개하게 되었다. 일제의 삼엄한 감시하에서도 서우학회 西友學會, 대한협회 大韓協會, 서북학회 西北學會 등의 여러 학회 및 정치사회 단체에 참여하였고 신민회, 대성학교, 평양자기회사, 태극서관, 청년학우회를 설립하였으며 그 밖에도 전국

---

4 공립협회에 대해서는 다음 글들이 참고 된다.

김원용, 『재미한인 50년사』, 1959.

윤병석, 「1910년대 미주 지역 한인사회의 동향과 조국독립운동」, 『두계이병도박사구수기념한국사학논총』, 1987.

김도훈, 「공립협회의 민족운동연구」, 『한국민족운동사연구』 4, 1989.

각지를 유세하며 연설을 통해 민중계몽에 전력을 기울였다.

그러나 특히 그의 국권회복운동 방안이었던 준비론의 구체적 내용을 이해하는 일과도 관련하여 무엇보다 주목되는 것은 비밀결사인 신민회를 조직한 사실이라 할 수 있다. 귀국을 눈앞에 둔 1907년 초 그는 미국 로스앤젤레스 부근의 리버사이드에서 이강, 임준기 등 측근 동지들과 논의 끝에 공립협회와 연계될 수 있는 국내 조직으로 대한신민회를 결성할 것에 합의하고 그 취지서와 규약을 작성한 바 있었다. 동지들의 재정지원을 받아 신민회 결성의 조직 책임을 맡기로 한 그는 귀국 후 이틀 뒤인 2월 22일 대한매일신보사로 양기탁을 방문하여 신민회 결성을 제의함으로써 실제 작업에 착수하였는데 결국 한 달 반가량의 노력 끝에 1907년 4월 초 당시의 신지식인 계몽활동가들 속에서도 정예 인물들인 양기탁, 전덕기, 이동령, 이동휘, 이갑, 유동열 등을 규합해 신민회를 창립하게 되었다.[5]

이후 신민회는 간부들에 의한 엄격한 선별 절차를 거쳐 회원을 확충하면서 완전 식민지화를 위한 일제의 침략이 정점에 달하고 있던 1907년부터 끝내 나라를 완전히 빼앗긴 뒤인 1911년 이른바 105인사건으로 해체될 때까지 다양한 표현 사업을 전개하며 신지식층 인사들의 국권회복운동을 배후에서 지휘한 총본부로서 기능하였다.

신민회는 단지 한말의 활동에 국한하지 않고 해체 후에도 거기에 참여했던 회원들이 독립운동의 주역이 되었던 까닭에 우리 근대 역사에서 독립운동사는 물론이고 근대사상사를 이해함에 있어서도 매우 중요한 의미

5　신용하, 『한국민족독립운동사연구』, 1981, pp. 17~22.

를 지닌 단체였다. 그리하여 비밀조직이었던 데서 오는 자료상의 제약에
도 불구하고 현재 신민회의 결성 경위 및 활동상에 대해서는 상당히 구체
적인 사실 파악이 이루어져 왔다.[6]

그러나 신민회의 성격과 역사적 의의를 제대로 이해하기 위해서는 반
드시 밝혀져야 할 의문점이 아직 남아 있다. 신민회와 같은 강한 헌신성
을 요구했던[7] 비밀결사의 결성을 가능하게 한 원동력에 대해서는 아직
충분한 설명을 찾아볼 수 없는 것이다. 다른 합법 단체에의 참여와는 달
리 심각한 위험을 느꼈을 것임에도 불구하고 다수의 지식인들이 신민회
와 같은 비밀조직에 참여하게 되었던 동기가 무엇인가. 단지 일제의 침략
이 가중되고 있던 급박한 상황에서의 애국적 열정만은 아니었을 것으로
여겨지기 때문이다. 이러한 의문에 답하기 위해서는 역시 단체 조직의 일
반적 상식에 비추어 신민회의 조직과 활동 과정에서 핵심적 역할을 한 인
물이 누구였으며 또 그 결성의 명분과 논리가 무엇이었는지를 밝혀야 할
것이다.

신민회의 조직과 활동을 이끌어간 중심인물이 누구였는지에 대해서는

---

6 신민회에 대해서는 다음 연구들이 참고된다.
   신용하, 「신민회의 창건과 그 국권회복운동」상·하, 『한국학보』8·9, 1977, 『한국민족독립
   운동사』, 을유문화사 1985.
   강재언, 「신민회의 활동과 105인 사건」, 『한국의 개화사상』, 1981.
   윤경로, 「105인 사건 연구」, 『한성사학』1, 1983, 「신민회의 창립 과정」, 『사총』30, 1986.
   김도훈, 「공립협회의 민족운동연구」, 『한국민족운동사연구』4, 1989.
7 신민회는 그 입회 과정에서 회가 요구할 경우 생명과 재산까지도 바칠 것을 내용으로 하는
   서약을 받았다고 한다. 『한국독립운동사』, 애국동지원호회, p.91.

현재 안창호로 보는 견해[8]와 양기탁이라고 보는 두 가지 주장[9]이 있다.

안창호라고 주장하는 경우는 그가 신민회의 최초 발의자였을 뿐 아니라 조직과 설득에 탁월한 능력을 가진 인물이었다는 점을 강조하고 있다. 반면 양기탁이 그 중심이었다고 보는 경우는 그가 신민회의 총감독이었다는 사실을 지적하고 나아가 그 결성 과정에서 다양한 집단의 인물들이 규합될 수 있었던 것은 그의 영향력이 있었기 때문으로 본다. 특히 신민회를 다른 계몽 단체들과는 달리 보다 적극적인 성격의 국권회복운동 단체로 보려는 경우일수록 양기탁의 비중을 강조하는 한편 안창호는 신민회 내의 온건파 혹은 우파를 대표하는 인물로 한정시켜 보려 한다.

물론 양기탁은 당시 가장 유력한 신문이었던 대한매일신보의 총무로서 명망이 높은 인물이었다. 그러나 그는 안창호와 동향 출신의 같은 기독교 신도로서 성향에 있어서 차이를 말할 수는 없는 인물이었다. 오히려 처음 안창호가 신민회 조직을 상의했을 때 그는 공개적인 단체로 할 것을 주장했던[10] 온건한 성품의 인물이었다. 그의 생애를 통해 과도기적 상황에서 때로 지도자로 추대된 경우는 있었지만 실질적 의미에서 지도적 역할을 수행한 사실은 찾아볼 수 없다.[11] 그가 신민회의 총감독에 추대되던 것도 신민회에서의 실질적 비중과 역할 때문이라기보다는 일제의 간섭이 미치지 않는 영국인 베델 소유의 대한매일신보사 간부였다는 사실

---

8 박재원, 「신민회의 활동」, 『한국사』19, 국사편찬위원회, 1976.

9 신용하, 「신민회의 창건과 그 국권회복운동」, 『한국학보』7.8, 1977.

10 「양기탁경성예심제22회공판시말서」, 『105인사건공판시말서』1, 국사편찬위원회, pp.309~310.

과 함께 연령적으로 당시 37세로서 선배급에 속했던 점 등이 고려된 때문으로 보는 것이 타당할 것이다. 신민회의 중심인물이 안창호였다는 것은 박은식, 김구, 장도빈 등 당시 직접 신민회에 참여했던 인물들이 남긴 기록에서는 공통적 인식으로 자리 잡고 있는 것이다.[12]

그런데 당시 안창호의 귀국은 5년여 만의 상당히 오랜 미국 체류 끝에 이루어진 일이었다. 그가 비록 개인적으로 조직과 설득에 탁월한 능력을 가진 인물이었다고 하더라도 국내의 계몽운동가들을 주로 지난 독립협회 운동 시기의 인간관계만으로 규합할 수 있는 처지는 아니었던 것이다.

따라서 이제 신민회가 결성될 수 있었던 또 다른 원천으로서 그 이론적 배경에 대해 더욱 관심을 기울일 필요가 있다. 이를 위해서는 우선 안창호가 미국에서 작성해 가져온 신민회의 취지서와 장정을 검토할 필요가 있다.

〈대한신민회통용장정〉의 제3장 목적 및 방법 조항은 다음과 같은 내용으로 되어 있다.

    "본회의 목적은 아한我韓의 부패한 사상과 습관을 혁신하여 국민을 유신

---

11 그는 105인 사건으로 복역한 후 중국에 망명하였는데 1926년 극심한 파벌싸움과 재정난으로 존폐의 기로에 처해있던 임시정부의 국무령에 추대된 바 있었지만 취임하지는 않았다. 그 후 대체로 은둔 생활을 계속하였다. 양기탁의 생애와 활동에 대해서는 윤경로, 「양기탁과 민족운동」, 『국사관논총』10, 1989 참조.

12 박은식, 『한국독립운동지혈사』, 『박은식전서』상, 1920, pp.478~480.
  김구, 『백범일지』, 1929, p.195.
  장도빈, 「암운 짙은 구한말」, 『사상계』, 1962년 4월호.

케 하며, 쇠퇴한 교육과 산업을 개량하여 사업을 유신케 하며, 유신한 국민이 통일연합하여 유신한 자유문명국을 성립케 함.”[13]

여기서 신민회 결성의 최종 목표는 유신한 자유문명국 건설로 표현되고 있다. 그리고 그러한 목표를 달성하기 위한 방법으로서 신민회는 먼저 부패한 구사상과 구습관을 혁신하여 국민을 유신케 하고 교육과 산업을 개량 발전시키며 유신한 국민들을 통일연합하겠다고 하였다.

이러한 목표와 방법은〈대한신민회취지서〉에서도 마찬가지로 표현되어 있다.

“무릇 우리 대한인은 내외를 막론하고 통일연합으로써 그 진로를 정하고 독립자유로써 그 목적을 세움이니 이는 신민회의 발원하는 바며 신민회가 품고 있는 바니 약언하면 오즉 신정신을 불러일으켜 신단체를 조직한 후 신국가를 건설할 뿐이다.”[14]

즉, 현재 전해지고 있는 신민회의 취지서와 장정 속에는 (1) 신정신을 가진 신민의 창출, (2) 신민들의 통일연합에 의한 신단체 결성, (3) 독립자유의 신국가 건설이라는 3단계 구상이 담겨 있는 것이다.

---

13 국사편찬위원회, 『한국독립운동사』1, 1965, p.1028.
14 국사편찬위원회, 앞의 책, p.1026.

그러나 이러한 신민회의 목적과 방법에서는 당시 다른 계몽운동 단체
들의 그것과 비교해 본질적으로 다른 차이점을 찾아볼 수 없다. 1907년
2월 그가 국내에 돌아왔을 때에는 이미 대한자강회大韓自強會가 전국적
인 단체로 조직되어 있었으며 그 밖에 관서지방 출신 인사들에 의한 서우
학회西友學會와 함경도 출신 인사들로 이루어진 한북흥학회漢北興學會
가 조직되어 있었다.

1906년 4월 장지연, 윤효정 등의 주도로 결성된 대한자강회는 그 취지
서에서, 국가의 독립은 오로지 자강 여하에 달려 있다고 전제하고 자강지
술自強之術은 교육과 산업의 발달을 통한 민지民智의 계발과 국력의 배
양에 있다고 하면서, 교육과 산업 발달을 통해 독립의 기초를 닦으려 한
다고 말하였다.[15] 대한자강회는 또 그 규칙 2조의 목적 조항에서, 교육의
확장과 산업의 발달을 연구 실시함으로써 자국自國 부강을 계도計圖하
여 타일他日 독립의 기초를 만들 것임을 밝히고 있었다.[16]

같은 해 10월 정운복, 이갑 등이 주도해 조직한 서우학회 역시 그 취지
서를 통해, 크게는 국가로부터 작게는 일가일신一家一身의 보전을 강구
하려 하면 청년의 교육을 장려하여 인재를 양성하고 중지를 계발해야 국
권을 회복하고 인권을 확장하는 기초가 된다고 하면서 이는 반드시 공중
公衆의 단체력에 기초해야 한다고 주장하였다.[17]

---

15 「대한자강회취지서」, 『대한자강회월보』1호, pp.9~10.

16 「대한자강회규칙」, 『대한자강회월보』1호, p.10.

17 「본회취지서」, 『서우』1호, p.1.

이들 합법 단체들이 이미 신민회와 비슷한 국권회복이라는 목표를 설정하고 조직되어 교육 및 산업 발달을 통한 실력양성운동을 전개하고 있던 상황에서 앞에서 본 취지의 신민회가 별도로 조직되어야 할 당위성은 찾기 어려운 일이었다. 적어도 하나의 정치사회적 목적을 가진 단체가 조직되기 위해서는 먼저 그에 합당한 명분이 제시되어야 하는 것은 상식에 속하기 때문이다.

그럼에도 불구하고 결과적으로 신민회가 결성되었다는 사실을 보면 신민회의 취지서와 규약서가 그 진정한 목적과 방법론을 전부 포함한 것인지가 의문스럽다. 한 걸음 더 나아가 원래 비밀결사를 지향했던 신민회가 굳이 명문화된 취지서와 규약을 필요로 했을 것인지부터가 의심스러운 일이다. 그렇다면 위에서 본 취지서와 통용장정은 만일의 경우에 대비한 고려 속에서 작성된 것으로 볼 수도 있을 것이다. 비밀이 드러났을 때의 피해를 최소화하려는 의도가 아니었을까 짐작되기도 한다.

어쨌든 가능한 한 다수의 대중적 참여를 필요로 하는 정치사회적 목적을 가진 신민회와 같은 단체가 회원 확보와 사업 홍보 등에 큰 곤란이 예상되는데도 불구하고 비밀결사로 구상되었던 것은 당시 상황 속에서 공개할 수 없는 내용의 목적이나 방법론을 가졌기 때문으로 보아야 할 것이다. 그 경우 신민회를 비밀결사로 한 진정한 이유는 무엇이었을까?

이에 대해서는 후일 안창호가 일제 경찰에 체포당해 심문받으면서 진술한 다음 내용이 있어 참고된다.

"당시 인민의 정도가 유치하여 이를 표면 단체로 하면 사회의 반감을 사서 방해를 받을 것이요, 또 입회희망자를 전부 참가시키면 어떠한 인물이 섞일는지도 모르고 따라서 동회同會의 목적을 달성하기 불가능할지며, 또 동회는 정치적으로 자존자립自存自立을 목적으로 하므로 총감부(일제의 경무총감부)에게 해산을 당하여서는 안되겠는고로 실력이 생길 때까지는 비밀결사로 두는 것이 필요한 때문이다."[18]

그의 설명에 따르면 신민회를 비밀결사로 한 까닭은 수구파의 반발과 방해, 부적격자 및 불순분자의 침투, 일제의 탄압에 대한 우려에서 이를 미연에 방지하려 한 때문이었다. 여기서 수구파의 반발이란 신민회가 국권회복운동의 최종 목표로 설정한 자유문명국 건설이 공화정체의 근대국민국가 수립을 의미했던 데서,[19] 예상되는 보수적 유생층의 반대와 대한제국 정부의 탄압을 뜻하는 것으로 해석된다. 또 불순분자의 침투에 대한 우려란 당시 일진회원一進會員을 비롯한 친일파들이 일제의 밀정으로 활동하던 상황에서 나온 것으로 여겨진다.

그러나 신민회가 비밀결사를 지향한 더 본질적인 이유는 일제가 통치의 실권을 쥐고 있던 당시 여건에서는 역시 일제의 탄압을 우려한 데 있었다고 보는 것이 더 타당할 것이다. 대한제국 정부나 유생층 혹은 친일파는 이미 일제 권력에 비해 부차적인 요소들에 지나지 않았기 때문이다. 다만 일제의 해산 조치를 회피하려 했던 이유가 정치적으로 자존자립을

18 「안창호예심심문조서」, 『속편 도산 안창호』, 도산기념사업회, pp.89~90.
19 신용하, 『한국민족독립운동사연구』, 1985, p.27.

목적으로 했기 때문이었다는 말은 또다시 검토해 보아야 할 문제이다.

1905년 11월 을사조약의 체결로부터 국권회복은 한말 민족운동의 최대 목표였다. 보호조약을 강요해 외교권을 탈취한 일본이 그들 통감의 감독을 통해 내정의 각 부문에서도 통치의 실권을 장악하여 날로 침략의 정도를 더해 가던 실정에서는 지극히 당연한 일이었다. 이에 저항하여 지방에서는 유생들이 농민층을 동원하여 초기 단계의 의병투쟁을 전개하고 있었으며 한편 서울을 비롯한 도시에서는 당시 흔히 지사志士라고 불리던 신지식인들이 청년학생층을 대상으로 계몽 활동을 펼치고 있었다. 이때 일제와의 즉각적인 대결을 택해 무장투쟁에 나섰던 의병들은 물론이고 투쟁을 유보한 채 실력양성을 앞세웠던 지사들도 공통적으로 '국권의 회복'을 목표로 내걸었던 것이다.

앞에서 지적한 것처럼 이미 국권회복을 내세운 대한자강회와 서우학회 등이 공개적으로 활동하고 있던 1907년 전반의 시점에서 신민회가 정치적으로 자존자립을 표방한다고 해서 안창호의 진술처럼 새삼스럽게 일제의 해산 조치를 우려해야 할 상황은 아니었던 것이다. 의병들의 무장투쟁은 일제의 강경한 토벌을 받고 있었지만 같은 국권회복을 내세웠어도 지사들의 비폭력적 계몽 활동은 아직 직접적인 탄압의 대상이 아니었기 때문이다.[20]

---

20 일제가 계몽운동의 탄압에 착수한 것은 이른바 〈헤이그밀사사건〉을 구실로 1907년 7월 24일 〈정미7조약〉을 맺은 때부터였다. 그들은 이때 〈신문지법〉(1907.7.24.)과 〈보안법〉(1907.7.27.)을 잇따라 공포하여 언론, 집회 결사의 자유를 제도적으로 제한하기 시작했다.

안창호가 일제의 해산 조치를 우려하여 신민회를 비밀조직으로 만들려고 했던 실제 이유가 정치적 자존자립의 추구라는 목적에서 찾아질 수 없다고 한다면 결국 다음으로는 그러한 목표를 실현하기 위한 방법론의 차원에서 찾아질 수밖에 없다. 이 같은 전제 위에서 한말 국권회복운동의 여러 방안들 가운데 신지식층과 관련되는 것들을 살펴보면 자연히 독립전쟁준비론에 주목하게 된다. 독립전쟁준비론은 한말의 국권회복운동 과정에서 신지식인들이 일찍부터 주장했던 비폭력 실력양성론의 바탕 위에 비록 잠재적이기는 하지만 일제에 대한 무장투쟁 노선이 결합되어 나온 새로운 방안이었기 때문이다.

3. 독립전쟁준비론의 주장

적절한 시기에 일제와 전쟁을 결행해서 국권을 되찾겠다는 주장은 현재 한말·일제하 국권회복운동과 독립운동의 가장 주류적인 방략으로 이해되고 있다.

이에 대해서는 일찍이 윤병석 교수가 독립전쟁론이라는 용어를 써서 처음 언급하였다. 그는, 독립전쟁론이란 군국주의 일본으로부터의 민족독립의 확실하고 바른 길은 그들과 한민족이 적기에 독립전쟁을 전개하고 그 결과로서만 가능하다는 독립운동의 한 이론 체계라고 정의하였다. 이때 독립전쟁의 적기란 정치, 군사, 경제, 문화 등 모든 분야에서 민족의 근대적 역량을 애국계몽운동의 이념에 따라 향상시키면서 일본제국주의가 더욱 팽창하여 중일전쟁 내지 러일전쟁 혹은 미일전쟁을 감행할 때를 기다려 광복을 위한 독립전쟁을 결행한다는 내용이라고 하였다.[21]

　이 같은 그의 주장은 우리 독립운동의 이론적 발전 과정을 체계화하는 데 있어 매우 중요한 시사를 준 지적이었다. 그러나 아직 개괄적인 수준에 그치고 있어서 이른바 독립전쟁론의 보다 구체적인 내용이나 정립 경위 및 그 주체 등에 대해서는 충분히 설명하지 못하였다. 동시에 용어의 사용에 있어서도 약간의 문제점이 있음을 보게 된다. 그는 독립전쟁론이라는 말로 개념화하였지만 그것이 실제로 뜻하는 바 장차의 독립전쟁에 대비한 노력을 강조했던 취지가 보다 더 잘 표현되기 위해서는 마땅히 독립전쟁준비론으로 개념지어야 했던 것이다.

　비슷한 시기에 신용하 교수는 독립전쟁전략이라는 말을 쓰면서 좀 더 상세히 설명하고 그 역사적 추이에 대해서도 언급하였다. 그는, 독립전쟁전략이란 국권회복과 독립 실현의 가장 확실하고 정확한 방법은 독립군을 양성하였다가 절호의 기회를 포착해서 독립전쟁을 일으키어 일본제국주의에 대한 현대적 무장투쟁을 전개해야만 궁극적으로 한국 민족의 실력에 의한 독립의 쟁취가 가능하다는 전략 이론 체계이며, 신민회에 의하여 정립되고 채택된 독립전쟁전략은 1910년대 독립운동의 최고 전략이 되었으며, 3·1운동 이후에도 1945년 민족 해방 때까지 모든 독립운동 정

21　윤병석, 「1910년대의 한국독립운동」, 1977.
　　　윤병석, 신용하, 안병직, 『한국근대사론』2, p.27.

파의 최고 전략이었다고 하였다. 또 그는, 신민회가 국외독립군기지 설치와 독립군창건 문제를 최초로 검토한 것은 대한제국 군대의 해산 직후인 1907년 8월부터였으나 자체 역량의 한계와 의병운동과의 관계 때문에 이를 본격적으로 논의한 것은 1909년 봄에 이르러서였다고 하였다. 그러나 같은 해 10월에 일어난 안중근의 이등박문총살사건으로 다수의 간부들이 일제헌병대에 구속되어 진전이 없다가 이들이 석방된 후인 이듬해 1910년 3월의 긴급간부회의에서 비로소 독립전쟁전략을 최고 전략으로 채택하고 국외에 독립군기지와 무관학교를 설립하기로 결정하였으며 우선 석방된 간부들이 국외로 망명하여 이를 담당하기로 하였다고 말하였다. 그는 또 신민회의 독립전쟁전략 채택에 큰 영향을 미친 것은 안중근의 〈독립전쟁론〉의 주장이었다고 추측하였다. 그는 그 근거로 이 용어 자체를 안중근이 일찍 사용하였을 뿐 아니라 그가 신민회의 교육구국운동에 만족치 않고 일찍부터 국외에서 독립군을 조직하여 독립전쟁을 일으킬 것을 주장하였으며, 안중근이 신민회와 깊은 관련을 갖고 있음을 들었다.[22]

이 같은 주장은 매우 정밀한 실증적 노력 위에서 이루어지고 있으며 이른바 독립전쟁전략의 보다 상세한 내용과 아울러 한말에 독립전쟁전략을 정립하고 채택한 주체가 신민회였다는 사실까지도 밝혀 주었다. 그러나 독립전쟁전략이 제기된 경위를 정확히 파악하지는 못하였으며 따라서 독립전쟁전략과 신민회와의 상호 관계도 유기적으로 이해할 수 없었다.

---

22 신용하, 「신민회의 창건과 그 국권회복운동」, 『한국학보』7·8, 1977, 『한국민족독립운동사연구』, 1985, pp. 100~106.

어쨌든 신민회의 국권회복운동론이었던 독립전쟁준비론은 일제로부터의 국권회복은 무장투쟁을 통해서만 가능하다는 객관적 인식 위에서 적절한 기회의 대일 개전에 대비해 승리할 수 있는 최소한의 근대적 실력을 하루속히 준비하자는 강한 의지를 담은 개념이었다.

그런데 한말 국권회복운동 과정에서 나온 이 같은 독립전쟁준비론이 처음 주장된 것은 바로 비밀결사 신민회의 결성을 발의했던 안창호에 의해서였다. 독립전쟁준비론이 안창호에 의해 처음으로 제기되었다고 주장하는 근거는 다음과 같다.

우선 앞에서 지적한 것처럼 독립전쟁준비론이야말로 곧 비밀결사 신민회의 결성을 가능하게 한 결정적 명분과 논리였던 것으로 여겨진다는 점이다. 한말 대한자강회를 비롯한 합법적 계몽 단체들이 이미 활동하고 있던 상황에서 그들과는 달리 스스로 비밀결사를 지향하였던 신민회의 결성을 뒷받침할 수 있었던 이론적 배경은 독립전쟁준비론 외에 달리 찾아지지 않는다. 이 경우 독립전쟁준비론의 최초 주장자를 역시 신민회 결성을 처음 발의한 안창호로 보는 것은 매우 자연스러운 추론이라 할 수 있을 것이다. 더욱이 안창호가 5년간의 상당히 오랜 공백 끝에 귀국하였으면서도 짧은 시간 동안에 국내의 선진적 계몽활동가들을 성공적으로 규합할 수 있었던 사실에서 그러한 추측의 가능성은 한층 높아진다.

그는 일을 기획하는 능력과 함께 개인적으로 조직과 설득에 매우 탁월한 역량을 가진 인물이었다. 그러나 생명과 재산을 바칠 것을 서약해야 할 정도로 강한 헌신성을 요구했던 신민회의 결성에 성공할 수 있었던 까닭은 역시 그를 뒷받침할 만한 설득력 있는 논리적 배경을 가졌던 것으로

볼 수밖에 없다. 그 같은 명분과 논리는 기존의 합법적 계몽 단체들의 그
것과는 같은 내용일 수 없는 것인바 한말 국권회복운동의 이론 가운데서
는 바로 독립전쟁준비론뿐인 것이다.

그러나 여기서 안창호가 독립전쟁준비론을 처음 주장한 인물이라고 단
정할 수 있는 보다 직접적인 근거는 신민회 결성 직후에 행한 그의 한 연설
내용에서 찾아진다. 신민회가 결성된 지 한 달가량 후인 1907년 5월 12일
그는 서울의 삼선평에서 열린 평안도 및 황해도의 서북 지역 출신 학생들
의 연합운동대회에 참석하여 격려의 연설을 하였는데 이때 그가 독립전
쟁준비론을 명확히 피력하고 있음을 보게 된다.

삼선평 연설에서 그는 먼저 서북학생들에게, "오직 흉금뇌수胸襟腦髓
를 통척痛滌하야 즉자금일卽自今日로 아국我國을 침해하는 강국과 전
격개전傳檄開戰하야 국권을 회복할지니."라고 하여 국권회복을 위한 전
쟁론을 극명하게 주장하였다.

그러나 주목할 것은 안창호의 전쟁론은 문자 그대로 지금 당장 개전하
자는 즉전론卽戰論이 아니었다. 위의 선언에 뒤이어 곧바로 개전에 앞선
준비의 필요성을 강조하고 있는 것이다.

"제군은 나의 개전지설開戰之說을 듣고 지금에 병력이 심히 약하고 군함
과 대포 등 군비가 모두 다 없는데 무엇으로써 개전할까 하여 반드시 모두
다 의아해 할 터이나 러일전쟁을 생각해 보라. 그 선전포고는 비록 2, 3년 전
이었지만 그 전쟁을 준비한 것은 곧 38년 전이니, 어찌하여 그러한가?

38년 전에는 일본도 야만 미개한 나라였으나 다행히 그때에 두세 명 학생

이 미국에 유학하야 학업이 점점 성취하고 지식이 점점 발달하야 멀리 동양의 형세를 바라보니 만약 러시아를 격퇴하지 못하면 자기 나라의 안보가 곤란하겠는지라 이런 까닭에 개전을 준비한 지 38년을 경과하야 마침내 저런 좋은 결과를 얻었으니 여러분은 이 일을 거울로 삼아 곧 오늘부터 개전할 일開戰事을 준비할지어다."

그의 주장은 일본이 명치유신 이후 38년간의 준비 끝에 마침내 강대국 러시아를 이긴 예에 비추어 지금부터 즉시 일본과의 전쟁 준비에 착수하자는 것이었다.

이처럼 그는 독립전쟁전략과 그에 입각한 독립전쟁준비론을 강조하는 동시에 한편으로는 국권회복의 방안에 대한 당시의 잘못된 관념들을 통렬히 비판하고 있음을 본다.

"요즘 우리 대한 사회에 한 가지 언론이 있으니 우리가 하늘을 믿으면 하늘이 반드시 도울 것이라 하니, 오호라 하느님이 우리나라를 돌보신지 4천여 년에 우리가 안보를 하지 못해 멸망을 자취하고 다시 어찌 하늘의 도움을 가히 바라리요. 유태인은 하느님을 믿다가 망하고 인도인은 부처님을 믿다가 망한지라. 오늘 우리 대한인은 어떤 자를 믿는가? 많은 하등인은 말하되 계룡산에 진인眞人 나오면 외국인이 스스로 물러가리라 하며, 이들보다 조금 나은 자들은 일본과 잘 어울리면 우리나라가 행복을 누리리라 하며, 혹은 영국이나 미국이 우리 대한을 도와줄까 희망하니, 이는 모두 절대로 믿을 수 없는 것을 믿는 일이라, 계룡산에 진인도 결단코 없는 것이요, 일본인은 자기 나라만을 위할 뿐이라 어찌 타국 사람을 자비할 생각이 있으리오, 더욱이 영국 미국은 아주 멀리 있는 나라들이라 우리 대한의 독립이 저들에게 이익이 있을 것이면 혹시라도 원조를 하려니와 만약 이익될 일이 없으면 단지 원조를 아니 할 뿐만 아니라 오히려 압박하는 폭력을 가할지니 가히 믿을 수 없을 뿐만 아니고 실은 두려워할 일이로다. 이런 허망하고 부패한 주장들은 일체 분명히 씻어내 버리고 오로지 우리가 마땅히 해야 할 사업에 용감히 매진하야 그 목적을 이룰지어다."

그는 먼저 국가의 독립을 종교적 믿음이나 미신적 요행에 기대하는 생각을 근거 없는 일이 라고 비판하였다. 또한 일본 혹은 영국, 미국 등 열강의 선의에 기대를 걸어보려 하던 일부 지식인들의 외세의존적 견해에 대해서도 그들 국가가 오로지 자기의 이해관계 여부에 따라 행동 하고 있을 뿐이라는 점을 강조하면서 전혀 실현 가능성이 없음을 밝혔다. 강대국에 의지하려는 것은 오히려 침략을 자초할 수도 있는 아주 위험한 일이라고 하였다. 그는 이상의 모든 잘못된 견해들을 망탄부패지설妄誕腐敗之說로 규정해 엄격히 비판하고 있는 것이다.

그리하여 그는 다시, "곧 바로 오늘부터卽自今日 다 함께 약속하고共誓決約하고 장래 타국과 개전할 일을 준비하여 언제든지何年何日 선전서宣戰書를 발표布告하여 태극기大極國旗를 세계에 휘날려顯揚 봅시다."라고 하여 의식적이고 조직적인 노력으로 장차의 개전을 목표로 전쟁 준비에 나서자고 거듭 촉구하였다.[23] 그는 오로지 전쟁을 통해서만 국권회복이 가능하다는 것을 천명하면서 이에 대비한 준비만이 마땅히 해야 할 오늘의 당면 과제라고 강조하였던 것이다.

신민회 결성 직후인 1907년 5월 안창호는 이처럼 현재 우리가 이해하고 있는 것과 완전히 같은 내용의 독립전쟁준비론을 명확한 형태로 표명하고 있었다. 이렇듯 한말·일제하 안창호의 독립운동 방략으로 말해지는 준비론이 바로 독립전쟁준비론을 뜻하였음은 분명한 사실로 드러난다.[24]

지금까지의 설명에서 본 것처럼 안창호의 준비론 곧 독립전쟁준비론 주장과 비밀결사 신민회의 결성 추진은 1907년 2월 그의 귀국 직후부터의 동시적인 일이었다. 독립전쟁준비론이라는 새로운 이론적 뒷받침이 있었기 때문에 신민회의 결성이 가능했으며 동시에 신민회가 결성되었기 때문에 독립전쟁준비론이 국내의 선진적 계몽운동가들에게 널리 수용될 수 있었다고 할 수 있다.

이 경우 이른바 안중근의 독립전쟁론이 신민회의 독립전쟁전략 채택에 영향을 미쳤을 것이라는 기존의 견해 역시 역사적 사실에 맞지 않는 추측에 불과함은 두말할 필요가 없다. 오히려 안중근이 독립전쟁론을 주장하였던 것은 실제로는 안창호로부터 독립전쟁준비론을 듣고 나서였던

---

23 「연설」, 『서우』7호, pp.24~27.

24 준비론이 곧 독립전쟁준비론을 의미한다는 사실은 후일 준비론을 비판한 대표적 인물의 한 사람인 신채호의 글을 통해서도 확인된다. 1923년 신채호는 의열단의 요청에 의해 민중직접혁명을 강조한〈조선혁명선언〉을 쓰면서 외교론과 준비론을 비판한 바 있었다. 여기서 그는 준비론이 한말에 시세를 아는 식자들이 외교로서 국권을 회복할 수 없다는 것을 알고 전쟁이 아니면 안되겠다는 자각 아래 정립한 방안이라고 하였다. 즉 준비론이 곧 독립전쟁준비론임을 말하고 있는 것이다. 이 때 그의 외교론 비판은 이승만을 겨냥한 것이었으며 준비론 비판은 물론 안창호를 의식한 것이었다.

것이다.[25]

1907년 안창호에 의해 처음 제기된 독립전쟁준비론이 한말의 선진적 의식을 가진 인물들에게 큰 설득력을 가질 수 있었던 것은 초기 국권회복 운동이 그 한계를 노정한 때문이었다고 할 수 있다. 1905년 을사조약에 의해 외교권을 빼앗기고 일제의 보호국으로 전락한 당시의 초기 국권회 복운동은 유생들이 주도한 의병운동과 신지식인 지사志士들에 의한 계몽운동의 두 갈래로 전개되고 있었다. 그러나 이들은 국권회복이라는 공통의 목표를 갖고는 있었으나 그 방법과 지향이 상치되어 서로 이해와 협조가 결여되어 있었다. 또 각각의 내부를 들여다보아도 각기 큰 취약성을 내포하고 있었다.

의병운동의 경우 일제와의 직접적인 무력 대결을 본질로 하면서도 장비와 훈련의 전근대적 낙후성을 면하지 못하고 있었다. 뿐만 아니라 지도부와 대중 간의 이질적인 구성 및 통일적 조직이 없는 분산적 활동으로 일본군에 비해 실질적인 전투력은 매우 약했다. 투쟁에 나선 유생들은 성리학에서 강조하는 의리 관념에 사로잡혀 승패를 중요시하지 않았는데 현실적으로 이는 패배를 전제한 투쟁이 아닐 수 없었다. 반면 계몽운동의

---

25 1907년 5, 6월경 안창호가 삼화항(진남포)을 방문한 일이 있는데 당시 그곳에서 삼흥학교를 설립하여 교육계몽운동을 펴고 있던 안중근은 그의 연설을 듣고 매우 큰 감동을 받았으며, 안창호와 개인적으로도 만나 인사를 나눈 바 있었다. 그동안 교육을 통한 계몽운동에 종사해 왔던 안중근이 크게 감동한 것은 안창호로부터 기왕의 실력양성론을 한 단계 발전시킨 독립전쟁준비론을 들었기 때문으로 보여 진다. 안중근이 독립전쟁론을 주장한 것은 대한제국 군대의 해산 이후로써 시기적으로도 안창호와의 만남이 있은 뒤의 일이었다. 국사편찬위원회, 『한국독립운동사 자료』6, p.225, pp.229~233.

경우 도덕과 의리에 못지않게 시기와 역량을 헤아리는 이른바 탁시양력度時量力의 중요성을 인식하는 데서 출발하고는 있었지만 약육강식의 제국주의 시대에 직면하여 근대적 무력을 앞세운 일제에 비해 그 힘이 너무도 미약했다.

앞에서 본 것처럼 서우학회와 한북흥학회의 지방적 단체 외에 대한자강회가 전국 규모의 단체로 활동하였으나 일본인이 고문으로 참여하는 등 그들의 감시 아래 완전히 노출되어 있었다. 또 국권회복을 표방하기는 하였지만 아무런 구체적 전망을 갖지 못한 채 실력양성론에 입각해 주로 교육을 통한 대중계몽에 종사하면서 한편으로는 아무 효력도 없는 대정부 건의 및 청원 활동에 매달리고 있는 실정이었다.[26]

따라서 일제의 침략을 저지하고 국권을 회복하기 위해서는 의병운동과 계몽운동의 긍정적 본질들을 계승하면서 동시에 그 한계를 보완할 수 있는 새로운 논리의 개발이 요청되고 있었 다. 상호 비판적으로 진행되어온 실력양성론과 무장투쟁론의 두 흐름을 종합 지양하여 국권회복의 명확한 전망을 줄 수 있는 구체적 방안의 제시가 요구되고 있던 시점이었다.

1907년 2월 안창호의 귀국은 이 같은 요구가 절실하던 때의 일이었는데 귀국 후 그는 당시의 객관적 요청에 부응할 수 있는 독립전쟁준비론을 제시하면서 그에 입각한 비밀결사 조직을 제안하였던 것이다. 그가 정립한 독립전쟁준비론은 기본적으로는 물론 탁시양력을 강조하는 계몽운동

---

26 대한자강회의 초기 계몽운동에 대해서는 유영렬, 「대한자강회의 애국계몽운동」, 1987 ; 역사학회, 『한국근대민족주의운동사연구』 참조.

가들의 인식 지반 위에서 성립되었다. 신지식인들에 의한 기왕의 비폭력 실력양성론에 잠재적인 형태로나마 의병운동의 반일 무장투쟁 노선을 결합하여 정립한 새로운 방안이었다. 그러므로 근대적 실력양성이라는 포괄적 개념 속에 다소 산만하였던 신지식인들의 제반 활동이 일본과의 전쟁에 대비한 준비 활동으로 초점이 모아질 수 있었던 것이다. 동시에 전쟁 개시의 시점도 일제가 미국, 러시아, 중국 등 다른 강대국과 충돌할 때로 구체성을 갖고 설정됨으로써 독립전쟁준비론은 한말 국권회복운동에 보다 명확한 확신을 부여하게 되었다.[27]

그리하여 독립전쟁준비론은 신지식인들 중에서도 일제의 침략에 대한 비판의식과 애국적 열정이 특히 강했던 사람들에게 즉시 수용되었는데 이것이 바로 신민회가 단시일 내에 결성될 수 있었던 가장 큰 요인이었던 것이다. 동시에 준비론을 제시하여 신민회를 결성하는 데 성공함으로써 안창호는 5년간의 상당히 오랜 공백을 뛰어 넘어 국내의 신지식인 애국지사들 속에서 그 중심인물로 부상할 수 있었다.[28]

그런데 안창호가 독립전쟁준비론을 정립한 것은 이미 그의 귀국 이전 미국에서였던 것으로 생각된다. 물론 귀국 이전 공립협회 활동 과정에서 안창호가 독립전쟁준비론을 정립하고 주장했다는 직접적인 자료는 아직 찾아지지 않는다. 또 귀국 직전 작성된 신민회의 취지서 및 장정에도 그

---

27 특히 이때 일본과 충돌 가능성이 큰 나라로는 미국이 상정되고 있었다. 러일전쟁 종료 이후 만주에서의 이권을 놓고 미국과 일본 간에 갈등이 고조되어 1906년부터는 당시 신문들에 미일전쟁설이 끊임없이 보도되고 있었다.

러한 내용은 기록되어 있지 않다. 그러나 앞에서 살펴본 것처럼 그가 신민회를 비밀결사로 구상한 사실 및 신민회 결성 직후 독립 전쟁준비론을 주장하였던 사실에 비추어 보면 귀국을 결심했을 당시에는 이미 신민회 구상과 함께 준비론을 정립해 갖고 있었던 것이 확실하다.

이때 그가 준비론을 가장 먼저 정립할 수 있었던 배경으로는 그의 개인적 능력 외에 당시 국내의 계몽운동가들과는 달리 미국에서 활동하고 있었다는 상황 요인에 주목하지 않을 수 없게 된다. 미국에서의 체류는 국권회복운동 자체의 관점에서 보면 원격지의 주변부적 활동을 벗어나기 어렵게 하는 큰 제약 요소가 되었겠지만 그가 독립전쟁준비론이나 비밀결사와 같은 새로운 방안을 정립하는 데는 오히려 다음과 같이 몇 가지 유리한 여건이 되었으리라 여겨지기 때문이다.

첫째, 당시 제국주의 국가로 급속히 대두하며 강대국으로서 영향력을 행사하던 미국에서 보다 폭넓고 예민하게 국제 정세를 인식할 수 있었으리라는 점이다. 특히 러일전쟁 종료 후 새롭게 고조되고 있던 미일 양국

---

28 안창호가 계몽운동가들 가운데서 확고한 중심 인물로 부상하였던 단적인 예로는 일제 통감 이토오 히로부미와의 면담 사실 및 이른바 도산내각설을 들 수 있다. 1907년 11월 말 안창호는 이토오의 거듭된 초청을 거절하기 어려워 그에 응하였는데 이때 이토오의 초청 목적은 물론 안창호로 대표되는 애국지사들을 회유하려는 것이었다. 주요한, 『안도산전서』, pp.64~88, 잡보「지사청요志士請邀」, 『대한매일신보』, 1907년 12월 1일 참조.
한편 안중근의 이토오총살사건으로 검거되었던 안창호가 1910년 2월 석방된 뒤의 일로 보이는 도산내각설은 아직 그 정확한 경위와 성격은 밝혀지지 않았으나 물론 안창호를 그 책임자로 전제한 논의였다. 주요한, 『안도산전서』, pp.107~109.

간의 갈등을 체감하면서 독립전쟁준비론의 한 축인 이른바 기회포착론을 정립할 수 있었던 것으로 볼 수 있다.

둘째, 역시 미국이라는 원격지에서는 보다 냉철하게 국내 정세를 바라볼 수 있었을 것으로 생각된다. 한반도에 집중되고 있던 일제의 침략 기도에 대한 명확한 인식은 물론 이에 대응하여 전개되고 있던 두 갈래 국권회복운동에 대해서도 보다 객관적으로 관찰할 수 있었을 것이다. 그리하여 계몽운동과 의병운동의 긍정적 본질과 한계를 동시에 인식함으로써 근대적 실력양성론의 바탕 위에 반일 무장투쟁론을 결합하여 독립전쟁준비론의 또 하나의 축인 실력준비론을 정립한 것으로 보인다.

셋째, 독립전쟁이라는 용어를 쓰게 된 것 역시 미국의 독립전쟁 체험과 관련지어 생각해 볼 수 있다. 미국의 독립이 압도적 무력을 가진 영국과의 치열한 전쟁 끝에 쟁취되었다는 사실을 잘 알게 되었을 그는 이를 조국의 국권회복을 위한 새로운 방안 정립에 활용하였던 것으로 짐작된다.

물론 미국 체류에서 오는 이러한 상황 요인만을 중심으로 본다면 독립전쟁준비론을 반드시 안창호 개인에 의해 정립된 이론으로만 볼 수는 없으며 오히려 미주 교민들의 단체였던 공립협회의 집단적 운동론으로 보는 것이 타당할 것이다. 그러나 이 경우에도 공립협회에서 그가 차지했던 절대적 위치를 감안해 본다면 준비론 정립의 주도자가 역시 그였으리라는 점은 다를 바 없다.

어쨌든 귀국 이전 미국에서 정립된 준비론이 그의 귀국 즉시 제시되고 그에 입각해 비밀결사 신민회가 결성됨으로써 그동안 국권회복이라는 최종 목표만을 가지고 막연하고 산만하게 전개되어온 신지식인들의 실력양성운동이 근대적 무력에 의한 대일 개전의 준비라는 좀 더 분명한 중간 목표를 갖게 되었을 것으로 보인다. 이 점에서 1907년 안창호의 독립전쟁준비론 주장과 비밀결사 신민회 결성은 한말 국권회복운동을 이론 및 실천의 양면에서 한 단계 발전시킨 획기적 계기였던 것이다.

4. 맺음말

흔히 준비론으로 일컬어지던 한말·일제하 안창호의 독립운동 방안은 구체적으로는 독립전쟁준비론이었다. 이때 독립전쟁준비론이란 우리 민족이 국권을 회복할 수 있는 유일한 방안은 일제가 다른 강대국과 충돌하는 때를 기회로 활용하여 독립전쟁을 결행함으로써만 가능하다는 전제하에 대일 개전에 대비해 승리할 수 있는 실력의 준비를 강조하는 이론이었다.

이 같은 준비론은 미국에서 공립협회를 조직해 이끌고 있던 안창호가 본격적인 국권회복운동을 전개하기 위해 귀국을 결심하면서 비밀결사 조직의 구상과 함께 정립한 것이었다. 그의 준비론은 러일전쟁의 종료와 함께 새롭게 조성되고 있던 미일 간의 갈등이라는 국제 정세와 을사늑약 체결 이후 일제의 국권 침탈에 저항하는 국권회복운동이 점차 거세게 일고 있던 국내 정세를 예의 주시한 끝에 정립될 수 있었다.

안창호의 준비론은 '기회론'과 '실력론'의 두 요소로 이루어져 있었다. 기회론이란 끊임없는 팽창을 그 속성으로 하는 제국주의의 본질을 정확히 인식한 기초 위에서 조만간 있게 될 미일전쟁, 중일전쟁, 러일전쟁을 국권회복의 기회로 삼아야 한다는 논리였다.

또한 실력론이란 그 같은 기회를 국권회복에 활용할 수 있기 위해서는 먼저 일제와의 전쟁에서 승리할 수 있는 최소한의 실력 준비가 전제되어야 하므로 이를 위해 힘을 모아야 한다는 의지가 담긴 논리였다. 이 같은 준비론의 정립을 한말 국권회복운동의 구조와 흐름 속에서 보면 신지식인들에 의한 비폭력 실력양성론의 바탕 위에 의병들의 반일 무장투쟁론이 잠재적인 형태로 결합됨으로써 한 단계 발전된 것이라 할 수 있다.

안창호가 준비론을 국내에서 처음 주장한 것은 1907년 2월 그의 귀국 직후부터였는데 비밀결사 신민회의 결성 제안과 동시적인 일이었다. 신민회는 비록 잠재적이긴 하지만 폭력적 무장투쟁론을 함축한 독립전쟁준비론에 입각해 구상되었기 때문에 불가피하게 비밀결사의 형식으로 추진될 수밖에 없었던 것이다.

이 점에서 안창호의 비밀결사 신민회 조직과 준비론 주장은 서로 떨어질 수 없는 밀접한 관계를 갖고 있었다. 준비론이라는 설득력 있는 이론적 뒷받침이 있었기 때문에 상당한 공백 끝에 귀국한 그가 국내의 선진적 계몽운동가들을 규합해 신민회를 결성할 수 있었으며, 동시에 신민회가 결성됨으로써 준비론은 한말 국권회복운동의 가장 주류적인 국권회복운동 방안으로 수용될 수 있었다.

그러나 한말 신민회운동은 끝내 국권의 상실을 저지하지 못하고 일제에 의해 발각되어 강제로 해체당하고 말았다. 또 신민회 회원들의 공통된 방안으로 수용되었던 준비론은 일제하 독립운동에서는 두 갈래로 나뉘게 되었다. 즉 안창호를 중심으로 여전히 준비론을 견지해 간 세력과 보다

적극적으로 즉각적인 대일 개전을 주장하는 즉전론卽戰論 세력으로 분
화되었는데 이는 추후 별도의 고찰을 요하는 문제라 하겠다.

III. 한말 도산 안창호의 근대국민형성론과 그 성격

1. 머리말

한말·일제 시기의 민족운동 지도자 가운데 한 사람이었던 도산 안창호가 그의 일생을 통해 성취하려고 힘썼던 과제를 크게 두 가지로 집약한다면, 그 하나는 한반도에 자주독립의 근대국가를 건설하는 일이었으며 다른 하나는 한국 민족을 근대국민으로 변화시키는 일이었다고 말할 수 있다. 그런데 이는 당시의 시대 상황에 비추어 볼 때 각기 별개의 다른 문제가 아니라 한국 근대 민족운동이 동시적으로 해결하지 않으면 안 될 통합적인 과제였다. 근대국가라는 틀 없이 근대국민의 형성이 온전히 이루어질 수 없었으며 근대국민의 기반 없이 근대국가가 제대로 설 수 없는 일이었기 때문이다.

그러나 이 두 과제를 통합적으로 인식하여 현실성 있는 대응 방안을 마련하는 것은 결코 쉬운 일일 수 없었다. 실제로 제국주의의 침략에 직면

한 가운데 근대화의 과제에 대응해야 했던 우리 근대 역사에서는 근대국
민의 형성이라는 문제를 도외시한 채 국가의 수호나 국권에만 초점을 맞
춘 경우 당위적 투쟁론이나 비현실적인 외교론에 치우치는 경향을 보였
다. 반대로 근대국가의 건설이라는 과제에 앞서 근대국민의 창출이 우선
되어야 한다고 본 경우에는 결과적으로 민족주의의 약화를 불러 안이한
근대화지상론이나 외세와의 타협론으로 전락하고 있었다.

따라서 우리 근대 민족운동의 현실적이고도 올바른 방향은 비록 그것
이 상당히 장기간의 시일을 필요로 한다고 하더라도 국가 건설의 과제와
국민 형성의 문제가 유기적으로 결합되어 인식되고 양자가 동시적으로
추구되어야만 했다. 이 두 과제를 아울러 인식한 문제의식 위에서 그 총
체적 해결을 위한 대응 방안과 실천 노력을 보여 준 대표적인 경우를 우
리는 안창호에게서 찾아 볼 수 있다고 본다. 비록 그것이 일제의 국권 침
탈과 식민지 지배라는 불리한 조건에 제약받아 구체적 성과로 직결될 수
는 없었지만 일단 주목되는 사례가 아닐 수 없다.

여기서는 민족운동가 안창호의 다양한 활동과 주장들 가운데서 특히
근대국민 형성의 과제와 관련되는 부분에 초점을 두어 살펴보려고 한다.
다만 시간적 범위를 크게 좁혀 그가 미국에서 귀국하여 식민지화 직전의
국내에서 활발히 구국운동을 전개했던 1907년에서 1910년의 3년여 동
안에 한정하기로 한다. 이후 우리 민족이 일제의 완전한 식민지로 전락한
시기에는 우리가 처했던 상황 조건과 그에 대한 대응 양상이 불가피하게
달라질 수밖에 없었다고 보기 때문이다. 먼저 한말 그가 근대국민 형성의
문제를 중시하게 되었던 배경을 이 시기 신민회운동과의 관련 속에서 파

악하고, 이를 바탕으로 그의 근대국민형성론이 어떤 구상 아래 성립되어 전개되어 갔는지를 살핀 다음, 마지막으로 그가 가졌던 근대국민형성론의 특징적 성격에 대해서도 간략히 언급하려 한다.

2. 신민회운동과 근대국민 형성의 문제

개항 직후 평양 근교의 평범한 한 농가에서 출생한 안창호가 우리나라 근대 민족운동의 중심적인 위치에 서게 된 것은 1907년 그가 미국에서 귀국해 비밀결사 신민회를 결성하고 그 활동을 주도하면서부터라고 말할 수 있다. 신민회는 경술국치 후인 1911년 9월 일제에 발각되어 강제로 해체당하기까지 일제 침략하의 위기 상황 속에서 신지식층 애국지사들의 국권회복운동을 배후에서 총지휘하는 역할을 수행했다. 뿐만 아니라 신민회는 거기에 참여했던 회원들이 후일 대부분 민족독립운동의 주역이 되었던 까닭에 우리 근대 역사에서 사상사는 물론 독립운동사를 이해하는 데 있어서도 매우 중요한 의미를 지닌 단체였다. 그리하여 비밀조직이었던 데서 오는 자료상의 제약에도 불구하고 현재 신민회의 목적과 결성 경위 그리고 그 활동상에 대해서는 상당히 구체적인 사실 파악이 이루어져 왔다.[1]

주지하듯이 신민회의 결성을 최초로 구상하고 발의한 사람은 안창호였다. 1902년 미국에 건너간 그는 다음 해인 1903년 9월 한인친목회를 조직하고, 다시 1905년 4월에는 이를 확대, 발전시켜 공립협회를 결성했다. 공립협회의 총회장으로 형성 과정의 초창기 교민사회를 이끌고 있던 그는 국내에서의 을사조약 체결 소식에 접한 다음 이를 실질적인 국권의 상실로 단정하고 본격적인 구국운동을 전개하기로 결심하게 되었다.

그는 먼저 이강, 임준기, 김성무, 정재관, 송석준 등 측근 동지들에게 이 같은 결심을 밝혔으며, 마침내 1907년 초 미국 캘리포니아 로스앤젤레스 근교의 리버사이드에서 국내외를 망라한 구국운동 단체를 결성하기로 이들과 최종 합의하고 대한신민회大韓新民會를 발기하였다. 그리고 안창호 자신은 직접 국내의 조직 책임을 맡아 귀국하기로 하였다.

만 4년 반 동안의 미주 교민 지도 활동을 마친 그는 공식적으로는 공립협회 학무學務의 직함을 갖고 1907년 1월 8일 샌프란시스코항을 출발하여 귀국 길에 올랐다. 귀로에 먼저 일본의 동경에서 약 2주일 간 머물며 우리 유학생들과 접촉한 다음, 서울에 도착하여 그가 본격적으로 국내 활동을 시작한 것은 2월 하순에 들어서였다. 그는 먼저 양대 신문사인 황성신문사와 대한매일신보사에 들러 인사를 나누었다.[2] 이어 3월 1일에는 한양학교의 초청을 받아 광흥학교와 균명학교, 청련학교의 네 학교 교사와 학생들이 함께 참석한 가운데 연설하였다.[3] 다음 날인 3월 2일에는 서

---

1 신민회에 대해서는 다음 연구들이 참고된다.

신용하, 「신민회의 창건과 그 국권회복운동」상·하, 『한국학보』8·9, 1977, 『한국근대민족운동사』, 을유문화사 1985.

강재언, 「신민회의 활동과 105인 사건」, 『한국의 개화사상』, 1981.

윤경로, 『105인 사건과 신민회 연구』, 일지사, 1990.

김도훈, 「공립협회의 민족운동연구」, 『한국민족운동사연구』4, 1989.

2 잡보「재외동포의연」, 『황성신문』, 1907.2.23, 잡보「해외의연」, 『대한매일신보』, 1907.2.24.

우학회의 제5회 통상회 후에 개최된 그의 환영회에 참석하여 관서지방 출신 유지인사들과 인사를 나누고, '국민의 의무는 단합진력團合盡力 이 건사二件事 외外는 무無하다.'라는 주제로 연설하였다.[4]

이때부터 안창호는 서울과 평양을 비롯하여 각지를 왕래하며 탁월한 연설로 직접 대중계몽에 나섰으니 당시의 신문 보도를 통해 보면 1910년 망명하기 전까지 확인되는 것만 최소한 17회의 연설회가 있었음을 알 수 있다.[5]

표면적으로 이 같은 대중 상대의 연설 활동과 더불어 안창호는 귀국 시의 구상에 따라 애국지사들을 규합하기 위한 신민회 결성의 노력에도 이미 내밀히 착수하고 있었다. 그가 국내 신민회의 결성에 관해 논의한 첫 상대는 대한매일신보사의 총무인 양기탁(1871~1938)이었다. 그는 안창호와는 동향 출신으로 과거 독립협회 평양지회의 같은 회원이었으며 서울에서의 만민공동회운동 시에는 함께 활동했던 동지였다. 뿐만 아니라 무엇보다도 당시 가장 영향력이 컸던 대한매일신보사의 실질적인 운영 책임자였다. 따라서 5년여에 걸친 미국 체류로 국내 기반이 취약한 안창호가 구국운동의 단체를 새로 조직하기 위해서는 양기탁과 같은 비중 있는 인물의 적극적인 협조가 무엇보다 절실히 필요한 상황이었다.

그러나 막상 양기탁과의 논의는 기대했던 것처럼 순탄하지 못했던 것

---

3 잡보「한교강연」, 『황성신문』, 1907.3.2. 잡보「지사연설」, 『대한매일신보』, 1907.3.2.

4 『서우』상, 아세아문화사, p.295.

5 윤경로, 「도산의 국내에서의 행적과 구국계몽운동」, 『도산사상연구』3, 1995, pp.48~51.

으로 보인다. 그 드러난 이유는 우선 신민회를 공개적인 표면 단체로 할 것인가 아니면 비밀 단체로 할 것인가 하는 점 때문이었다. 후일 양기탁이 일제가 신민회 회원들을 검거하기 위해 조작한 이른바 '105인 사건'의 공판정에서 일제 검사의 질문에 답해 진술한 내용을 보면 다음과 같다.

문 그대는 신민회에 가입하였는가?

답 안창호가 미국에 있는 신민회의 전권위원으로 파견되어 귀국하였다면서 그 회의 위임 사항을 실행하는 데 있어서는 본인의 찬성 없이는 안 된다는 이야기를 하며 규칙서 및 세칙 등을 보여주었다. 그 내용을 보니 본인의 의견과 합치되었기에 거기에 찬성하고 신문에 광고를 내주겠다고 말하였다. 그러나 그는 이전에 공립협회의 일로 신문에 광고를 내었으나 아무 효과도 없었으므로 이번에는 광고를 내지 않고 직접 사람들에게 권유하겠다는 것이었다. 본인은 그렇게 비밀스럽게 해서는 당국의 오해를 살 우려가 있으므로 광고를 내는 것이 좋을 것이라 권했으나 그는 이를 승낙하지 않고 돌아갔으며, 그때 규칙서 1통을 받았다.

그 후 그 사람이 경성에 왔을 때도 그 규칙을 공공연하게 발표하도록 했는데 그는 이갑과 상의한 후 경찰서에 규칙서를 신고한다면서 본인이 이전에 받았던 규칙서를 가지고 갔다. 그 후 또 진행사항을 물었으나 공공연한 발표를 보류하고 비밀에 부치기로 하였는지 '윤치호와 상의한 다음 실행할 것이니 자네는 관계하지 말라'는 이야기였다.[6]

위의 기록은 일단 그것이 신민회와의 관련성을 되도록 소극적이었던 것으로 인식시키고자 했던 공판정에서의 진술이라는 점을 감안할 필요가 있기는 하나, 안창호와 양기탁 사이에 신민회 결성 과정의 공개 여부를 두고 처음 이견이 있었던 사실만은 분명히 말해 주는 것으로 보인다. 그런데 이는 비단 양기탁만이 아니고 신민회의 초기 결성 과정에서 참여를 요청받은 다른 사람들도 신민회가 비밀결사를 지향한다는 데 대해서는 대소 간에 의문을 갖지 않을 수 없었으리라고 생각된다.

그 경우 미국에서 갓 귀국하여 굳이 비밀결사를 만들려고 하는 안창호와 그에 대해 의구심을 가질 수밖에 없었을 계몽운동가들 사이에서는 결국 두 가지 사항이 본질적인 쟁점으로 부각되었을 것이다. 신민회가 추구하는 구국운동의 궁극적인 목적이 무엇이며, 그것을 어떤 방법으로 달성하려 하는가 하는 이념과 방법론의 문제가 그것이었다. 이에 대해 안창호는 신민회의 비밀결사화를 끝까지 강조하는 이유로 그 이념과 방략이 민주공화국 건설과 독립전쟁 준비에 있음을 설명할 수밖에 없었을 것으로 보인다.

먼저 민주공화국 건설이라는 신민회의 이념에 대해 살펴보기로 하자. 이와 관련해서는 안창호가 귀국 직전 이미 미국에서 작성해 가지고 들어온 약간의 관련 자료들이 있어 참고된다. 〈대한신민회의구성〉, 〈대한신민회취지서〉, 〈대한신민회통용장정〉 등이 그것이다.[7] 물론 후일 일제 경찰

6 「양기탁경성복심법원 제22회 공판시말서」, 『한민족독립운동사자료집』1, 국사편찬위원회, p.310.

이 입수해 나름대로 초록해 놓은 것이어서 원형과 같지는 않지만 일단 몇
가지 추론의 자료는 될 수 있다고 본다.

신민회의 취지서와 장정에 따르면, 신민회는 국내외를 망라해 널리
'새로운 국민' 곧 신민新民을 형성하고, 이들을 조직적으로 규합해 궁극
적으로는 '새로운 국가' 곧 신국新國을 건설하는 것을 목적으로 하였다.
⟨대한신민회통용장정⟩의 목적 조항은 다음과 같다.[8]

"본회의 목적은 아한我韓의 부패한 사상과 습관을 혁신하여 국민을 유신
케 하며, 쇠퇴한 교육과 산업을 개량하여 사업을 유신케 하며, 유신한 국민
이 통일연합하여 유신한 자유문명국을 성립케 함."

여기서는 신민회 결성의 최종 목표가 유신한 자유문명국 성립이라는
말 로 표현되고 있다. 그리고 그러한 최종 목표를 달성하기 위한 중간 과
정으로서 먼저 부패한 구사상과 구습관을 혁신하여 국민을 유신케 하고,
교육과 산업을 개량 발전시키며, 유신한 국민들을 통일연합統一聯合하
는 것을 들고 있다. 이러한 신민회의 지향은 ⟨대한신민회취지서⟩에서도
거의 같은 내용으로 표현되어 있다.[9]

---

7 『한국독립운동사』1, 국사편찬위원회, pp.1023~1029.

8 위의 책, p.1028.

9 위의 책, p.1027.

"무릇 우리 한인韓人은 내외를 막론하고 통일연합으로써 그 진로를 정하고 독립자유로써 그 목적을 세움이니, 이는 신민회의 발원하는 바며 신민회의 품고 있는 바이니 줄여서 말하면 오즉 신정신新精神을 불러일켜 신단체新團體를 조직한 뒤 신국新國을 건설할 뿐이다."

즉, 현재 전해지고 있는 신민회의 취지서와 통용장정에 따르면, 신민회는 '신정신을 가진 신민의 형성'과 '신민의 통일연합에 의한 신국의 건설'이라는 신민신국론新民新國論의 논리 아래 조직된 단체임을 알 수 있다. 이 경우 신민회는 우선 이미 자각한 선각적 신민들의 단체이면서 동시에 아직 자각하지 못한 사람들을 각성시켜 신민으로 변화시키기 위한 단체였던 것이다. 그리고 이 같은 과정에서 형성된 점차 다수의 신민들이 조직적으로 통일연합함으로써 마침내 독립과 자유의 신국을 건설해 낸다는 논리 구조를 갖고 있었다. '신민 형성'과 '신국 건설'로 요약되는 이 같은 신민회 결성의 핵심 논리는 일견 평범한 수사로 여겨질 수도 있지만 당시의 상황 속에서 그것이 함축하는 내면적 의미는 매우 큰 것이었다고 볼 수 있다.

무엇보다도 안창호가 말하고 있는 신국의 실체가 입헌공화제의 민주국가라는 점을 들어야 하겠다. 신민회의 결성 과정을 통해 우리 근대 역사에서 최초로 입헌공화제의 근대 민주주의국가 건설이 한 정치 집단의 공식 목표로 설정되었다는 사실이 주목되는 것이다.

우리나라에서 민주공화국을 건설하자는 주장은 일찍이 독립협회와 만민공동회운동에서부터 제기된 바 있었다. 그러나 이 시기의 공화국건설론은 일부 급진적 청년층의 주장일 따름이었다. 독립협회 주도층의 정치목표 나아가 한 정치사회 집단으로서 독립협회의 공식적인 목표는 당시의 전제군주제 국가를 입헌군주제 국가로 개혁하자는 데 있었다.[10]

그리고 이 같은 정치의식은 1907년 안창호가 귀국할 당시의 신지식인 사회에서도 마찬가지로 이어지고 있었다. 물론 당시의 신지식인 계몽운동가들은 기존의 전제군주제 국가를 낡은 정체와 국체로 강하게 비판하는 동시에, 입헌공화제 국가가 입헌군주제 국가에 비해서도 우월한 체제라고 인식하고는 있었다. 그러나 결코 이를 당시 우리의 현실적 대안으로 생각하지는 못하고 있었다.

우선 비록 정치적 실권을 일제에 빼앗겼다고는 하지만 엄연히 군주제 국가인 대한제국하에서 활동한다는 근원적 제약이 있었을 뿐 아니라, 무엇보다도 열악한 당시의 우리 민도에 비추어 보아서도 군주제의 폐지를 전제로 한 입헌공화제 실현은 시기상조의 요원한 일로 여기고 있었던 것이다. 그리하여 대한제국이라는 국체의 틀 내에서 이를 전제군주제로부터 입헌군주제로 개혁하는 것을 현실적인 목표로 추구하고 있었다.[11]

이 같은 상황에서 안창호가 당시의 신지식인 사회에 신민회 결성을 제안 하면서 대한제국을 전면적으로 부인하고 새로운 민주공화국 건설을 정치 목표로 제시한 것은 획기적인 일이 아닐 수 없었다. 그는 물론 신민회 결성을 추진하는 과정에서 계몽운동의 핵심 지도자들을 개별적으로

---

10 신용하, 『독립협회연구』, 일조각, 1976, pp.214~215.

11 유영열, 『대한제국기의 민족운동』, 일조각, 1997, pp.309~316.

설득해 나갔으리라고 보여 지지만, 동시에 청년학생들을 상대로 한 공개적인 연설회에서도 이 같은 주장을 명확히 전개하고 있음을 보게 된다.

귀국 직후인 1907년 5월 12일 삼선평에서 열린 서북 지역 학생들의 친목 연합운동회에 초빙되어 연설한 그는 다음과 같이 공공연하게 국민주권사상을 고취하였던 것이다.[12]

"오호라, 우리나라는 수천 년 이래로 나라와 백성國與民 간에 서로 벽이 가로막혀(隔膜하야) 백성들은 나라 알기를 다른 사람의 소유로 알아 고려 시대에는 왕씨의 나라라 하며 조선에 들어와서는 이씨의 나라라 하야 그 흥하고 망하는 것이 나와는 무관한 일이라 하며, 국가가 백성들을 대하기는 물고기들이 큰 고기들은 중간 고기들을 잡아먹고 중간 고기들은 작은 고기들을 잡아먹듯이 백성들을 침탈하기를 당연시 하였으니 비록 천지가 뒤집히는 변고가 닥쳐와도 조금도 돌아보지 않다가 마침내는 노예 신세가 되는 지경에 이르렀으되 여전히 예전 상태대로 어떤 대책도 아니 세우고 단지 외인의 눈에 들기만 하는 것으로 자신의 보신책을 삼으려 하니 천리인정天理人情에 이러고서야 어찌 용납될 리가 있겠는가. 그런 즉 국가는 한 사람의 소유가 아니요 우리들 모두의 어깨 위에 대한大韓 두 글자를 각기 짊어졌으니 원컨대 지금까지의 이런 생각을 절대 갖지 말라.

"嗚呼라, 吾邦은 幾千年來로 國與民 間에 互相 隔膜하야 民之視國은 他 一個人의 所有로 認하야, 前朝時代에는 曰 王氏의 國이라 하며, 本朝에 入하야

는 曰 李氏의 國이라 하야, 其興其亡이 於己無關이라 하며, 國之待民은 看作 魚肉하야 大魚는 中魚 食하고 中魚는 小魚 食으로 剝割侵奪로 爲一能事하 야, 비록 天地가 飜覆하는 變機가 迫頭하야도 頓不顧念이라가 畢意은 奴隷文 券을 繕給하는데 至하얏스되, 猶是 舊日狀態로 尸位素餐에 一事를 不做하 고, 但히 他人의 眉睫을 仰視하야 自己의 休戚을 삼으니 天理人情에 寧容若 是리오.

然則 國家는 一人의 所有가 아니오 吾人 肩上에 大韓 二字를 各其擔着하 야스니 願컨대 前日 思量을 仍存치 勿하라."

공개 강연을 통해 안창호는 학생들에게 나라가 국왕 일인의 소유라는 구시대의 사상을 버리고 자신들이 각기 국가의 주인임을 자각할 것을 단 호히 주장하였다. 그는 우리가 국권 상실의 위기에 처한 원인이 전제군주 제의 낡은 의식과 제도에 있다고 지적하면서 국가는 결코 왕실의 사적 소 유물이 아니고 국민 모두에게 주권이 있음을 강조하였다. 정면으로 군주 주권사상을 비판하는 대신 국민주권사상을 강력히 주장한 것이다.

안창호의 국민주권사상에 입각한 신국 곧 민주공화국건설론은 1907년 그의 귀국 당시의 상황으로 보면 획기적인 주장이 아닐 수 없었다. 그리 고 이점 때문에도 신민회 결성의 초기 과정에서는 내부적으로 적지 않은 논란이 있었을 것으로 보인다. 왜냐하면 신민회의 초기 창립 회원으로 알 려진 인물들은 당시의 계몽운동가들 중에서도 애국심이 강하고 정치의식 과 사회의식의 면에서도 상대적으로 선각적인 인물들이었다고 보아지지 만 그들 가운데 다수는 대한제국의 관리로 봉직하고 있거나 봉직한 경험을 갖고 있었다.

즉, 총감독으로 추대된 양기탁은 전직 관료였으며, 이갑, 이동휘, 유동열 등의 무관들은 현직 관료였다. 따라서 이들이 안창호의 군주제 폐지를 전제로 한 입헌공화제의 신국건설론에 즉각 따르기는 어려웠을 것이다. 설사 논리적으로는 그 당위성을 수긍한다 하더라도 이를 당면의 정치 목표로서 즉시 수용하는 것은 또 다른 문제일 수 있었기 때문이다.

민주공화국가 건설이라는 안창호의 신민회 결성의 이념이 큰 망설임 없이 현실적으로 수용될 수 있었던 계기는 아마도 이해 6월에 문제가 된 이른바 '헤이그밀사사건' 때문이 아닌가 생각된다. 7월에 접어들어 일제는 이를 기화로 그동안 기회 있을 때마다 반일적 태도를 보여 온 고종을 강제로 퇴위 시켰으며, 곧 이어 소위 '차관정치'를 보장하는 정미7조약을 강요하여 국왕 이하 집권층의 친일 예속성을 한층 강화시켰다. 그런가하면 또 민간운동의 통제와 봉쇄를 목적으로 신문지법과 보안법을 발표한 다음 8월에는 대한자강회에 해산 명령을 내리기에 이르렀다. 이에 앞서 7월 말에는 군대해산령을 발표하고 대한제국 군대의 해산을 강행함으로써 국권 침탈의 정도가 이전보다 훨씬 심화되었다. 대한제국은 그야말로 껍데기만 남은 꼴이었다.

신지식인 계몽운동가들의 처지에서 보면 신문지법 및 보안법의 시행 그리고 대한자강회의 해체는 그들의 활동 기반을 근원적으로 제약하는 것이 아닐 수 없었다. 이처럼 일제의 계몽운동 탄압이 노골화되는 상황에서는 안창호가 극력 주장하는 비밀결사의 타당성이 좀 더 설득력 있게 다가왔을 것이다. 동시에 44년간이나 국왕으로 재위해 온 고종의 강제 퇴위는 군주제 폐지를 전제로 한 공화국건설론에 따르는 심리적 부담감도 크게 경감시켰을 것으로 생각된다. 이 같은 정세 변화야말로 비밀결사 신민회의 확산을 가능케 한 결정적 계기가 되었을 것이라고 본다.

다음으로 신민회의 구국운동 방략인 독립전쟁준비론에 대해서도 살펴볼 필요가 있다. 신민회의 국권회복운동의 궁극적인 목표가 전혀 새로운 신국 건설, 곧 민주공화국의 건설에 있다 하더라도 현실적으로 이를 달성하기 위해서는 대한제국의 국권을 침탈하고 있는 일제의 구축이 필수적으로 요청되었다. 따라서 신국 건설에 한발 앞서 실현해야 할 당면 과제는 무력으로 한반도를 지배하고 있는 일제를 구축하는 일이었다. 이에 대해서도 신민회 결성을 추진하던 안창호는 새로운 방안을 제시하고 있었다. 독립전쟁전략에 입각한 준비론, 보다 구체적으로는 독립전쟁준비론이 그것이었다.

적절한 시기에 일제와 전쟁을 결행하여 승리함으로써 국권을 되찾을 수 있다는 독립전쟁론 혹은 독립전쟁전략은 현재 한말·일제하 국권회복운동과 독립운동의 가장 주류적인 방략으로 이해되고 있다.[13] 독립전쟁준비론은 일제로부터의 국권회복은 전쟁을 통해서만 가능하다는 객관적 인식 위에서 조만간 맞게 될 대일 개전의 기회에 대비해 승리할 수 있도록 최소한의 근대적 실력을 하루속히 준비하자는 의지를 담은 개념이었다.

그런데 식민지화를 눈앞에 둔 한말 구국운동 과정에서 나온 이 같은 독

---

13 윤병석, 「1910년대의 한국독립운동」, 『한국근대사론』2, 지식산업사, 1977.
　　신용하, 「신민회의 창건과 그 국권회복운동」, 『한국학보』8·9, 일지사, 1977.

립전쟁준비론을 처음으로 주장한 사람이 바로 신민회의 결성을 제안했던 안창호였다. 독립전쟁준비론이 안창호에 의해 제기되었다고 주장하는 직접적인 근거는 다음과 같다.

우선, 앞에서 본 1907년 5월 12일의 삼선평 연설에서 그는 서북 지역 출신의 청년학생들을 앞에 두고 독립전쟁준비론을 명확히 개진하고 있음을 본다. 그는 먼저 서북학생들에게, "오직 흉금뇌수胸襟腦髓를 통척痛滌하야 즉자금일卽自今日로 아국我國을 침해하는 강국과 전격개전傳檄開戰하야 국권을 회복할지니."라고 하여 국권회복을 위한 전쟁론을 분명하게 주장하였다. 그러나 주목할 것은 안창호의 전쟁론은 문자 그대로 지금 당장 전쟁을 개시하자는 즉전론卽戰論이 아니었다. 위의 선언에 뒤이어 곧바로 개전에 앞선 사전 준비의 필요성을 강조하고 있는 것이다.[14]

"여러분은 나의 전쟁하자는 말을 듣고 지금에 병력이 심히 약하고 군함과 대포 등 장비가 다 없는데 무엇으로써 전쟁을 하겠다는 것인가 하여 필시 모두가 놀라고 의아할 터이나, 저 일로전쟁을 한번 보라. 그 선전포고는 비록 2, 3년 전이나 그 전쟁의 준비는 38년 전이니 어찌하여 그렇게 말할 수 있는가?

38년 전에는 일본도 야만 미개한 나라였는데 다행히 그때 두세 학생이 미국에 유학하여 학업이 조금씩 성취되고 지식이 점차 발달하여 멀리 동양의 형세를 보니 만약 러시아를 격퇴하지 않으면 자기 나라를 지킬 수 없는지라 그 까닭에 전쟁을 준비한 지 38년을 지나 마침내 저런 좋은 결과를 얻었으

---

14 「연설」, 『서우』, pp.24~27.

니 여러분은 이 일을 거울삼아 전쟁을 준비할지어다."

"諸君은 我의 開戰之說을 聞하고, 現時에 兵力이 甚弱하고 軍鑑과 大 砲
等物이 率皆闕如하니 何로써 開戰할까 하여 必皆驚訝할 터이나 試觀 日俄戰
爭하라. 其 宣戰布告는 雖在二三年 前이나 其開杖準備는 卽在三十八年 前이
라, 何謂其然也오?

三十八年 前에는 日本도 野蠻未開之國이라 幸於其時에 二三學生이 遊學
美國하야 學業이 梢成하고 智識이 漸達하야 遠觀 東洋之形勢하니 萬若 俄國
을 擊退치 못하면 自國의 支保가 難할 지라 所以로 開戰을 準備한지 三十八
年을 經過하야 畢竟에 如彼한 好結果를 得하얏스니 諸君은 此事를 前鑑하야
誓今自日로 開戰事를 準備할 지어다."

그의 주장은 일본이 38년 동안의 준비 끝에 마침내 강대국 러시아를
이긴 예에 비추어 우리도 지금부터 즉시 일본과의 전쟁 준비에 착수하자
는 것이었다. 연설을 마치면서 그는 거듭, "단지 오늘부터 즉시 함께 결의
맹약하여 장래에 다른 나라와 전쟁 개시할 일을 준비하여 언제든지 선전
서를 포고하여 태극 국기를 세계에 휘날리도록 합시다(但自今日로 共誓決約
하고 將來 他國과 開戰할 事를 準備하야 何年何日에든지 一次 宣戰書를 布告하야 太
極 國旗를 世界에 顯揚하여 봅시다)."라고 하여 뜻을 모아 조직적인 힘으로 장
차의 개전에 대비하여 전쟁 준비에 즉각 나설 것을 거듭 촉구하였다. 신
민회의 결성을 추진하면서 안창호는 이처럼 현재 우리가 이해하고 있는
것과 완전히 같은 내용의 독립전쟁준비론을 귀국한 지 얼마 되지 않은 시
점에서 명확한 형태로 표명하고 있었던 것이다.

안창호의 준비론이 곧 독립전쟁준비론을 의미한다는 사실은 후일 준비론을 비판한 대표적 인물의 한 사람인 신채호의 글을 통해서도 확인된다.

1923년 신채호는 무정부주의 단체인 의열단의 요청에 의해 민중직접혁명을 강조한 〈조선혁명선언朝鮮革命宣言〉을 쓰면서 외교론과 준비론을 비판한 바 있었다. 여기서 그는 준비론이 '한말에 시세時勢를 아는 식자識者들이 외교로서 국권을 회복할 수 없다는 것을 알고 전쟁이 아니면 안 되겠다는 자각 아래 정립한 방안'이라고 하였다. 즉 준비론이 곧 독립전쟁준비론임을 말하고 있는 것이다. 이때 그의 외교론 비판은 이승만을 겨냥한 것이었으며 준비론 비판은 물론 안창호를 의식한 것이었다.[15]

지금까지 살펴보았듯이 안창호가 준비론 즉 독립전쟁준비론을 주장한 것은 비밀결사 신민회의 결성 추진과 동시적인 일이었다. 그 경우 독립전쟁준비론이라는 새로운 국권회복의 방략이 당시 국내의 선진적 계몽운동가들에게는 어떻게 받아들여졌을지 궁금한 일이 아닐 수 없다.

민주공화국건설론과 마찬가지로 독립전쟁준비론도 처음에는 비폭력 실력양성론을 기본으로 하던 계몽운동가들 사이에서 적잖은 논란을 불러일으켰을 것으로 생각된다. 독립전쟁준비론은 비록 잠재적이기는 하지만 무장투쟁론의 성격을 갖고 있었기 때문이다. 그러나 이점 역시 1907년 7, 8월의 군대해산 등 격변하는 정세 속에서 점차 극복되어 갈 수 있었을 것으로 보인다. 을사조약 체결 이후의 초기 국권회복운동이 이미 그 한계를 너무도 분명히 드러낸 때문이었다.

---

15 신용하, 『신채호의 사회사상 연구』, 한길사, 1984, p.252.

1905년 11월 을사조약에 의해 외교권을 빼앗기고 일제의 보호국으로 전락한 당시의 초기 국권회복운동은 구지식인 유생들이 주도한 의병운동과 신지식인 지사들에 의한 계몽운동의 두 갈래로 전개되고 있었다. 그러나 이들은 국권회복이라는 공통의 목표를 갖고는 있었으나 그 방법과 지향이 상치되어 서로 이해와 협조가 결여되어 있었으며 그 내부를 들여다보아도 각기 큰 취약성을 내포하고 있었다.

의병운동의 경우, 일제와의 직접적인 무력 대결을 본질로 하면서도 우선 장비와 훈련에서 크게 낙후성을 면하지 못하였다. 뿐만 아니라 각 부대별로는 지도부와 병사 대중 간에 신분적 이질성이 컸고, 전국적 관점에서 보면 통일적 조직의 결여에 따른 분산 활동으로 일본군에 타격을 줄 만한 실질적인 전투력이 못되었다. 투쟁에 앞장서 나선 유생들은 성리학에서 강조하는 의리 관념에 지배되어 승패 자체를 중시하지 않았는데 현실적으로 이는 패배를 전제로 한 투쟁이 될 수밖에 없었다.

반면 계몽운동은, 도덕과 의리에 못지않게 시기와 역량을 헤아리는 이른바 탁시양력度時量力의 중요성을 인식하는 데서 출발하고는 있었지만 근대적 무력을 앞세운 일제의 침략에 대응하기에는 그 힘이 너무도 미약했다. 또 국권회복을 표방하기는 하였지만 그 같은 목표에 도달하기 위한 아무런 구체적 전망을 갖지 못한 채 비폭력 실력양성론에 입각해 주로 교육을 통한 대중계몽에 종사하는 한편, 실제로는 아무런 효력이 없는 대정부 건의 및 청원 활동에 매달리고 있는 실정이었다.

따라서 일제의 침략을 저지하고 국권을 회복하기 위해서는 의병운동과 계몽운동의 긍정적 본질들을 계승하면서 동시에 그 한계를 보완할 수 있는 새로운 논리의 개발이 요청되고 있었다. 상호 비판적으로 진행되어 온 실력양성론과 무장투쟁론의 두 흐름을 지양 발전시켜 국권회복의 명확한 전망을 보여 줄 수 있는 새로운 방안의 제시가 요구되는 시점이었는데, 안창호의 귀국은 바로 이 같은 요구가 매우 절실하던 때의 일이었다. 그가 제시한 독립전쟁준비론은 당시의 객관적 요청에 부응할 수 있는 국권회복의 새로운 방략이었다.

그의 독립전쟁준비론은 기본적으로 탁시양력을 강조하는 계몽운동가들의 인식 지반 위에서 성립되었다. 신지식인들에 의한 실력양성론의 바탕 위에 의병들의 무장투쟁론이 잠재적인 가능성을 갖고 결합되어 나온 새로운 방안이었던 것이다. 그리하여 근대적 실력의 양성이라는 매우 포괄적인 개념 속에서 그동안 산만하게 전개되었던 신지식인 계몽운동가들의 제반 활동이 '일본과의 전쟁에 대비한 실력 준비'라는 보다 구체적인 중간 목표를 가질 수 있게 하였다. 이때 상정된 전쟁 개시의 적절한 시점도 '일제가 다른 제국주의 강대국과 충돌할 때'로 특정되었다. 당시 미일전쟁설美日戰爭說 등이 자주 유포되고 있던 상황에서 이는 상당한 실감을 갖고 다가오는 방안이었을 것이다.[16]

그리하여 안창호의 독립전쟁준비론은 신지식인들 계몽운동가들 중에서도 일제의 침략에 대한 비판의식과 애국적 열정이 특히 강했던 인사들

---

16 러일전쟁 종료 이후 만주에서의 이권을 놓고 미일 간에 갈등이 고조되었던 바 1906년부터는 당시 신문의 외보 난에 미일전쟁설이 가끔씩 보도되고 있었다. 그러다가 특히 1907년 후반부터 1908년간에는 미일 간의 전쟁설이 매우 빈번하게 실리고 있음을 본다.

에게는 쉽게 긍정되고 수용되었던 것이다. 그 단적인 예를 우리는 안중근에게서 찾아 볼 수 있다. 1907년 5, 6월 경 안창호가 삼화항(진남포)을 방문하여 연설한 일이 있었는데, 당시 안중근은 그곳에서 삼흥학교를 설립하여 교육에 종사하고 있었다. 안중근은 안창호의 연설을 듣고 크게 감동받았으며,[17] 개인적으로도 만나 교분을 쌓게 되었다. 이때 안중근이 크게 감동하였던 것은 필시 안창호로부터 기왕의 실력양성운동을 한 단계 발전시킨 독립전쟁준비론에 대해 들었기 때문으로 보여진다. 안중근은 그 후 곧 대한제국 군대가 해산되자 독립전쟁론을 앞장서 주장하기 시작했던 것이다.

그 밖에 이갑, 이동휘 등 무관 출신들도 의병전쟁과 달리 근대전을 전제로 한 독립전쟁전략과 그에 입각한 준비론에 대해서는 전폭적인 찬성을 표했을 것으로 보아진다. 어쨌든 민주공화국건설론과 마찬가지로 독립전쟁준비론은 날로 심화되는 국권 침탈의 위기 상황 속에서 애국적 계몽운동 가들에 의해 점차 설득력 있는 새로운 방략으로 인식되고 수용되기 시작함으로써 마침내 신민회가 비밀결사의 형태로 결성될 수 있게 하였다.

한편 이를 안창호의 입장에서 보면, 국권회복운동의 새로운 방략을 제시하여 애국적이고 선진적인 계몽운동가들을 결집해 신민회를 결성하는 데 성공함으로써 오랜 기간의 미국 체류에서 오는 공백을 뛰어 넘어 그가 국내의 신지식층 애국지사들 속에서도 그 중심인물로 확고히 부상하게 되었음을 말한다.[18]

---

17 『한국독립운동사 자료』6, 국사편찬위원회, p.225, pp.229~233.

어쨌든 안창호의 국권회복운동론은 대체로 1907년 7월과 8월의 격동기를 거치면서 점차 계몽운동가들 사이에서 긍정적으로 폭넓게 수용되기 시작했다고 보여 진다. 그리하여 마침내 민주공화국가건설론과 독립전쟁준비론에 입각한 비밀결사 신민회가 결성되기에 이르렀다. 이제 문제는 신민회로 결집하기 시작한 애국지사들이 조직적이고 체계적으로 민주공화국가 건설이라는 최종 목표와 독립전쟁 준비라는 당면의 중간 목표를 실현하기 위해 실제 활동에 착수하는 일이었다. 그 경우 가장 핵심적인 과제는 물론 널리 신민新民 곧 근대국민을 형성하는 일이었다.

3. 근대국민형성론의 배경과 전개

안창호는 구국운동의 전개를 위한 일차적 과제였던 신민회를 결성하는 데 성공함으로써 우선 국내에서 활동하던 일류의 선각적인 애국지사들을 비밀리에 결집하는 데 성공하였다. 이제 그는 다음으로 각 방면의

---

18 안창호가 계몽운동가들 가운데서 구심적인 인물로 부상하였던 단적인 예로는 일제 통감 이토오와의 면담 사실 및 이른바 도산내각설을 들 수 있다. 1907년 11월 말 안창호는 이 토오의 거듭된 초청을 받고 거절하기 어려워 그와 면담했는데, 이때 이토오의 초청 목적 은 물론 안창호로 대표되는 애국지사들을 회유하려는 것이었다. 주요한, 『안도산전서』상, pp.64~68, 잡보「지사청요志士請邀」, 『대한매일신보』, 1907.12.1 참조.
한편 안중근의 이토오총살로 검거되었던 안창호가 1910년 2월 석방된 뒤의 일로 보이는 도산내각설은 아직 그 정확한 경위와 성격은 밝혀지지 않았으나 물론 안창호를 그 책임자 로 전제한 논의였다. 주요한, 『안도산전서』상, pp.109~111 참조.

구체적 부문 사업들에 착수하게 되었으니 그것은 크게 두 갈래로 전개되었다.

첫째는, 신민회 결성의 취지에서도 이미 드러났듯이 널리 국민을 계몽하고 교육시켜 신민 곧 근대국민을 형성하는 일이었다. 여기에는 학교 설립과 수련 단체의 조직을 통한 청소년 교육은 물론이었고 신문 잡지의 언론 매체를 활용하며 직접 대중을 상대로 연설하는 등 다양한 방법이 동원되었다.

둘째는, 근대적인 산업 활동을 통해 자본을 축적하는 일이었다. 신민회 결성의 구상에 맞추어 동지들이 함께 조직적으로 근대 산업을 육성하는 일에 나선 것이라고 말할 수 있다. 회원들이 먼저 자본을 모아 회사를 설립, 운영하여 모범을 보이고 이를 일반 국민들에게도 확산시켜 생산과 유통을 촉진하는 일이 그것이었다.

신민회의 결성을 통한 애국지사들의 조직화와 신민회원들이 앞장선 조직적인 교육 및 산업 활동에 대한 이 시기 구상에 대해서는 후일 안창호가 신민회 시기의 동지였던 안태국安泰國을 추모하는 자리에서 행한 다음 회고를 통해 그 대강을 그려 볼 수 있게 된다.[19]

"선생(안태국)이 노력하던 국사 중에 특히 담책한 일은 신민회 사업이었소. 일본이 한국에 대하여 6조의 늑약을 체결한 후에 당시의 수치를 아파하며 미래의 음악陰惡을 예측하고 장차 일인을 구축하고 국권을 회복할 만한

---

19 「동오 안태국을 추도함」, 『안도산전서』중, 도산기념사업회, pp.153~154.

실력을 준비하기로 결심하고 신민회를 발기하니, 그 종지는 일은 단결력이요, 이는 인재력이요, 삼은 금전력이요 하셨더이다.

단결력은 어떻게 준비하려던 것인가. 당시 애국자가 없지는 아니하나 사방에 환산하여 고립한 형태로서 개개로는 그 힘을 발휘할 수 없었으니, 이러므로 동서남북에 산재한 애국자를 정신적으로 규합하여 이천만 민족의 중심되는 공고한 단결을 지어서 장래 거사하는 때에는 그 중심의 동력으로 전 민족이 일치 행동케 하려 함이었소. 국내 각 구에 기관을 설치하고 경성을 중앙으로 삼아 대다수의 애국자가 응결되어 은연중에 그 세력이 팽창하였소.

인재는 어떻게 양성하려 하였는고. 곧 단결한 동지가 국내 각 구역을 분담하여 일반 국민에게 교육의 정신을 고취하여 학교의 설립을 장려케 하며, 특별히 각 요지에 중학교를 설립하고 보통의 학과를 교수하는 이외에 군인의 정신으로 훈련하여, 유사지시에는 곧 전선에 나아가 민군을 지휘할 만한 자격자를 양성하려 하였으니 곧 중학교로서 정신상 군영을 지으려 하였소. 그 밖에 뜻있는 청년을 망라하여 무실역행務實力行의 정신으로 수양을 동맹하여 건전한 인격을 작성케 하려고 국내의 유지한 인사들과 합동하여 기관을 설립하고 나아 왔었소.

금전은 어떻게 준비하려던 것인가. 재산가들을 협박이나 유인의 수단으로 재정을 모집하려 하지 아니하고 기관 내의 동지들이 먼저 직접으로 실업에 노력한 후 국내의 다수 실업가와 연락하여 재원의 토대를 공고케 하야 대사를 성취할 만한 자본력을 준비하려 하였소. 이상의 모든 일은 한 이상과 이론에 붙이지 않고 실지로 착수하여 성적이 양호하여 아 민족 전도에 큰 희망이 있었습니다."

위의 평이한 발언을 통해서도 우리는 한말 안창호가 가졌던 구국운동의 구상이 무엇이었는지를 개략적으로는 알 수 있다고 본다. 즉 그는 신민회를 결성하여 먼저 애국적인 근대 민족 세력을 총결집하고, 이들을 중심으로 하여 조직적으로 널리 신민 형성과 자본 축적에 나서 조만간 다가올 거사, 곧 일제와의 독립전쟁에 대비한다는 생각이었던 것이다.

그러나 이제 안창호가 근대국민 형성이라는 과제를 어떤 구상 속에서 파악하고 있었는가 하는 점을 좀 더 구체적으로 알기 위해서는 그의 민족운동론의 전반에 대해 보다 체계적인 이해를 가져 둘 필요가 있다고 생각된다. 그가 당시의 어느 누구보다도 근대국민의 형성이라는 문제를 중시하고 이에 관해 나름대로의 견해를 피력했던 것이 단순한 근대 교육적 측면에서의 부분적인 관심 때문에서가 아니었음은 두말할 필요가 없다. 근대국민의 형성을 위한 그의 적극적인 주장과 노력은 한국 근대 민족운동이라는 보다 상위의 총체적 구상과 직결된 것으로 그 긴밀한 유기적 일부를 이루고 있었음에 주목하지 않으면 안 되는 것이다.

독립기념관에 소장되어 있는 그의 친필 메모에는 안창호가 평소에 품고 있던 민족운동 구상의 전모가 무엇이었는지가 잘 드러나 있다.

뒤의 〈표〉에서 보듯 그는 우리 근대 민족운동의 진행 경로를 크게 다섯 단계로 설정하고 있었다. 즉 (1) 기초, (2) 진행준비, (3) 완전준비, (4) 진행결과, (5) 완전결과의 다섯 단계였다. 이제 위의 각 단계별 내용을 그가 남긴 각종 언설과 실천 활동들을 참작하면서 그의 메모에 따라 좀 더 부연해 설명하면 다음과 같다.

(1) 기초는 신애信愛, 충의忠義, 용감勇敢, 인내忍耐 등의 정신적 덕

목을 가진 건전한 인격의 인물들로 훈련하고 이들을 주의의 동일主義同
一, 직무의 분담職務分擔, 행동의 일치行動一致라는 원칙 아래 공고히
단결하도록 훈련하여 민족운동의 근간이 될 지도적 인물들을 양성하는
단계이다.

(2) 진행준비는 위의 기초 단계를 통해 배출된 지도적 인물들이 곳곳
에서 학업단과 실업단을 만들어 인재와 재정을 준비해 가는 단계이다. 학
업단은 통신 혹은 서적을 통한 공동수학共同修學이나 학교 교육을 통한
전문수학專門修學 등으로 덕육德育·지육智育·체육體育의 각종 학업을
수행하는 조직체를 결성하여 활동하는 것을 말하며, 실업단은 농업, 상
업, 공업을 위한 회사를 조직하고 금융기관, 교통기관을 만들며 각 개인
들의 경제력을 제고하는 여러 활동들을 뜻했다.

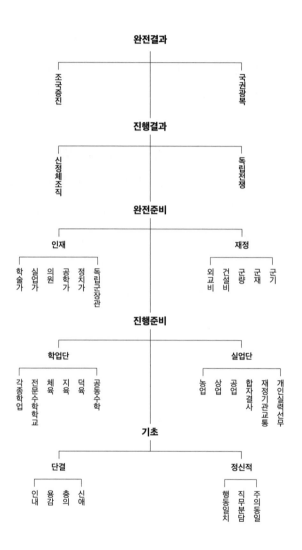

완전결과

조국중진　　　　　　　국권광복

진행결과

신정체조직　　　　　　독립전쟁

완전준비

인재　　　　　　　　　　재정

학술가　실업가　의원　공학가　정치가　독립군장관　　　외교비　건설비　군량　군재　군기

진행준비

학업단　　　　　　　　　실업단

각종학업　전문수학학교　체육　지육　덕육　공동수학　　　농업　상업　공업　합자결사　재정기관교통　개인실력선무

기초

단결　　　　　　　　　　정신적

인내　용감　충의　신애　　　행동일치　직무분담　주의동일

(3) 완전준비는 위의 학업단과 실업단의 활동에 의해 각 부문의 인재들이 속속 양성되고 장차 소요될 재정이 확보되는 단계이다. 즉 장차 적절한 기회에 결행할 독립전쟁에 대비하여 독립군 지휘관을 비롯해 정치가, 기술자, 의사, 실업가, 학자 등 각 분야 전문 인재의 확보가 이루어지고, 아울러 군사비, 건설비, 외교비가 비축되는 단계를 말한다.

(4) 진행결과는 드디어 일제와 독립전쟁을 결행하고, 그와 동시에 전민족적 대표성을 갖는 민족정권을 수립하는 단계이다.

(5) 완전결과는 독립전쟁을 통해 마침내 일제를 구축하여 국권을 회복한 다음, 문명 부강한 독립국가를 건설해 가는 단계이다.

이를 통해서 보면 안창호는 일제에 의한 완전 식민지 지배 아래서의 유례 없는 악조건 속에 놓여 있으면서도 민족의 자주독립과 번영발전이라는 원대한 이상을 세워 놓고 그에 도달하기 위한 민족운동의 전 도정을 매우 정밀하게 정립하고 있었음을 알 수 있다.

이제 여기서는 그의 민족운동 구상을 보다 선명히 이해할 수 있도록 이를 세 단계로 정리해 보기로 한다.

첫째, 기초 단계이니 위의 (1) 기초에 해당하는 바 건전한 인격과 유능한 자질을 가진 청년들을 모집하여 조직적으로 인격훈련과 단결훈련을 시켜 민족운동의 간부 요원으로 양성하는 과정을 말한다.

둘째, 준비 단계이니 이는 위의 (2) 진행준비와 (3) 완전준비에 해당한다. 기초 단계를 통해 배출된 간부급 인물들이 각 방면에서 조직적으로 교육과 산업 활동을 전개해 독립운동과 독립국가의 건설 과정에서 소요될 전문 인재 및 재정을 널리 확보해 가는 것을 말한다.

셋째, 운동 단계이니 위의 (4) 진행결과와 (5) 완전결과에 해당한다. 준비 단계를 통해 확보된 인재와 재정의 실력을 바탕으로 적절한 기회를 포착하여 본격적인 독립운동 곧 일제와 독립전쟁을 결행함으로써 광복을 달성한 다음, 나아가 문명 부강한 독립국가를 건설해 번영을 누리는 것을 말한다.

이 같은 안창호의 민족운동의 이론 체계가 구체적으로 언제 완전히 정립되었는지는 분명히 말하기 어렵다. 그러나 그의 생애와 활동을 주의 깊게 살펴보면 위에 나타난 구상은 매우 이른 시기부터 그의 민족운동의 밑바탕에 확고히 자리 잡고 있었음을 알 수 있다. 아래와 같이 그의 평생에 걸친 활동을 개관해 보면 쉽게 확인되는 일이라 하겠다.

널리 알려져 있듯이 안창호는 한말에는 국내에서 청년학우회靑年學友會를 설립했으며 미국에 망명해서는 흥사단興士團을 세웠는데, 이는 민족운동에 헌신할 지도적 인물 곧 민족운동 간부의 양성을 위한 것으로 그의 총체적 구상에 비춰보면 가장 기초 단계에 해당하는 일이었다.

다음으로 그가 점진학교, 대성학교, 평양자기제조주식회사, 태극서관, 북미실업주식회사, 이상촌건설 등의 각종 부문 사업을 직접 추진했고, 독립협회, 공립협회, 신민회, 대한인국민회, 임시정부, 대독립당 등의 조직체에 참여하거나 혹은 스스로 설립했던 것은 장차 다가올 본격적인 운동 단계(독립전쟁과 국가건설)를 전망하면서 그에 대비하여 필수적으로 요청되는 인재와 재정의 확보 및 그것을 위한 조직 사업에 헌신함이었으니 모두 준비 단계의 활동이었다고 하겠다.

마지막으로 안창호는 1931년 중국에서 일제의 만주 침략 소식에 접해 드디어 오래 기다리던 독립전쟁의 기회가 현실로 다가오고 있음을 느끼면서 상해에서 한국대일전선통일동맹韓國對日戰線統一同盟을 결성하는 등 본격적인 반일투쟁을 준비하던 중 윤봉길의거의 여파로 일제 경찰에 체포당하고 말았다.[20]

이처럼 안창호는 한말·일제 시기를 통해 근대국가 수립과 근대국민 형성이라는 양대 과제를 유기적으로 통합한 가운데 기초 단계에서 준비 단계 그리고 운동 단계로 이어지는 체계적 민족운동 이론을 정립하고 그에 입각해 이를 하나하나 직접 실천해 나갔음을 알게 되는 것이다. 총체적으로 보면 그 자신은 기초 단계와 준비 단계의 활동에 그쳤을 뿐 본격적인 운동 단계에는 들어가 보지 못하고 말았다.

어쨌든 안창호는 이미 한말의 신민회운동 시기에도 이 같은 구상에 따라 동지들을 기초 단계와 준비 단계의 활동에 해당하는 각 방면의 사업에 조직적으로 동원하는 한편, 그 자신도 직접 교육과 산업 활동의 일선에 나서 가장 모범적인 사례를 만들어 보여 주었다. 특히 그가 주력했던 것은 청소년들에 대한 교육과 훈련이었다. 청소년들이야 말로 장기전이 될 가능성이 큰 국권회복운동의 장차 주역이기 때문이었다.

청소년들에 대한 교육과 훈련에 대해 그는 앞의 회고에서 말하였듯이 크게 두 방향에서 해결책을 찾고 있었다. 대대적으로 학교를 설립하고 아

---

20 국내로 압송되어온 그는 두 차례 투옥당하였는데 결국 그 옥고의 후유증으로 1938년 60세의 일기로 타계하였다. 안창호의 생애를 말해 주는 전기물로는, 주요한의 『안도산전서』전기편이 가장 상세한 내용을 담고 있다.

울러 별도로 수련 조직을 만들어 활용하는 방안이 그것이었다.

먼저 학교 조직으로는 그가 중심이 되어 설립하고 초대 대리 교장으로서 직접 운영을 맡았던 것이 바로 대성학교였다. 1908년 9월 평양에서 신입생 90명을 받아 들여 개교한 대성학교는 당시로서는 매우 드문 중학교 과정의 학교였으며 학교 시설과 교육 내용의 양면에서 당대 제일의 가장 높은 평가를 받고 있었다. 따라서 그만큼 일제의 주목과 탄압을 받아야 했던 대성학교는 1912년 폐교 당하기까지 1,000여 명의 학생들이 거쳐 감으로써 우리나라 근대화 과정에 크게 기여하였다.[21]

그런데 대성학교를 설립하여 운영할 당시 안창호는 크게 다음의 세 가지 목적을 갖고 있었던 것으로 보인다.

첫째는, 신민회 차원에서 대대적으로 전개하려던 학교 설립 운동과 관련해서는 장차 전국 각처에 설립될 학교들의 모범이 될 표본학교로서의 성격이었다.

둘째는, 동시에 신민회가 앞장서 장차 각지에 설립할 학교들에서 소요될 교사의 양성을 목적으로 하는 사범학교로서의 성격이었다.

셋째는, 신민회의 국권회복운동의 방략인 독립전쟁전략과 관련해서는 독립군 장교의 양성을 목적으로 하는 사관학교로서의 성격이었다.

먼저, 대성학교가 모범학교로서의 성격 및 사범학교로서의 성격을 갖고 있던 점에 대해서는 이미 널리 알려져 있다고 할 수 있다. 단지 이와

---

21 대성학교의 설립과 운영에 대해서는, 신용하, 「신민회의 창건과 그 국권회복운동」, 『한국학보』7·8, 1977 및 이광린, 「구한말 평양의 대성학교」, 『동아연구』10, 서강대학교, 1986 참조.

관련해 우리가 주목할 사실은 신민회운동 시기 안창호의 신민 양성 곧 근대국민 형성을 위한 학교 교육 구상은 위에서 언급되었듯이 실로 매우 방대한 것이었다는 사실이다. 그 자신의 설명에 따르면, 먼저 신민회 회원들이 일반 국민들에게 교육의 중요성을 설득하여 널리 학교를 세우도록 장려하며, 특별히 중요한 지역에는 신민회 회원들이 직접 중학교를 세우도록 하되 이 중학교에서는 일반 학과 외에 군대식 교육을 실시해 독립전쟁이 발발할 때에는 곧바로 장교의 역할을 수행케 하려 했다고 말하였다. 즉 사범학교인 동시에 사관학교의 역할을 수행토록 하려 한 것이었다.[22]

신민회운동을 통해 실제로 수많은 학교들이 세워졌던 것은 이미 잘 알려져 있는 사실이다. 그리고 후일 안창호의 가장 가까운 측근 인물이었던 춘원 이광수에 의하면, 안창호는 본래 대성학교를 각 도에 하나씩 세울 예정이었으며 평양에 세운 대성학교는 그 첫 번째 표본학교였다고 하였다.[23]

"대성학교는 각 도에 세울 계획이었으니, 평양 대성학교는 그 제1교요 표본교였다. 평양 대성학교를 실험적으로, 모범적으로 완성하여 그 모형대로 각 도에 대성학교를 세우고, 그 대성학교에서 교육한 인재로 도내 각 군에 대성학교와 같은 정신의 초등학교를 지도하게 하자는 것이니, 그러므로 당시의 평양 대성학교는 오늘날 말하는 중등학교와는 교육 목적과 방침이 달

---

22 주 19 참조.
23 이광수, 『도산 안창호』, 흥사단, p.33.

랐다. 대성학교는 '민족운동의 인재'와 '국민교육의 사부師傅'를 양성하자
는 것이었다."

즉 안창호는 평양의 대성학교를 시작으로 전국 각 도마다 하나씩의 중
학교를 세우고 여기에서 교육한 인재들을 각 초등학교에 교사로 파견함
으로써, 신민회가 주도하는 전국적인 학교 교육 체계를 이룩하려 했던 것
이라 할 수 있다.

다음, 안창호가 대성학교를 설립, 운영하면서 독립군 장교의 양성을 목
적으로 하는 사관학교로서의 성격도 부여하고 있었다는 점은 특히 주목
되는 부분이다. 앞에서 보았듯이 안창호는 대성학교 학생들을 일반 학과
외 에 특히 군인의 정신으로 훈련하여 유사지시有事之時, 곧 일본과의 독
립전쟁 발발 시에는 곧바로 독립군을 지휘할 수 있는 능력을 배양시키기
위한 사관학교의 역할도 수행하도록 구상했다.

그런데 이 같은 진술은 단순한 수사적 표현이나 구상으로 그쳤던 것이
아니었다. 실제로 안창호는 입학을 희망하는 학생들을 일일이 직접 면접
하여 선발하였는데 대성학교의 사관학교적 성격을 감안하여 그들의 총명
함이나 정직과 허식 등 지력과 덕성을 시험하는 외에 체력과 담력도 중요
하게 고려하여 전형하였다. 대성학교 출신의 한 학생은 후일 다음과 같이
회고하고 있는 것이다.²⁴

---

24 전영택, 「내가 본 안도산」, 『안도산전서』 상, p.82.

"유지 청년을 소집하여 종합훈련학교의 감을 주었다. 사관학교 청년훈련소, 정치학교, 중등 인문학교, 특수 모험자, 교양소, 등등의 성격으로 나에게는 보였다. 그 학교 입학생은 선생이 일일이 전형하여서 체력, 총명, 담력, 정직, 허식을 시험하였다. 이 학교의 특색은 언제나 방심을 불허하는 것이었다. 때때로 이른 새벽에 비상소집을 하여 학생들의 긴장이 풀리지 않기에 유의 하였다."

역시 같은 이유로 대성학교에서는 일반 학과 외에 특히 체조 과목을 중요시 하였다. 이는 곧 강인한 체력과 정신을 훈련하기 위한 것으로 기초적인 군사훈련과 전혀 다를 바 없었다. 그리하여 체조 과목을 담당한 교사도 본래 구한국 군대의 사관 출신이 초빙되었다. 한 졸업생은 대성학교의 상무적 기풍을 다음과 같이 전하고 있다.[25]

"그리고 체조 시간을 제일 존중하되, 당시 체조 교사로는 원래 군대의 사관으로 뜻 높던 철혈鐵血의인 정인목 씨였던 바, 전혀 군대식으로 학생을 교련하였다. 적설호한에도 광야에서 체조를 시키며, 쇠를 녹이는 폭양하에서 전술 강화를 하였고, 이따금 야간에 비상소집령을 내리어 험산계곡에서 담력을 기르게 하며, 월하의 빙강에서 〈장하도다. 우리 학도 병식행보兵式行步가〉의 노래를 부르며 숙숙한 행진을 하여 활기를 길러 주었다. 그리하여 학생들의 기풍은 활발하고 규율은 엄숙하여 일반 상찬賞讚의 적的이 되었다."

---

25 김형식, 「평양 대성학교와 안창호」, 『안도산전서』상, p.89.

대성학교의 또 다른 졸업생도 역시 비슷한 내용을 전하고 있다.[26]

"당시 일반 학생에게 체조, 철봉, 목판 등의 운동을 장려함에는 고 정인목 선생 같은 사계의 권위자를 초빙하여 엄동설한에 학생들과 같이 단애절벽斷 崖絶壁같은 곳에 모험 맹진시킬 뿐더러 새벽마다 비상소집하여 만수대 청류 벽 등지에 가서 보건체조를 하며 〈장하도다. 우리 학도 병식행보兵式行步가〉, 〈나파륜의 군대보다 질 것 없겠네〉와 〈무쇠 골격 돌 근육 소년 남아야, 애국 의 정신을 발휘하여라〉의 창가를 대성고창大聲高唱하매 당국에서 안면 방 해라고 금지시키므로 그 후로는 부득이 교내에서 보건 체조, 눈 위에서 맨발 로 교련, 염천 밑에서 십리 이상 구보를 예사로 알았다."

이 같은 교풍은 안창호의 대성학교 설립 구상과 교육 방침이 그대로 반 영되어 나타난 것이었다.

한편, 안창호는 국권회복과 근대국가 건설의 주체인 신민 곧 근대국민 을 널리 형성하기 위해서는 학교 교육과 더불어 청소년을 위한 수련 조직 이 별도로 필요하다고 보았다. 이는 당시 아직 미숙하고 열악한 사회적 조건 속에서 학교 교육만으로는 민족운동의 간부 양성이라는 교육 목표 를 달성하기 어렵다고 보고 특별히 의식적이요, 조직적으로 인격훈련과 단결훈련을 시켜 갈 청소년 수련 단체가 필요하다는 판단에서 나온 것이 었다. 그리하여 신민회의 표현 단체의 하나로 1909년 8월 청년학우회를

26 이만근, 『도산여록』, 1986, p.201.

설립했던 것이다.

청년학우회의 첫 총무였던 최남선은 다음과 같이 회고하고 있다.[27]

"한 번은 청년운동에 대한 슬로우건 즉 청년학우회의 취지서를 꾸며 보라는 분부가 있었다. 그 내용의 말씀은 '우리 국가와 민족이 이렇게 쇠망한 근본적 이유가 진실한 국민적 자각, 민족적 자각, 역사적 자각, 사회적 자각을 못 가진 데 있다. 배일운동이 있기는 하지만 그중에는 그냥 비분강개에 그치는 수가 많고 믿을 만한 책임심이 결여되어 있다.

그러므로, 우리가 하는 청년운동은 어디까지나 진실을 숭상하여야 한다. 언변보다도 실행을 형용보다도 내용을 존중해야 한다. 그것이 무실역행이다. 이상과 목적을 책임 있게 실행할 능력도 기르고 정신도 기르자, 그러한 내용으로 청년학우회의 취지서를 초안하라는 명령을 하였다. 그러나 나는 그것을 사양하고 신채호 씨한테 미루었더니, 그 유려한 문장으로 하룻밤에 장대한 취지서를 썼는데, 너무 길어 줄여서 쓰게 되었다."

그리하여 신채호가 쓴 취지서에서는 청년학우회를 뜻있는 청년들의 일대 정신단으로 규정하였다.[28]

"부패한 구속舊俗을 개혁하고 진실한 풍기風氣를 양성하려면 학술기능

---

27 최남선, 「진실정신」, 『안도산전서』상, p.101.
28 잡보「청년학우회취지서」, 『대한매일신보』, 1909.8.17.

으로만 그 공功을 수收할 바이 아니며 언론문장으로만 그 효效를 주奏할 바이 아니오, 불가불 유지청년有志靑年 일대 정신단을 조직하야 심력心力을 일치하며 지식을 호환互換하야 실천을 면勉하고 전진을 책策하야 험險과 이夷를 일시 一視하며 고苦와 락樂에 상제相濟하고 유속流俗의 광란狂瀾을 장障하며 전도의 행복을 구求하여 유신의 청년으로 유신의 기基를 축築할지라."

청년학우회의 목적은 인내忍耐, 신애信愛, 충의忠義, 용감勇敢 등의 정신으로 건전한 인격을 수양하고 단체 생활의 훈련에 힘쓰며, 한 가지 이상의 전문 학술이나 기예를 반드시 학습하여 직업인으로서의 자격을 구비하며, 매일 덕체지육德體智育에 관한 수양 행사를 한 가지씩 행하여 수련에 힘쓴다는 것이었다.[29] 그러나 이같이 표면에 드러내고 있는 목적 역시 그 나름대로 중요한 의미를 가진 것이었지만 청년학우회의 설립 목적은 본질적으로는 민족운동의 간부 즉 장차 국권회복운동에 종사할 핵심 인재들을 양성하려는 데 더 무거운 비중이 실려 있었다고 보아야 할 것이다.[30]

---

29 주요한, 『안도산전서』상, p.101.

30 청년학우회는 설립 후 불과 1년 만에 일제에게 국권을 완전히 탈취당해 해체되고 말았다. 그러나 다시 미국에 망명한 안창호가 1913년 흥사단을 설립함으로써 청년학우회의 정신은 그대로 부활하였다.

4. 맺음말―근대국민형성론의 성격

이제 여기서는 한말 안창호가 신민회운동을 전개하는 과정에서 보여준 신민 양성 곧 근대국민 형성에 관한 구상과 실천이 갖는 역사적 의미와 성격에 대해 간략히 정리함으로써 맺음말에 대신하기로 한다.

안창호의 근대국민형성론은 그것이 근대국가 건설이라는 한말 민족운동의 최고 과제와 직결되어 있었다는 점에서 가장 큰 특징을 찾을 수 있다. 그의 근대국민형성론은 일반적 의미의 근대적 인간을 양성하기 위한 교육론이 아니었다. 그가 조직과 활동을 주도했던 비밀결사 신민회의 신민신국론新民新國論이라는 근대 민족운동의 논리 속에서 그 일환으로 나왔던 것이다. 이때 신국의 실체가 민주공화국으로서 기존의 대한제국과는 전혀 다른 완전히 새로운 국가를 추구했던 것처럼, 신민이란 전제군주국하의 백성인 신민臣民과는 완전히 다른 국가의 주인으로서의 근대적 주권국민을 지향하는 개념이었다. 나아가 좀 더 현실적으로는 일제에게 침탈당한 국권을 되찾기 위한 국권회복운동을 일선에서 직접 담당할 근대 민족운동의 주체라는 의미까지를 강하게 담고 있었다. 따라서 안창호에게 있어서 근대국민형성론은 그가 주도했던 신민회운동의 구국운동과 절대로 분리되어 이해될 수 없는 주장이었다.

그 경우 국가의 주인이며 근대 민족운동의 주체이기도 한 신민 곧 근대국민은 어떠한 특성과 요건을 가진 사람을 말하는 것인가. 안창호에 의하면 우선 건전한 인격을 가진 애국자라야 했다. 그는 건전한 인격과 관련하여 다양한 개념들을 만들어 사용하였다. 그 가운데 무실과 역행이라는 말은 안창호가 가장 강조하고 애용했던 단어였다. 그 자신의 설명에 따르면, 무실역행이란 '참되기를 힘쓰고 행하기를 힘쓰는' 것이었다. 이때 무실의 반대는 허위요, 역행의 반대는 공리공론이었다.[31] 무실역행과 더불어 안창호는 충의와 용감이라는 말도 강조하였는데 후일 그가 흥사단을 설립하면서 이들을 4대 정신적 가치로 규정하였다.[32] 이들 개념은 모두 나름대로 그것들이 갖고 있던 본래의 보편적 의미를 긍정하는 것이었을 뿐 아니라, 당시 우리 민족이 낡은 정치제도와 사회의식의 굴레 속에서 살아오는 동안 어쩔 수 없이 지니게 되었던 사회성격적 약점들을 교정하기 위한 현실적 의미를 더 강하게 갖고 있었다. 이들은 일반적 의미의 근대적 인간이 갖춰야 할 덕목이기도 하지만 당시 근대 민족운동의 주체로서 반드시 갖춰야 할 실천적 덕목으로서의 의미가 더 컸던 것이다.

안창호에게 건전한 인격이란 한 개인의 인격 자체로서의 긍정적 의미와 함께 사회적으로는 구국운동의 전제 조건과도 직결되는 의미를 갖는 것이었다. 건전한 인격에서는 당시 상황에서 필연적으로 애국심이 발로될 수밖에 없으며 건전한 인격에서 나오는 애국심이라야 분별과 책임이 따르는 진정한 애국심이라고 믿었다. 그는 계몽 강연이나 대성학교 학생들에 대한 교육에서 언제나 인격훈련과 애국심 고취에 가장 중점을 두어 강조하였다.

아울러 그는 각 개인의 건전한 인격과 애국심에 대한 강조에서 한걸음

---

31 주요한, 『안도산전서』상, p.103.

32 흥사단, 『흥사단운동 70년사』, p.79.

더 나아가 궁극적으로 민족적인 역량을 증진하려면 국민 개개인의 인격 훈련과 함께 개인 간 단결의 훈련을 필요로 한다고 보았다. 설사 국민 각자가 자각하여 건전한 인격과 애국심을 갖게 된다 하더라도 국민들 사이에 협동과 단합이 없이는 힘 있는 민족운동 역량을 확보할 수 없다고 보았기 때문이다.

그에게 있어서 근대국민의 형성이라는 과제는 궁극적 목표인 근대국가 건설을 위한 기초 단계의 전부이며 나아가 준비 단계 활동의 절반을 차지하는 가장 핵심 부분을 차지하고 있었다. 따라서 한말 그의 민족운동은 기본적으로 계몽운동의 방식을 띠지 않을 수 없었다. 그러나 그의 근대국민 형성을 위한 주장과 노력은 대중을 단지 계몽 혹은 교화의 대상으로만 보지 않고 어디까지나 민족운동의 주체이며 장차 수립되어야 할 근대국가의 주인으로 보는 전제 위에서 전개되었다. 따라서 그의 근대국민형성론은 스스로의 자각에 의한 변화 곧 자신 自新을 강조함과 동시에 자신의 뜻을 함께 하는 개인들의 공동의 의식적인 노력을 뜻하는 동맹수련 同盟修練을 매우 강조하는 특징을 갖게 되었다.

그가 즐겨 쓴 자아혁신 自我革新이나 인격혁명 人格革命이라는 말은 자신과 전혀 같은 뜻을 갖는 말이었다. 또 청년학우회의 설립을 통해 보여주었듯이 사회적 조건이 아직 미숙한 점을 고려하여 자기혁신의 의지를 가진 개인들로 하여금 함께 노력하도록 하는 수련 조직의 중요성에 늘 유의하였다. 안창호의 근대국민형성론은 이런 특징들 때문에 자칫 계몽운동이 빠지기 쉬운 우민관에 입각한 일방적 계몽주의나 국가론이 사상된 근대화지상론의 한계에서 벗어날 수 있었던 것이다.

IV. 한말 도산 안창호와 신민회의 민족운동사적 위치
— 한국 근대민족주의의 정립

1. 안창호와 비밀결사 신민회 조직

신민회는 식민지화 직전의 구국운동 과정에서 중요한 위치를 차지하고 있었을 뿐 아니라 일제에 의해 해체당한 뒤에도 거기에 참여했던 회원들이 곧이어 독립운동의 주역이 되었다. 그런 까닭에 우리 근대 역사에서 독립운동사는 물론 근대사상사를 이해함에 있어서도 매우 중요한 의미를 지닌 단체였다. 그리하여 비밀조직이었던 데에서 연유하는 자료상의 제약에도 불구하고 현재 신민회의 결성 경위와 그 목적 및 활동상에 대해서는 상당히 구체적인 사실 파악이 이루어져 왔다.[1] 그러나 신민회의 성격과 역사적 의의를 제대로 이해하기 위해서는 좀 더 밝혀져야 할 의문점이 아직 남아 있다.

무엇보다 먼저, 신민회처럼 강한 헌신성을 요구했던 비밀결사의 결성을 가능하게 한 요인과 원동력에 대해 아직 충분한 설명을 찾아 볼 수 없다.[2] 다른 합법 단체에의 참여와는 달리 상당한 위험이 따랐을 것인데도 불구하고 다수의 신지식인들이 굳이 신민회와 같은 비밀결사에 참여하게 되었던 동기가 무엇이었을까. 단지 그들의 애국적 열정만으로 설명된다고는 여겨지지 않기 때문이다. 이러한 의문에 답하기 위해서는 역시 단체조직의 상식에 비추어 신민회의 결성과 활동 과정에서 구심적 역할을 한 인물이 누구였으며 또 그 명분과 논리가 무엇이었는지가 밝혀져야 하리라 본다.

신민회의 조직과 활동을 이끌어간 중심인물이 누구였는지에 대해서는 현재 안창호로 보는 견해[3]와 양기탁이라고 보는[4] 두 가지 견해가 있다. 안창호라고 주장하는 경우는 그가 신민회 결성의 최초 발의자였을 뿐 아니라 조직에 탁월한 능력을 가진 인물이었다는 점이 지적되고 있다. 반

---

1   신용하, 「신민회의 창건과 그 국권회복운동」상·하, 『한국학보』8·9, 1977.
     강재언, 「신민회의 활동과 105인 사건」, 『한국의 개화사상』, 1981.
     윤경로, 「105인 사건 연구」, 『한성사학』1, 1983, 「신민회의 창립 과정」, 『사총』30, 1986, 『105인 사건과 신민회 연구』, 일지사, 1990.
     김도훈, 「공립협회의 민족운동연구」, 『한국민족운동사연구』4, 1989.
2   신민회는 그 입회 과정에서 회가 요구할 경우 생명과 재산까지도 바칠 것을 내용으로 하는 서약을 받았다고 한다. 『한국독립운동사』, 애국동지원호회, p.91.
3   박재원, 「신민회의 활동」, 『한국사』19, 국사편찬위원회, 1976.(물론 이광수와 주요한의 전기에서는 안창호를 중심으로 서술되어 있다.)
4   신용하, 「신민회의 창건과 그 국권회복운동」, 『한국학보』7.8, 1977.
     박찬승, 『한국근대정치사상사연구』, 역사비평사, 1991.

면 양기탁이 그 중심이었다고 보는 경우는 그가 신민회의 총감독이었다는 사실을 강조하고 나아가 그 결성 과정에서 다양한 집단의 인물들이 규합될 수 있었던 것은 그의 영향력이 있었기 때문으로 본다. 특히 신민회를 다른 계몽 단체들과는 달리 보다 적극적인 성격의 국권회복운동 단체로 보려는 경우일수록 양기탁의 비중을 강조하는 한편 안창호는 신민회 내의 온건파 혹은 우파를 대표하는 인물로 한정시켜 보는 경향이 있다.

물론 양기탁은 당시 가장 유력한 신문이었던 대한매일신보의 총무로서 명망이 높은 인물이었다. 그러나 그는 안창호와 동향 출신의 같은 기독교 신도로서 성향에 있어서 근본적 차이를 말할 수는 없는 인물이었다. 오히려 처음 안창호가 신민회 조직을 상의했을 때 공개적인 단체로 할 것을 주장했던[5] 온건한 성품의 인물이었다. 그의 생애를 통해 몇 차례 지도적 위치에 추대된 경우는 있었지만 실질적 의미에서 지도자적 역할을 수행한 것으로는 보기 어렵다.[6] 그가 신민회의 총감독에 추대되었던 것도 신민회에서의 비중과 역할도 고려되었겠지만 그보다는 일제의 간섭이 미치지 않는 영국인 소유의 대한매일신보사 간부였다는 사실과 함께 연령적으로 당시 37세로서 선배급에 속했던 점 등이 고려되었기 때문으로 보는 것이 타당할 것이다.

신민회의 중심인물이 안창호였다는 것은 박은식, 김구, 장도빈 등 당시

---

5 「양기탁경성예심제22회공판시말서」, 『105인사건공판시말서』1, 국사편찬위원회, 1986, pp. 309~310.

6 양기탁의 생애와 활동에 대해서는 윤경로, 「양기탁과 민족운동」, 『국사관논총』10, 1989 참조.

직접 신민회에 참여했던 인물들이 남긴 기록에서는 공통적 인식으로 자리 잡고 있는 것이다.[7] 잘 알려져 있듯이 안창호는 20세 전후의 청년시절에 독립협회운동에 참여했다가 미국에 건너가 형성 과정의 초창기 미주 교민사회에서 한인친목회와 공립협회를 조직하여 그 최고지도자로 성장하였다. 미국에서의 활동은 주로 노동 이민으로 이루어진 열악한 처지의 교민들을 결집시켜 그들의 생활상 권익을 보호하고 민족의식을 유지 강화시킨 나름대로 큰 의미를 가진 것이었다. 그러나 전체 민족운동의 시야에서 보면 먼 해외에서의 주변부적 활동에 불과하다는 한계를 벗어날 수 없었다. 본격적인 역할을 위해서는 역시 국내에 거점을 두어야 했던 것이다. 그리하여 공립협회의 국내 조직 결성의 책임을 지고 귀국하게 되었다.

1907년 2월 20일 귀국한 그는 일제의 강제 병합 직전 다시 국외로 망명을 떠나기까지 3년 동안 국내에서 다양한 실천 활동을 전개하였다. 일제의 삼엄한 감시하에서도 서우학회, 대한협회, 서북학회 등의 여러 계몽운동 단체에 참여하였고 신민회, 대성학교, 평양자기회사, 태극서관, 청년학우회를 설립하였으며 그 밖에도 전국 각지를 유세하며 연설을 통해 민중계몽에 전력을 기울였다. 그러나 한말 구국운동과 관련하여 가장 중요한 일은 비밀결사인 신민회를 조직한 사실이었다.

---

7   박은식, 『한국독립운동지혈사』, 『박은식전서』상, 1920, pp.478~480.
     김구, 『백범일지』, 1929, p.195.
     장도빈, 「암운 짙은 구한말」, 『사상계』, 1962년 4월호.

　귀국을 눈앞에 둔 1907년 초 그는 미국 LA시 인근의 리버사이드에서 이강, 임준기 등 측근 동지들과 논의한 끝에 공립협회와 연계될 수 있는 국내 조직으로 신민회를 결성할 것에 합의하고 그 취지서와 규약을 작성한 바 있었다. 동지들의 재정적 지원 아래 국내 신민회 결성의 조직 책임을 맡기로 한 그는 귀국 후 이틀 뒤인 2월 22일 대한매일신보사로 양기탁을 방문하여 신민회 결성을 제의함으로써 실제 작업에 착수하였으며 결국 한달 반가량의 노력 끝에 1907년 4월 초 당시의 신지식인 계몽활동가들 속에서도 가장 우수한 인물들인 양기탁, 전덕기, 이동령, 이동휘, 이갑, 유동열 등을 규합해 신민회를 창립하게 되었다.[8] 이후 신민회는 간부들에 의한 엄격한 선별 과정을 거쳐 회원을 확충하면서 완전 식민지화를 위한 일제의 침략이 정점에 달하고 있던 1907년부터 끝내 나라를 완전히 빼앗긴 뒤인 1911년 이른바 105인 사건으로 해체당할 때까지 다양한 표현 사업을 전개 하며 신지식층 인사들의 국권회복운동을 배후에서 지휘한 총본부로서 기능하였다.

　그런데 돌이켜 보면 당시 안창호의 귀국은 5년여의 상당히 오랜 미국 체류 끝에 이루어진 일이었다. 그가 비록 개인적으로 조직과 설득에 탁월한 능력을 가진 인물이었다고 하더라도 국내의 계몽운동가들을 주로 과거의 인간관계만으로 규합할 수 있는 처지는 아니었던 것이다. 따라서 이제 신민회가 결성될 수 있었던 또 다른 원동력으로서 그 이론적 배경에 대해 더욱 관심을 기울일 필요가 있다.

8　신용하, 『한국민족독립운동사연구』, 1981, pp.17~22.

이를 위해서는 우선 안창호가 미국에서 미리 작성해 가져온 신민회의 취지서와 장정이 일차적인 검토의 대상이 된다.

〈대한신민회통용장정〉의 제3장 목적 및 방법 조항은 다음과 같은 내용으로 되어 있다.

"본회의 목적은 아한我韓의 부패한 사상과 습관을 혁신하여 국민을 유신케 하며, 쇠퇴한 교육과 산업을 개량하여 사업을 유신케 하며, 유신한 국민이 통일연합하여 유신한 자유문명국을 성립케 함."[9]

여기서 신민회의 최종 목표는 유신한 자유문명국 건설로 표현되고 있다. 그리고 그러한 목표를 달성하기 위한 방법으로서 신민회는 먼저 부패한 구사상과 구습관을 혁신하여 국민을 유신케 하고 교육과 산업을 개량 발전시키며 유신한 국민들을 통일연합하겠다고 하였다. 이러한 목표와 방법은 〈대한신민회취지서〉에서도 마찬가지로 표현되어 있다.

"무릇 우리 대한인은 내외를 막론하고 통일연합으로써 그 진로를 정하고 독립 자유로써 그 목적을 세움이니 이는 신민회의 원하는 바이며 신민회가 품은 뜻이니 줄여서 말하면 오직 신정신을 불러일으켜 신단체를 조직한 후 신국가를 건설할 뿐이다."[10]

---

9 국사편찬위원회, 『한국독립운동사』1, 1965, p.1028.
10 국사편찬위원회, 앞의 책, p.1026.

즉 현재 전해지고 있는 신민회의 취지서와 장정 속에는 (1) 신정신을 가진 신민의 창출 (2) 신민들의 통일연합에 의한 신단체 결성 (3) 독립자유의 신국가 건설이라는 단계적 민족운동 구상이 담겨 있는 것이다.

그러나 이처럼 드러나 있는 신민회의 목적과 방법에서는 당시 다른 계몽운동 단체들의 그것과 비교해 본질적으로 다른 차이점을 찾아볼 수 없다. 1907년 2월 그가 국내에 돌아왔을 때에는 이미 대한자강회가 전국적 단체로 조직되어 있었으며 그 밖에 관서지방 출신 인사들에 의한 서우학회와 함경도 출신 인사들로 이루어진 한북흥학회도 조직되어 있었다.

1906년 4월 장지연, 윤효정 등의 주도로 결성된 대한자강회는 그 취지서에서, 국가의 독립은 오로지 자강 여하에 달려 있다고 전제하고 자강지술自強之術은 교육과 산업의 발달을 통한 민지(民智)의 계발과 실력의 배양에 있다고 하면서 교육과 산업 발달을 통해 독립의 기초를 닦으려 한다고 말하였다.[11] 대한자강회는 또 그 규칙 2조의 목적 조항에서, 교육의 확장과 산업의 발달을 연구 실시함으로써 아국我國의 부강을 도모하여 후일 독립의 기초를 만들 것임을 밝히고 있었다.[12]

같은 해 10월 정운복, 이갑 등이 주도해 조직한 서우학회 역시 그 취지서를 통해, 크게는 국가로부터 작게는 일가일신一家一身의 보전을 강구하려 하면 청년의 교육을 장려하여 인재를 양성하고 중지를 계발해야 국권을 회복하고 인권을 신장하는 기초가 된다고 하면서 이는 반드시 공중

---

11 「대한자강회취지서」,『대한자강회월보』1호, pp.9~10.

12 「대한자강회규칙」,『대한자강회월보』1호, p.10.

의 단체력에 기초해야 한다고 주장하였다.[13]

이들 합법 단체들이 이미 신민회와 비슷한 국권회복 혹은 독립이라는
목표를 설정하고 조직되어 교육 및 산업 진흥을 통한 실력양성운동을 전
개 하고 있던 상황에서 앞에서 본대로 거의 같은 취지의 신민회가 별도로
조직되어야 할 당위성은 찾기 어려운 일이었다. 적어도 하나의 정치사회
적 목적을 가진 단체가 조직되기 위해서는 먼저 그에 합당한 명분이 제시
되어야 하는 것은 상식에 속하기 때문이다.

그럼에도 불구하고 결과적으로 신민회가 기존의 단체들과 별도로 결
성되었던 사실을 보면 신민회의 취지서와 규약서가 그 진정한 목적과 방
법론을 전부 포함한 것인지는 의문의 여지가 많다. 한걸음 더 나아가 원
래 비밀결사를 지향했던 신민회가 굳이 명문화된 취지서와 규약을 필요
로 했을 것인지 부터가 의심스러운 일이라 할 수 있다. 그렇다면 위에서
본 취지서와 규약서는 만일의 경우에 대비한 고려 속에서 작성된 것으로
볼 수도 있을 것이다.[14] 즉 비밀이 드러났을 때의 피해를 최소화하려는
의도가 아니었을까 짐작되는 것이다.

어쨌든 가능한 한 다수의 대중적 참여를 필요로 하는 정치사회적 목적

---

13 「본회취지서」, 『서우』1호, p.1.

14 신민회 결성과 관련해 이강은 다음과 같이 회고하였다. "이것은 물론 비밀결사였지요. 규
  칙을 만들 때도 전부가 불언찬不言贊으로 그냥 옳소 옳소로 되었읍니다. 다른 의견이 없고
  원안대로 그냥 찬성입니다. 그 뒤에 법률 잘 아는 이동작 씨에게 보이니까 당시의 법률로
  는 아무데도 걸릴 데가 없어서 여간 잘 되지 않았다고 칭찬을 받았읍니다." 『속편 도산 안창
  호』, 도산기념사업회, 1954, p.135.

을 가진 신민회와 같은 단체가 회원 확보는 물론 사업 홍보 등에 큰 곤란
이 예상되는 데도 불구하고 비밀결사로 구상되었던 것은 당시 상황 속에
서 공개할 수 없는 내용의 목적이나 방법론을 가졌기 때문으로 보아야 할
것이다. 그렇다면 신민회를 비밀결사로 한 진정한 이유는 무엇이었을까.

이에 대해서는 후일 안창호가 일제 경찰에 체포당해 심문받으면서 진
술한 다음 내용이 있어 참고 되고 있다.

> "당시 인민의 정도가 유치하여 이를 표면 단체로 하면 사회의 반감을 사
> 서 방해를 받을 것이요, 또 입회 희망자를 전부 참가시키면 어떠한 인물이
> 섞일는지도 모르고 따라서 동회의 진목적眞目的을 달성하기 불가능할지며,
> 또 동회는 정치적으로 자존자립自存自立을 목적으로 하므로 총감부(일제의
> 경무총감부)에게 해산을 당하여서는 안 되겠는고로 실력이 생길 때까지는 비
> 밀결사로 두는 것이 필요한 때문이다."[15]

신민회 결성의 주역인 안창호에 의하면 신민회를 군이 비밀결사로 할
수밖에 없었던 까닭은 (1) 보수파의 반발, (2) 불순분자의 침투, (3) 일제
의 탄압에 대한 우려 때문이었다. 여기서 불순분자의 침투를 걱정한 것은
당시 일진회원을 비롯한 친일파들이 일제의 밀정으로 활동하던 상황에서
나온 것이라 할 때, 신민회의 진정한 목적과 관련해서는 수구파의 반발과
함께 일제의 탄압이 예상되었다는 점을 음미해 볼 필요가 있다. 이것이야

---

15 「안창호예심심문조서」, 『속편 도산 안창호』, 도산기념사업회, pp. 89~90.

말로 신민회의 결성의 진정한 목적과 관련된다고 보기 때문이다.

2. 신민회의 민족운동 이념과 방법

1) 이념 — 민주공화국 건설

먼저, 수구파의 반발이란 신민회가 국권회복운동의 최종 목표로 설정한 자유문명국 건설이 다른 계몽 단체들의 입헌군주정과는 달리 공화정체의 근대국민국가 수립을 지향했다는 것을 반증한다.[16] 당연히 보수 유생층의 반대와 대한제국 정부의 탄압을 예상했을 것으로 보인다. 주지하듯이 신민회는 우리나라에서 최초로 민주공화국 건설을 공식적인 목적으로 한 단체였다. 신민회에 앞서 10년 전 독립협회의 만민공동회운동 과정에서도 일부 청년층에 의해 공화국가 건설이 주창된 바 있었지만 그것은 어디까지나 소수의 주장이었다. 독립협회 주도층의 정치적 목표 나아가 한 정치사회 집단으로서 독립협회의 공식적인 목표는 당시의 전제군주제 국가를 입헌군주제 국가로 개혁하자는 데 있었다.[17]

그리고 이 같은 정치의식은 1907년 안창호가 귀국할 당시의 신지식인 사회에서도 마찬가지로 이어지고 있었다. 물론 당시의 신지식인 계몽운

---

16 신용하, 『한국민족독립운동사연구』, 1985, p.27.
17 신용하, 『독립협회연구』, 일조각, 1976, pp.214~215.

동가들은 기존의 전제군주제 국가를 낡은 정체와 국체로 강하게 비판하는 동시에, 입헌공화제 국가가 입헌군주제 국가에 비해서도 우월한 체제라고 인식하고는 있었다. 그러나 결코 이를 당시 우리의 현실적 대안으로 생각하지는 못하고 있었다. 우선 비록 정치적 실권을 일제에 빼앗겼다고는 하지만 엄연히 군주제 국가인 대한제국하에서 활동한다는 근원적 제약이 있었을 뿐 아니라, 열악한 당시의 우리 민도에 비추어 보아서도 군주제의 폐지를 전제로 한 입헌공화제 실현은 시기상조의 일로 여기고 있었던 것이다. 그리하여 대한제국이라는 국체의 틀 내에서 이를 전제군주제로부터 입헌군주제로 개혁하는 것을 현실적인 목표로 추구하고 있었다.[18]

이 같은 상황에서 안창호가 당시의 신지식인들에게 신민회 결성을 제안하면서 대한제국을 전면적으로 부인하고 새로운 민주공화국 건설을 정치 목표로 제시한 것은 획기적인 일이 아닐 수 없었다. 그는 물론 신민회 결성을 추진하는 과정에서 계몽운동의 핵심 지도자들을 개별적으로 설득해 나갔으리라고 보이지만, 동시에 청년학생들을 상대로 한 공개적인 연설회에서도 이 같은 주장을 명확히 피력하고 있음을 보게 된다.

귀국 직후인 1907년 5월 12일 삼선평에서 열린 서북학생들의 친목 연합운동회에 초빙되어 연설한 그는 다음과 같이 공공연하게 국민주권사상을 고취하였던 것이다.[19]

---

18 유영열, 『대한제국기의 민족운동』, 일조각, 1997, pp.309~316.

19 「연설」, 『서우』7호, p.23.

"오호라, 우리나라는 수천 년 이래로 나라와 백성國與民 간에 서로 벽이 가로막혀(隔膜하야) 백성들은 나라 알기를 다른 사람의 소유로 알아 고려 시대에는 왕씨의 나라라 하며 조선에 들어와서는 이씨의 나라라 하야 그 흥하고 망하는 것이 나와는 무관한 일이라 하며, 국가가 백성들을 대하기는 물고기들이 큰 고기들은 중간 고기들을 잡아먹고 중간 고기들은 작은 고기들을 잡아먹듯이 백성들을 침탈하기를 당연시 하였으니 비록 천지가 뒤집히는 변고가 닥쳐와도 조금도 돌아보지 않다가 마침내는 노예 신세가 되는 지경에 이르렀으되 여전히 예전 상태대로 어떤 대책도 아니 세우고 단지 외인의 눈에 들기만 하는 것으로 자신의 보신책을 삼으려 하니 천리인정天理人情에 이러고서야 어찌 용납될 리가 있겠는가. 그런 즉 국가는 한 사람의 소유가 아니요 우리들 모두의 어깨 위에 대한大韓 두 글자를 각기 짊어졌으니 원컨대 지금까지의 이런 생각을 절대 갖지 말라.

嗚呼라, 吾邦은 幾千年來로 國與民 間에 互相 隔膜하야 民之視國은 他 一個人의 所有로 認하야, 前朝時代에는 日 王氏의 國이라 하며, 本朝에 入하야는 日 李氏의 國이라 하야, 其興其亡이 於己無關이라 하며, 國之待民은 看作 魚肉하야 大魚는 中魚 食하고 中魚는 小魚 食으로 剝割侵奪로 爲一能事하야, 비록 天地가 飜覆하는 變機가 迫頭하야도 頓不顧念이라가 畢意은 奴隸文券을 繕給하는데 至하얏스되, 猶是 舊日狀態로 尸位素餐에 一事를 不做하고, 但히 他人의 眉睫을 仰視하야 自己의 休戚을 삼으니 天理人情에 寧容若是리오.

然則 國家는 一人의 所有가 아니오 吾人 肩上에 大韓 二字를 各其擔着하야스니 願컨대 前日 思量을 仍存치 勿하라."

공개 강연을 통해 안창호는 학생들에게 나라가 국왕 일인의 소유라는 구시대의 낡은 사상을 버리고 자신들이 각기 국가의 주인임을 자각할 것을 단호히 주장하였다. 그는 우리가 국권 상실의 위기에 처한 원인이 전제군주제의 낡은 의식과 제도에 있다고 지적하면서 국가는 결코 왕실의 사적 소유물이 아니고 국민 모두에게 주권이 있음을 강조하였다. 정면으로 군주주권사상을 비판하는 대신 국민주권사상을 강력히 주장한 것이다.

안창호의 국민주권사상에 입각한 민주공화제의 신국 곧 대한민국건설론은 1907년 그의 귀국 당시로 보면 파격적인 주장이 아닐 수 없었다. 그리고 이점 때문에도 신민회 결성의 초기 과정에서는 내부적으로 상당한 논란이 있었을 것으로 보인다. 그러나 그 결과로 추측하건데 민주공화제의 대한민국 건설이라는 안창호의 신민회 결성의 이념적 명분은 곧 설득력을 발휘했던 것으로 보인다. 신민회의 초기 창립 회원으로 알려진 인물들은 당시의 계몽운동가들 중에서도 특히 애국심이 강하고 정치의식과 사회의식의 면에서도 상대적으로 선각적인 인물들이었기 때문이다.

2) 방법-독립전쟁의 준비

이와 함께 신민회를 비밀결사로 할 수밖에 없었던 또 다른 이유는 일제가 통치의 실권을 쥐고 있던 당시 여건에서는 무엇보다 일제의 탄압을 우려했으리라고 보는 것이 타당할 것이다. 그러면 일제의 탄압을 우려해야 했던 이유는 과연 무엇이었을까. 일단 앞에서 안창호가 진술한 말 속에서 일제의 해산 조치를 회피하려 했던 이유가 정치적으로 자존자립을 목적으로 했기 때문이었다는 말을 재검토해 볼 필요가 있다.

　돌아보면 1905년 11월 을사조약의 강제 체결로부터 국권회복은 한말 민족운동의 최대 목표였다. 보호조약을 강요해 외교권을 탈취한 일본이 그들 통감의 감독을 통해 내정의 각 부문에서도 통치의 실권을 장악하여 날로 침략의 정도를 더해 가던 실정에서는 지극히 당연한 일이었다. 이에 저항하여 지방에서는 유생들이 농민층을 동원하여 초기 단계의 의병투쟁을 전개하고 있었으며 한편 서울을 비롯한 도시에서는 당시 흔히 유지신사有志紳士 또는 지사志士라고 불리던 신지식인들이 청년학생층을 대상으로 계몽활동을 펼치고 있었다. 이때 일제와의 즉각적인 대결을 택해 무장투쟁에 나섰던 의병들은 물론이고 투쟁을 유보한 채 근대적 실력양성을 앞세웠던 지사들도 공통적으로 '독립' 혹은 '국권의 회복'을 목표로 내걸었던 것이다. 앞에서 지적한 것처럼 이미 자강독립을 내세운 대한자강회와 서우학회 등이 공개적으로 활동하고 있던 1907년 전반의 시점에서 신민회가 정치적으로 자존자립을 표방한다고 해서 안창호의 진술처럼 새삼스럽게 일제의 탄압을 우려해야 할 상황은 아니었던 것이다. 의병들의 무장투쟁이 일제의 강경한 토벌을 받은 데 비해 같은 국권회복을 내세웠지만 지사들의 비폭력적 계몽활동은 아직 직접적인 탄압의 대상은 되지 않고 있었기 때문이다.[20]

20　일제가 계몽운동의 탄압에 착수한 것은 이른바 〈헤이그밀사사건〉을 구실로 1907년 7월 24일 〈정미7조약〉을 맺은 때부터였다. 그들은 이때 〈신문지법〉(1907.7.24.)과 〈보안법〉(1907.7.27.)을 잇따라 공포하여 언론, 집회 결사의 자유를 제도적으로 제한하기 시작했다.

따라서 안창호가 일제의 해산조치를 우려하여 신민회를 비밀조직으로 만들려고 했던 실제 이유가 정치적 자존자립의 추구라는 목적에서 찾아질 수 없다고 한다면 결국 다음으로는 그 같은 목표를 실현하기 위한 방법론의 차원에서 찾아질 수밖에 없다. 이 같은 전제 위에서 한말 국권회복운동의 여러 방안들 가운데 신지식층과 관련되는 것들을 살펴보면 이른바 독립전쟁론 혹은 독립전쟁전략에 주목하게 된다.

적절한 시기에 일제와 전쟁을 결행해서 국권을 되찾겠다는 방안은 현재 한말·일제하 국권회복운동과 독립운동의 가장 주류적인 방략으로 이해되고 있다. 이에 대해서는 일찍이 윤병석 교수가 독립전쟁론이라는 용어를 써서 처음 언급하였다. 그는, 독립전쟁론이란 군국주의 일본으로부터의 민족독립의 확실하고 바른 길은 그들과 한민족이 적기에 독립전쟁을 전개하고 그 결과로써만 가능하다는 독립운동의 한 이론 체계라고 정의하였다. 이때 독립전쟁의 적기란 근대적 정치, 군사, 경제, 문화 등 모든 분야의 민족 역량을 애국계몽운동의 이념에 따라 향상시키면서 일본제국주의가 더욱 팽창하여 중일전쟁 내지 러일전쟁 혹은 미일전쟁을 감행할 때를 기다려 광복을 위한 독립전쟁을 결행한다는 내용이라고 하였다.[21]

이 같은 그의 주장은 우리 독립운동의 이론적 발전 과정을 체계화하는 데 있어 매우 중요한 시사를 준 지적이었다. 그러나 아직 개괄적인 수준에 그치고 있어서 이른바 독립전쟁론의 보다 구체적인 내용이나 정립 경위 및 그 주체 등에 대해서는 충분히 설명하지 못하였다. 동시에 용어의

---

21 윤병석, 「1910년대의 한국독립운동」, 1977, 윤병석, 신용하, 안병직, 『한국근대사론』2, p.27.

사용에 있어서도 약간의 문제점이 있음을 보게 된다. 그는 독립전쟁론이라는 말로 개념화하였지만 그것이 실제로 뜻하는 바 장차의 독립전쟁에 대비한 준비를 강조했던 취지가 보다 잘 표현되기 위해서는 마땅히 독립전쟁준비론으로 개념지어야했던 것이다.

비슷한 시기에 신용하 교수는 독립전쟁전략이라는 말을 쓰면서 그 역사적 추이에 대해서도 간략히 언급하였다. 그는, 독립전쟁전략이란 국권회복과 독립 실현의 가장 확실하고 정확한 방법은 독립군을 양성하였다가 절호의 기회를 포착해서 독립전쟁을 일으키어 일본제국주의에 대한 현대적 무장투쟁을 전개해야만 궁극적으로 한국 민족의 실력에 의한 독립의 쟁취가 가능하다는 전략 이론 체계이며, 신민회에 의하여 정립되고 채택된 독립전쟁전략은 1910년대 독립운동의 최고 전략이 되었으며, 3·1운동 이후에도 1945년 민족 해방 때까지 모든 독립운동 정파의 최고 전략이었다고 하였다. 또 그는, 신민회가 국외독립군기지 설치와 독립군창건 문제를 최초로 검토한 것은 대한제국 군대의 해산 직후인 1907년 8월부터였으나 자체 역량의 한계와 의병운동과의 관계 때문에 이를 본격적으로 논의한 것은 1909년 봄에 이르러서였다고 하였다. 그러나 같은 해 10월에 일어난 안중근의 이등박문총살사건으로 다수의 간부들이 일제 헌병대에 구속되어 진전이 없다가 이들이 석방된 후인 이듬해 1910년 3월의 긴급 간부회의에서 비로소 독립전쟁전략을 최고 전략으로 채택하고 국외에 독립군기지와 무관학교를 설립하기로 결정하였으며 우선 석방된 간부들이 국외로 망명하여 이를 담당하기로 하였다고 말하였다. 그는 또 신민회의 독립전쟁전략 채택에 큰 영향을 미친 것은 안중근의 독립전쟁론의 주장이었다고 추측하였다. 그는 그 근거로 이 용어 자체를 안중근이 일찍 사용하였을 뿐 아니라 그가 신민회의 교육구국운동에 만족하지 않고 일찍부터 국외에서 독립군을 조직하여 독립전쟁을 일으킬 것을 주장하였으며, 안중근이 신민회와 깊은 관련을 갖고 있음을 들었다.[22]

이 같은 주장은 한말에 독립전쟁전략을 정립하고 채택한 주체가 신민회였다는 사실을 밝혀 주었다. 그러나 독립전쟁전략과 비밀결사 신민회와의 상호관계를 처음부터 유기적으로 이해하지는 못하였으며 따라서 독립전쟁전략의 최초 주장자가 누구인지도 정확히 파악하지 못하는 한계를 남겼다.

어쨌든 독립전쟁준비론 혹은 독립전쟁전략은 일제로부터의 국권회복은 전쟁을 통해서만 가능하다는 객관적 인식 위에서, 적절한 기회의 한일결전에 대비해 승리할 수 있는 최소한의 근대적 실력을 하루속히 준비하자는 의지를 담은 개념이었음은 분명한 사실이었다. 그런데 식민지화를 눈앞에 둔 한말 구국운동 과정에서 나온 이 같은 독립전쟁준비론을 처음으로 주장한 사람은 바로 비밀결사 신민회의 결성을 발의했던 안창호였다.

독립전쟁준비론이 안창호에 의해 가장 먼저 제기되었다고 주장하는 근거는 다음과 같다.

우선, 앞에서 지적한 것처럼 독립전쟁준비론이야말로 곧 비밀결사 신민회의 결성을 가능하게 한 또 하나의 핵심적 명분과 논리였기 때문이다.

---

22 신용하, 「신민회의 창건과 그 국권회복운동」, 『한국학보』7·8, 1977, 『한국민족독립운동사연구』, 1985, pp. 100~106.

한말 대한자강회를 비롯한 합법적 계몽운동 단체들이 이미 활동하고 있던 상황에서 그들과는 달리 스스로 비밀결사를 지향했던 신민회의 결성을 뒷받침하기 위해서는 역시 그들 합법 단체들의 실력양성론과는 구별되는 한 단계 앞선 논리가 아니면 안 되었을 것이다. 이 경우 비밀결사 조직의 제안자인 안창호가 그 논리적 근거로서 공화국건설론과 더불어 독립전쟁준비론을 제기했으리라고 보는 것은 매우 자연스러운 추측이라 하겠다. 더욱 이 그가 5년간의 상당히 오랜 공백 끝에 귀국하였으면서도 극히 짧은 시간 동안에 국내의 선진적 계몽활동가들을 성공적으로 설득해 규합할 수 있었던 사실에서 그러한 추측의 여지는 한층 커진다.

이 같은 정황적 추론 외에, 여기서 독립전쟁준비론을 처음 제기한 인물이 안창호라고 주장하는 보다 직접적인 근거는 신민회 결성 직후에 행한 그의 연설 내용을 통해서 확인되기 때문이다.

이미 앞에서 말한 1907년 5월 12일의 삼선평 연설에서 안창호는 국민주권사상과 더불어 일본과의 독립전쟁 준비를 명확히 피력하고 있음을 볼 수 있기 때문이다.[23]

그는 먼저 서북학생들에게, "오직 흉금뇌수胸襟腦髓를 통척痛滌하야 즉자금일卽自今日로 아국我國을 침해하는 강국과 전격개전傳檄開戰하야 국권을 회복할지니."라고 하여 국권회복을 위한 전쟁론을 분명하게 주장하였다.

그러나 여기서 주목할 것은 안창호의 전쟁론은 문자 그대로 지금 당장

---

23 「연설」, 『서우』7호, pp.24~27.

개전하자는 즉각개전론이 아니었다는 점이다. 위의 선언에 뒤이어 곧바로 개전에 앞선 사전 준비의 필요성을 누누이 강조하고 있는 것이다.

"제군은 나의 개전하자는 말을 듣고 지금에 병력이 심히 약하고 군함과 대포 등 물자가 모두 결핍되어 있으니 무엇으로써 개전할까 하여 반드시 모두 의문스러워할 터이나 저 일러전쟁을 돌아보라. 그 선전포고는 비록 2, 3년 전이나 그 개전 준비는 곧 38년 전부터라, 어찌하여 그렇게 말하는가?

38년 전에 일본도 야만 미개한 나라라. 다행히 그 때에 2, 3학생이 미국에 유학하여 학업이 조금씩 성취하고 지식이 점차 발달하야 멀리 동양의 형세를 관찰하니 만약 러시아를 격퇴하지 못하면 자기 나라의 지키기가 어려울 지라 그런 까닭에 개전을 준비한 지 38년을 경과하야 마침내 저러한 좋은 결과를 얻었으니 여러분은 이 일을 거울로 삼아 오늘로부터 굳게 약속하되 개전할 일을 준비할 지어다."

＊ 필자 옮김

그의 주장은 일본이 38년간의 준비 끝에 마침내 강대국 러시아를 이긴 예에 비추어 지금부터 즉시 일본과의 전쟁 준비에 착수하자는 것이었다.

이처럼 그는 독립전쟁전략과 그에 입각한 독립전쟁준비론을 피력하는 동시에 한편으로는 국권회복의 방안에 대한 당시의 몇 가지 잘못된 관념들을 통렬히 비판하고 있음을 본다.

"근래 우리 대한 사회에 일종 언론이 있으되 우리가 하느님을 믿으면 하

145

늘이 반드시 도우실 것이라 하니, 오호라 하느님이 우리나라를 돌보신지 4천
여 년에 우리가 지키지를 못하여 스스로 멸망하였거늘 다시 어찌 하늘의 도
움을 바라리요. 유태인은 하느님을 믿다가 망하였고 인도인은 부처님을 믿
다가 망한지라 오늘 우리 대한 사람은 누구를 믿으려는고?

　많은 하등인들은 말하되 계룡산에 진인眞人이 나오면 외국인이 스스로
물러가리라 하며, 이들보다 조금 나은 자들은 일본과 잘 지내면 우리나라가
행복을 누리리라 하며, 혹은 영국이나 미국이나 우리 대한을 원조할가 희망
하니, 이는 절대로 믿을 수 없는 것을 믿는 것이라. 계룡산에 진인도 결단코
없는 것이요, 일본인은 자기 나라 일을 위할 뿐이니 엇지 다른 나라 사람을
위할 생각이 있으리오. 영국과 미국에 이르러서는 더욱이 멀고 먼 나라들이
라 우리나라 독립이 그들에게 이익이 있을 터이면 혹 원조를 하려니와 만약
이익될 일이 없으면 단지 돕지 않을 뿐만 아니라 오히려 무자비한 폭력을 가
할지니 단지 믿을 수 없을 뿐만 아니고 실로 두려워 할 자들이로다.

　이들 망령되고 부패한 이야기들은 일체 끊어 내버리고 오로지 우리가 마
땅히 해야 할 사업에 용감히 매진하야 그 목적지에 이를지어다."

　"近日 我韓 社會 上에 一種 言論이 有하되 吾人이 天을 信하면 天必助之라
하니, 嗚呼라 上天이 我國을 眷佑하신지 四千餘 年에 我가 保有를 不能하야
滅亡을 自取하고 更何天助를 可望하리요. 猶太人은 天을 信하다가 亡하고 印
度人은 佛을 信하다가 亡한지라. 今我韓人은 何者를 信하난고?

　多數한 下等人은 云되 鷄龍山에 眞人이 出하면 外國人이 自當退去라 하
며, 稍勝於此者는 日, 日本과 善爲附合하면 我國이 幸福을 享有 하리라 하
며, 或은 英國이나 美國이 我韓을 援助할까 希望하니, 此皆 萬不可信者 를 信

함이라, 鷄龍山에 眞人도 決無한 것이요, 日本人은 自國事業을 爲할 뿐이라 어찌 他國人을 慈悲할 想覺이 有하리오, 至於 英美하야는 尤是 絶 遠한 邦國이라 我韓 獨立이 彼에게 利益이 有할 터이면 或 援助를 行하려니와 萬若 利益될 事가 無하면 不惟不助라 反히 壓倒하난 暴力을 加할지니 非有不可信이라 實爲可懼者로다

此等 妄誕腐敗之說은 一切痛斷하고 維是 吾人 當做的 事業에 勇往猛進 하야 其目的을 到達할 지어다."

그는 먼저 국가의 독립을 종교적 믿음이나 미신적 요행에 기대하는 생각을 근거 없는 일이라고 비판하였다. 또한 일본 혹은 영국, 미국 등 열강의 선의에 기대를 걸어보려던 일부 지식인들의 외세의존적 관념에 대해서도 그들 국가가 오로지 자기의 이해관계 여부에 따라 행동하고 있을 뿐이라는 점을 강조하면서 전혀 실현 가능성이 없음을 밝혔다. 강대국에 의지하려는 것은 오히려 침략을 자초할 수도 있는 위험한 일이라고 하였다. 그는 이상의 모든 잘못된 견해들을 망탄부패지설妄誕腐敗之說로 규정해 엄격히 비판하고 있 는 것이다.

그리하여 안창호는 다시, "즉자금일卽自今日로 함께 맹서하고 약속하여共誓決約하고 장래 타국과 개전할 사事를 준비하야 어느 해 어느 날에든지 일차 선전서를 포고하야 태극국기를 세계에 현양하여 봅시다."라고 하여 의식적이고 조직적인 힘으로 장차 개전을 목표로 전쟁 준비에 나서자고 거듭 촉구하였다. 그는 오로지 전쟁을 통해서만 국권회복이 가능하다는 것을 천명하면서 이에 대비한 준비를 당면한 과제로 강조하고 있는

것이다.

신민회 결성 직후인 1907년 5월 이미 안창호는 이처럼 현재 우리가 이
해하고 있는 것과 완전히 같은 내용의 독립전쟁준비론을 명확한 형태로
표명하고 있었다.[24] 이렇게 보면 흔히 한말·일제하 안창호의 독립운동
방략으로 말해지는 준비론이 바로 독립전쟁준비론을 뜻하는 것임을 잘
알 수 있다.[25]

---

24 이 경우 이른바 안중근의 독립전쟁론이 신민회의 독립전쟁전략 채택에 영향을 미쳤을 것이
라는 신용하 교수의 견해는 역사적 사실에 맞지 않는 추측이라 할 수 있다. 안중근이 독립
전쟁론을 주장하였던 것은 실제로는 안창호로부터 독립전쟁준비론을 듣고 나서였던 것으
로 보여진다. 즉 1907년 5, 6월경 안창호가 삼화항(진남포)을 방문한 일이 있는데 당시 그곳
에서 삼흥학교를 설립하여 교육계몽운동을 펴고 있던 안중근은 그의 연설을 듣고 매우 큰
감동을 받았으며, 안창호와 개인적으로도 만나 인사를 나눈 바 있었다. 그동안 교육을 통한
계몽운동에 종사해 왔던 안중근이 크게 감동한 것은 안창호로부터 기왕의 실력양성론을 한
단계 발전시킨 독립전쟁준비론을 들었기 때문으로 보여 진다. 안중근이 독립전쟁론을 주장
한 것은 대한제국 군대의 해산 이후로써 시기적으로도 안창호와의 만남이 있은 뒤의 일이
었다. 국사편찬위원회, 『한국독립운동사 자료』6, p.225, pp.229~233.

25 준비론이 곧 독립전쟁준비론을 의미한다는 사실은 후일 준비론을 비판한 대표적 인물의 한
사람인 신채호의 글을 통해서도 확인된다. 1923년 신채호는 의열단의 요청에 의해 민중직
접혁명을 강조한 〈조선혁명선언〉을 쓰면서 외교론과 준비론을 비판한 바 있었다. 여기서 그
는 준비론이 한말에 시세를 아는 식자들이 외교로서 국권을 회복할 수 없다는 것을 알고 전
쟁이 아니면 안되겠다는 자각 아래 정립한 방안이라고 하였다. 즉 준비론이 곧 독립전쟁준
비론임을 말하고 있는 것이다. 이 때 그의 외교론 비판은 이승만을 겨냥한 것이었으며 준비
론 비판은 물론 안창호를 의식한 것이었다.

3. 한국 근대민족주의 정립

이상의 사실들을 종합해 보면 안창호의 민주공화국건설론 및 독립전쟁준비론은 비밀결사 신민회 결성의 민족운동 목표와 방법으로 주장된 것임을 알 수 있다. 민주공화국건설론과 독립전쟁준비론이라는 새로운 이론적 뒷받침이 있었기 때문에 단기간 내에 비밀결사 신민회의 결성이 가능했으며 동시에 신민회가 결성됨으로써 민주공화국건설론과 독립전쟁준비론은 국내의 선진적 계몽운동가들에게 널리 수용될 수 있었다고 할 수 있다.

1907년 초 미국에서 귀국한 안창호가 본격적으로 제기한 민주공화국건설론과 독립전쟁준비론이 한말의 선진적 의식을 가진 애국지사들에게 큰 설득력을 가질 수 있었던 것은 일제의 침략이 날로 심화되면서 대한제국이 점차 재기불능의 상황에 빠지고 있는 반면 이에 대응하는 국권수호운동이 그 한계를 분명히 드러낸 때문으로 볼 수 있다.

대한제국은 1904년 2월 일본군이 러일전쟁을 구실로 한반도에 대거 상륙하여 주둔한 시점부터 이미 일제에 강점당한 상태였다. 이어 1905년 을사조약에 의해 외교권을 빼앗기고 그들의 보호국으로 전락하면서부터는 실질적으로 그 운명이 다한 셈이었다. 미국에서 교민조직인 공립협회를 이끌고 있던 안창호 또한 이 같은 조국 상황을 예의 주시한 결과 대한제국은 이미 멸망한 것으로 전제하고 이후의 대응책을 모색한 끝에 신민회운동을 결심하였던 것이다.

따라서 안창호가 민주공화국건설론과 독립전쟁준비론을 정립한 것은 이미 신민회 결성을 위해 그의 귀국하기 이전 미국에서였던 것으로 생각된다. 물론 귀국 이전 공립협회 활동 과정에서 안창호가 이 같은 이론을 정립하고 주장했다는 직접적인 자료는 아직 찾아지지 않는다. 또 귀국 직전 작성된 신민회의 취지서 및 장정에도 그러한 내용은 기록되어 있지 않다. 그러나 앞에서 살펴본 것처럼 그가 신민회를 비밀결사로 구상한 사실 및 신민회 결성 직후 민주공화국건설론과 독립전쟁준비론을 공개적으로 주장하였던 사실에 비추어 보면 귀국 당시에는 이미 신민회 구상과 함께 그 이론적 근거들을 명확히 정립해 갖고 있었던 것이 분명하다.

이때 그가 민주공화국건설론과 독립전쟁준비론을 가장 먼저 정립할 수 있었던 배경으로는 그의 개인적 자질과 능력 외에 당시 국내의 계몽운동가들과는 달리 미국에서 활동하고 있었다는 상황 요인에 주목하게 된다. 미국에서의 체류는 국권회복운동 자체의 관점에서 보면 원거리의 주변부적 활동을 벗어나기 어렵게 하는 큰 제약 요소가 되었겠지만 그가 민주공화국건설론 및 독립전쟁준비론 그리고 비밀결사 신민회 결성과 같은 새로운 방안을 정립하는 데는 오히려 유리한 여건이 되었으리라 여겨진다.

첫째, 당시 급속히 강대국으로 발전하던 미국의 각종 제도와 운영을 체험적으로 접하면서 국가 체제와 정치 체제의 우열을 비교한 끝에 민주공화국건설론을 신념화했던 것으로 보인다.

둘째, 역시 미국이라는 원격지에서는 보다 냉철하게 국내정세를 바라볼 수 있었을 것으로 생각된다. 한반도에 집중되고 있던 일제의 침략기도에 대한 명확한 인식은 물론 이에 대응하여 전개되고 있던 두 갈래 국권회복운동에 대해서도 보다 객관적으로 관찰할 수 있었을 것이다. 그리하여 자강운동과 의병운동의 긍정적 본질과 한계를 동시에 인식함으로써 실력양성론의 바탕 위에 무장투쟁론을 결합하여 독립전쟁준비론을 정립한 것으로 보인다. 이때 독립전쟁이라는 용어 역시 미국의 독립전쟁 체험과 관련지어 생각해 볼 수 있을 것이다.

물론 미국 체류에서 오는 이러한 상황 요인을 중심으로 본다면 민주공화국건설론이나 독립전쟁준비론을 반듯이 안창호 개인에 의해 정립된 이론으로만 볼 수 없으며 오히려 미주 교민들의 단체였던 공립협회의 집단적 운동론으로 보는 것이 더 타당할 것이다. 그러나 이 경우에도 공립협회에서 그가 차지했던 지도자적 위치를 감안해 본다면 이들 이론 정립의 주도자가 역시 그였으리라는 점은 다를 바 없다.

어쨌든 안창호의 귀국 이전 미국에서 정립된 민주공화국건설론과 독립전쟁준비론이 그의 귀국과 함께 본격적으로 제안되고 그에 입각해 비밀결사 신민회가 결성됨으로써 그동안 국권회복 혹은 독립이라는 목표를 가지고 다소 산만하게 전개되어온 애국지사들의 구국운동이 신민회라는 구심점 아래 민주공화국건설이라는 최종 목적과 독립전쟁준비라는 좀 더 분명한 중간 목표를 갖게 됨으로써 크게 활력을 더하게 되었다.

물론 신민회운동은 1910년 일제에 의한 식민지화를 저지하지는 못하였다. 오히려 이듬해 일제에 의해 발각되고 대대적인 탄압을 받아 강제로 해체되고 말았다. 그러나 여기에 참여했던 인물들은 이후 대한민국임시정부와 무장독립군운동을 비롯하여 민족독립운동의 각 분야에서 지도적 역할을 수행했다.

결국 신민회는 불과 3~4년간 존속했던 극히 단명한 조직이었지만 우리 민족이 일제의 한반도 강점에 따라 절체절명의 위기를 맞았던 시기에 가장 중요한 이론과 풍부한 인적 자원을 공급하였다. 이론적으로는 민주공화국건설과 독립전쟁 준비를 주된 내용으로 하는 한국 근대민족주의를 정립하였다. 돌이켜 보면 우리 근대 역사는 제국주의로부터 자주와 독립 그리고 근대적인 국민과 국가를 형성하는 양면의 과제를 안고 힘겨운 노력을 계속해 왔다. 이 같은 과제에 대응하는 민족주의와 민족 세력의 형성과 발전이 가장 중요하였던 것이다. 안창호의 민족운동 구상에 입각해 결성된 비밀결사 신민회는 바로 식민지화 직전에 민주공화국 건설과 독립전쟁 준비를 이념과 방법으로 하는 한국 근대민족주의를 훌륭하게 정립하여 민족독립운동의 정신적 원동력을 확립해 주었다. 아울러 신민회는 이 같은 근대민족주의를 신념화한 인재들을 대거 배출해 식민지 시기 민족독립운동의 지도층으로 활약하게 하는 절대적 공헌을 했던 것이다.

2부 | 1920년대 후반의 대공주의 신新민주국가론

I.　삼균주의三均主義 정립의 민족운동사적 배경 고찰

―안창호와 조소앙을 중심으로

1. 머리말

일제하 민족독립운동에 헌신하였던 여러 지도자들 가운데 소앙 조용은素昂 趙鏞殷(1887~1958)은 비교적 뒤늦게 주목받은 인물이라 할 수 있다. 3·1운동 이후 주로 임시정부와 한국독립당을 중심으로 활동하였던 그는 정치적으로도 상당한 지위에 이르고 있었다. 그러나 무엇보다도 그가 관심의 대상이 되고 있는 것은 이른바 삼균주의 때문이라 할 수 있다.

1929년 그에 의해 한국독립당의 당의와 당강으로 기초되고 1936년 역

시 그에 의해 삼균주의로 명명된 삼균주의 이론은 1930∼40년대의 식민
지 시대 후반 임시정부와 한국독립당을 비롯한 민족주의 정당의 공통된
이념과 정책으로 자리 잡았을 뿐 아니라 좌익진영의 일부에까지도 상당
한 영향을 미쳤던 것이다. 그리하여 처음에는 후기의 임시정부를 검토하
는 과정에서 삼균주의에 관심이 미치게 되고 나아가 그 가장 대표적인 이
론가라 할 조소앙 개인에 대해서도 주의를 기울이게 되었던 것으로 보인
다. 따라서 삼균주의의 내용과 조소앙의 생애에 대해서는 이제 어느 정도
상세한 이해를 갖게 되었다고 하겠다.[1]

　그러나 이 과정에서 나타난 문제점은 삼균주의를 주로 조소앙 개인에
의한 사상으로만 이해하게 되었다는 사실이다. 동시에 삼균주의의 정립
과 전개에 관련되면서 그의 정치적인 활동 역시 지나치게 부각되어 전체
민족운동 속에서 차지하는 비중이 크게 과장되는 경향을 보이게 되었다.

　이 같은 문제들이 보완되기 위해서는 삼균주의가 정립되고 확산되어
갔던 중국에서의 독립운동 전반의 상황이 전제되어야 할 것으로 생각된

1　삼균주의와 조소앙에 관한 지금까지의 논고에는 다음과 같은 것들이 있다.
　　추헌수, 「임정과 삼균주의에 관한 소고」, 『교육논집』6, 연세대 교육대학원, 1973.
　　홍선희, 『조소앙사상』, 태극출판사, 1975.
　　김용신, 「조소앙 삼균주의의 역사적 위치」, 『사총』23, 1978.
　　강만길, 「민족운동. 삼균주의. 조소앙」, 『조소앙』, 한길사, 1982.
　　정학섭, 「조소앙의 삼균주의」, 『한국현대사회사상』, 지식산업사, 1984.
　　한시준, 「조소앙연구」, 『사학지』18, 1984.
　　김기승, 『조소앙이 꿈꾼 세계 - 유성교에서 삼균주의까지』, 지영사, 2003.

다. 이제 여기서는 특히 그 정립 배경을 당시 이론과 실천 활동의 양면에서 민족진영 전체를 이끌어 갔던 도산 안창호島山 安昌浩와의 관련 속에서 파악해 보려고 한다. 삼균주의가 민족진영의 공통된 이념으로 정립되고 그것이 식민지 시대 후반 우리의 민족운동사 속에서 중심적인 이론으로 위치할 수 있었던 정확한 이유도 그런 바탕 위에서라야 제대로 이해될 수 있을 것이다. 다만 논지 전개의 편의상 먼저 조소앙의 정치적 위치와 활동을 염두에 두면서 중국에서의 독립운동계 전반을 개관하고, 이어 삼균주의의 정립과 전개의 과정을 안창호 및 조소앙과 관련하여 설명하기로 한다.

2. 3·1운동 이후 조소앙의 정치 활동

해방 후 조소앙이 스스로 술회한 바에 의하면, 일제 식민지하 그의 정치신념 내지 정치 활동의 목표는 대동단결이었다고 한다.[2] 그런데 이는 비단 조소앙 개인에 국한되는 특수한 문제의식의 발로라 할 수만은 없다고 본다. 장기간에 걸친 우리 민족독립운동 과정에서 대동단결 또는 통일은 언제나 중요한 과제가 되고 있었고 이를 달성하기 위한 대동단결운동, 통일운동이 지속적으로 전개되어 왔던 것이 이를 말하고 있다. 예를 들면 중국에서의 경우 3·1운동 이후부터 1920년대 전반까지의 임시정부 수립

---

[2] 삼균학회, 『소앙선생문집』하, p.67. 이하 『문집』으로 약함.

및 통합 노력과 국민대표회, 1920년대 후반의 민족유일당운동, 1930년대 이래의 연합전선운동 등은 곧바로 그 시기의 최대 관심사였던 것이다. 결과적으로 이러한 노력은 모두 원래의 목표에 도달하지 못해 민족운동 역량의 완전한 결집을 이루는 데는 실패하였다. 그 이유는 궁극적으로 독립운동 과정에서의 주도권 장악 문제에 관련되기 때문이었다.

하지만 주목할 사실은 이 같은 일련의 대동단결운동, 통일운동의 전개 과정에서는 일정한 이론적 모색이 이루어지고 있었다는 사실이다. 특히 1920년 후반 이후의 민족유일당운동과 연합전선운동은 독립운동의 방법론과 더불어 주로 좌우의 합작이 문제되었던 만큼, 심정적 차원의 호소로서만이 아니라 이론적 공통 기반의 마련이 전제되어야 했다고 볼 수 있다. 여기서 살펴보고자 하는 삼균주의도 이 같은 시대적 분위기와 요청 속에서 나온 하나의 이론 체계였던 것이다.

이러한 전제 위에서 삼균주의를 정확히 이해하려 할 때는 그 이론이 정립되고 수용되어 갔던 중국에서의 민족운동의 전반적인 흐름이 먼저 설명되어야 하겠다. 그리고 그 속에서 삼균주의와 불가분의 관계에 있는 조소앙의 위치와 역할도 정확히 파악될 필요가 있다. 편의상 이를 삼균주의 이론이 일단 정립되는 1920년대 말을 계기로 하여 삼균주의 정립기 및 전개기의 두 시기로 나누어 살펴보기로 한다.

1) 삼균주의 정립기(1920년대)의 독립운동

먼저 3·1운동에서 1925년 무렵까지의 상해독립운동계의 전반적인 상황과 조소앙의 활동을 보기로 한다.

이때는 노령, 서울에서와 더불어 상해에서도 대한민국임시정부가 수립되어 일단 그것이 중심이 되어 노령의 국민의회와 국내의 한성정부를 통합함으로써 유일정부로서의 정통성을 확립하게는 되었으나, 거의 동시에 각종 파쟁과 분규에 휘말려 전 민족적 통치기관으로서의 권위 실추는 물론 당면한 독립운동의 지도 기능마저도 수행하기 어려워져 그 존립 자체까지 위협받고 있던 시기였다.

이 같은 문제점을 해결하기 위해 1921년 초부터 제기되어 오던 국민대표회의가 2년 만인 1923년 초에 개최되었지만 별다른 성과 없이 끝나고 말았다. 동시에 극도로 약화된 임시정부 역시 1925년에 이르러 임시대통령 이승만을 탄핵, 면직시키고 나아가서는 정부 체제까지도 국무령제로 개편하게 되었다.

이 시기 조소앙의 정치적 입장은 임시정부 옹호와 이승만 지지였다. 그는 우선 상해의 임시정부 수립 과정에서 대단히 중요한 역할을 수행하였다. 일제 강점기 일찍부터 무상법인無上法人의 기관, 곧 정부의 수립을 주창한 바 있었던[3] 그는 3·1운동 이후 임시정부 수립 과정에 처음부터 적극 참여하여 임시의정원의 명명命名과 임시헌장 및 임시의정원법의 기초 등 임시정부 탄생의 실질적 산파역을 수행한 핵심 인물 가운데 한 사람이었다. 동시에 그는 이승만을 국무총리로 한 통합 이전의 상해임정에서는 국무원비서장 및 국무위원(차관급)에 선임되었다.[4]

---

3   주2와 같음.

다음, 국민대표회 개최와 관련해서는 시종 이를 반대하고 이승만 대통령 체제의 임정 고수 입장에 서고 있었다. 처음 임정에 참여하지 않은 인사들에 의해 발의되고 이어 임정 내의 다수 세력이 가세하여 추진된 국민대표회는 여러 가지 관점에서 파악될 수 있겠지만 주로 정치적 측면에 한정하여 본다면 임시정부 내지 그 책임자인 이승만에 대한 불만에 기인한 것이었다. 즉, 이른바 창조파란 임시대통령 이승만은 물론 임정 그 자체에 대한 반대 세력이었고, 개조파는 임시정부는 인정하되 임기마저 한정되어 있지 않은 임시대통령 이승만에 대해서는 반대하는 세력이었다. 반면 임정 내에는 이승만 대통령 체제의 현상유지를 주장하는 현상유지파가 국민대표회의 개최 자체를 반대하고 있었던 것이다.

상해임정 조직 직후인 1919년 5월 곧바로 유럽 지역에 외교 활동을 떠났던 조소앙은 1922년 초 상해에 귀환하였다.[5] 그가 이후 통합된 임정에 복귀한 것은 국민대표회의 개최 문제가 한창 논의되고 있던 1922년 6월이었는데 임시의정원의 의장으로서였다. 이어 이승만에 의해 지명된 노백린 내각과 이동녕 내각의 외무총장으로 재임하였다.[6] 이는 그가 일단 임정의 현상유지론에 가세한 것으로 볼 수 있는데 실제로 그는 국민대표회의 개최를 전후하여 시종일관 기호파가 중심이 되었던 현상유지파의 입장을 견지하였다.

---

4 국회도서관, 『대한민국임시정부의정원문서』, pp.39~42.

5 『문집』하, p.492.

6 『문집』하, p.493.

그런데 현상유지파는 다시 두 갈래로 나누어 볼 수 있다. 임정의 유지 자체를 주된 목표로 하는 경우가 그 하나이고 다른 한 갈래는 대통령 이승만에 대한 지지까지를 포함하는 세력이었다. 각료급의 대표적 인물로는 이동녕, 이시영, 김구 등이 전자에 속하고, 신규식, 노백린, 조소앙 등이 후자에 해당된다고 하겠다.

1923년 1월부터 반년간 걸쳐 개최되었던 국민대표회의는 결국 실패로 끝나고 말았다. 대통령 이승만에 대한 불신임안을 가결시키는 데는 일단 성공하였지만 그 이후 임정의 존폐 문제에 대해서는 창조파와 개조파 간에 갈등이 표면화되어 결렬됨으로써 임정의 현상에 아무런 실질적 변화를 초래하지 못하였던 것이다. 이는 결과적으로 임정 고수와 이승만 체제 유지를 주장하던 세력의 승리였다고 할 수 있었다.

그러나 이미 격심한 정치적 파란을 겪은 위에 재정난이 극도에 다다른 임정 수호 세력 역시 그 권위와 능력이 한계에 이르고 있어 어떠한 상황 변화를 꾀하지 않을 수 없었다. 이러한 곤란 속에서 이제는 임정 내에서마저 이승만에 대한 불만이 증대되어 갔다. 멀리 미국에 체류하면서 일체의 상황 변화 시도에 반대만 하는 이승만의 무성의에 반발하여 1924년 6월 임시의정원에서는 국무총리 이동녕을 대통령대리로 선임함으로써 실질적인 정권의 교체가 이루어졌다. 그러나 그것마저 별다른 효과를 거두지 못한 채 같은 해 12월에는 기호파 전체가 실각하고 말았다. 이에 박은식을 수반으로 하는 과도적 성격의 서북파 정권이 들어서 이듬해 3월 이승만을 탄핵, 면직시키고 나아가 대통령제 자체를 폐지시키기에 이르렀다.[7]

임정의 초대 임시대통령으로서의 재임 6년동안(1919~1925) 단 6개월

(1920.12.~1921.5.) 밖에 상해에 체재하지 않았으며 위임통치 문제, 임시 정부의 재정 문제 등으로 숱한 갈등과 반목을 초래해 왔던 이승만은 결국 임정 내 세력으로부터마저도 배척을 당해 대통령직에서 면직 당하기에 이른 것이다.

이승만의 탄핵 축출이라는 최악의 사태가 초래되기까지 1924~1925년 의 일련의 격동 속에서도 조소앙은 이승만 지지의 현상유지론을 지속하 였던 것으로 보인다.[8] 그가 왜 끝까지 이승만 지지의 입장을 견지하였는 지 그 이유는 명확하지 않다. 그러나 이승만 체제의 지속을 주장한 그의 정치 노선이 당시의 대세에 부합되지 못했던 것만은 분명한 사실이었다. 그리하여 그는 1924년 말 기호파 내각의 전면 실각과 함께 임정의 외무 총장 직에서 물러났고 이후 정치적으로 고립된 처지에 놓이게 되었다. 그 런 그가 새로운 돌파구를 찾을 수 있었던 것은 1926년 후반부터 본격화 된 민족유일당운동을 계기로 해서였다.

1920년대 후반에 접어들면서 나타난 가장 두드러진 특징은 좌우의 합 작이 핵심 과제로 대두되고 그 구체적인 방법론으로서 전 민족을 망라한 단일조직체, 즉 민족유일당 혹은 대독립당을 조직하자는 움직임이 국내 외에 걸쳐 활발히 전개되었다는 점이다. 끝내는 실패로 돌아가고 말았지 만 그 결과로 출현했던 것이 국내에서는 신간회였고 만주에서는 민족유

---

7   독립운동사편찬위원회, 『독립운동사』4 참조.
8   일제 정보기관에서는 조소앙을 이승만의 복심腹心의 부하로 표현하고 있다. 국사편찬위
    회, 『한국독립운동사』4, p.881.

일당재만책진회와 민족유일당조직동맹이었으며 중국에서는 각지의 유일독립당촉성회와 그 연합회였다.

그런데 중국본토와 만주지방에서 좌우합작을 전제로 하는 민족유일당운동을 논의의 단계로부터 실천의 단계로 끌어올린 사람은 도산 안창호라 할 수 있다. 일찍부터 주의와 지역을 불문한 전 민족적 대동단결을 주창해 왔던 그는 이때 1년 반에 걸친 미국 방문을 마치고 다시 상해에 돌아와 있었다. 그가 좌우의 합작을 겨냥하면서 제시한 방안은 임시정부의 유지를 전제로 하되 독립운동을 효율적으로 추진하기 위해서는 별도로 민족독립을 목표로 하고 혁명을 방법으로 하는 대혁명당을 조직하자는 것이었다. 그는 1926년 7월 8일 삼일당에서 열린 연설회에서의 공개 강연을 통해 이 같은 견해를 피력하였는데 그 요지는 다음과 같은 것이었다.[9]

그는 먼저 당시 우리의 일차적인 당면 과제가 일제의 통치를 파괴하고 우리들 자신이 스스로 방향을 정할 신국가의 건설에 있다고 규정하고 이는 부분적 과제가 아닌 전 민족적 과제임을 역설하였다. 따라서 독립 이후 장차의 문제인 정체政體와 주의主義를 위해 미리 싸울 것이 아니라 일단 독립하기까지 일제와의 투쟁에 공동 협력할 것을 강조하였다. 동시에 그는 무단적 힘에 의한 혁명革命만이 유일한 방법이라고 주장하고 점진적 개조改造의 방법을 배격하였다. 이와 관련하여 당시 국내 일각에서 주장되고 있던 자치론과 실력양성론이 당시의 현실적 조건에 비추어 부적합한 것임을 분명히 하였다. 위의 목표와 방법론에 입각하여 일제와 거

---

9 국회도서관, 『한국민족운동사료(중국편)』, pp.559~560 참조.

족적으로 투쟁하기 위해 전 민족적 단일조직체를 결성하자는 것이 좌우 합작에 대한 그의 구체적 방안 제시였다.

이 같은 논리 자체는 물론 크게 새로운 것이라고 할 수 없었다. 그러나 최고위급 지도자로서의 그의 큰 영향력과 탁월한 활동력이 뒷받침됨으로써 산발적인 논의의 단계에 머물고 있던 좌우합작 문제를 유일당운동의 형태로 집약시켜 본격적인 실천 단계로 들어서게 한 것이라 할 수 있다.

그는 상해에서 크게 여론을 환기시킨 다음 북경, 천진, 그리고 만주 각지를 왕래하면서 유일당운동의 분위기를 확산시켜 나갔다. 먼저 북경에서 원세훈과 협의한 결과 각지에 대독립당 결성을 위한 촉성회를 조직한 다음 이들을 통일하기로 하였는데 맨 처음으로 대독립당조직북경촉성회가 10월에 결성되었다.[10] 이를 시발로 이듬해 9월까지 상해, 광동, 무한, 남경의 5곳에서 유일독립당의 조직을 위한 촉성회가 발족되었다.[11] 동시에 만주에서는 1927년 초 역시 그의 방문을 계기로 정의부, 신민부, 참의부 등 각 단체들 간에 유일당 조직을 위한 협의가 시작되고,[12] 국내에서는 나름대로 신간회가 조직됨으로써 유일당운동은 내외에 걸쳐 활발히 전개되어 나갔다.

이처럼 1926년 후반부터 본격화된 좌우합작의 유일당운동이 1927년에 들어와 대세를 이루게 되었던 데는 여러 가지 복합적인 요인이 작용하

---

10 조선총독부경무국, 『고등경찰요사』, pp. 19~110.

11 김희곤, 「한국유일독립당촉성회에 대한 일고찰」, 『한국학보』33, 1983, p. 116.

12 채근식, 『무장독립운동비사』, pp. 141~145.
　　조선총독부경무국, 『고등경찰요사』, p. 124.

였다고 할 수 있다. 특히 민족협동전선론으로 말해지는 당시 코민테른을 정점으로 한 좌익 측의 혁명전술이 깊이 관련되고 있었다.[13] 그러나 일단 유일당운동의 구체적인 단서를 연 것은 안창호를 중심으로 한 상해에서 의 민족주의 세력이었던 셈이다.

같은 해 1927년 11월에는 상해에서 한국독립당관내촉성회연합회가 조직됨으로써 난항을 겪으면서도 지속되어 왔던 유일당운동은 새로운 단 계로 발전하게 되었다.[14] 관내촉성회연합회는 대독립당조직북경촉성회 에 이어 차례로 조직된 바 있는 한국유일독립당상해촉성회, 대한독립당 광동촉성회, 한국유일독립당무한촉성회, 한국유일독립당남경촉성회가 모여 결성한 것으로 중국관내에서 이미 성립된 위의 5개 촉성회가 대독 립당조직주비회를 만들기 위한 모임이었다. 즉, 이는 중국에서의 유일당 운동이 각 지방촉성회조직-연합회결성-대독립당주비회조직-대독립당결 성의 네 단계를 상정하면서 추진되고 있었음을 말한다.

이 같은 유일당운동의 전개 과정에는 조소앙도 민족진영 간부의 일원 으로 참여하고 있었다. 처음 상해촉성회가 조직될 당시부터 25인 집행위 원회에 들어 있었으며[15] 관내촉성회연합회의 15인 집행위원회에도 상해 촉성회 5인 대표의 일원으로 선출되어 참여하고 있었다.[16]

그런데 유일당운동은 이제 막 두 번째의 연합회 단계에 접어든 시점에

13 김준엽, 김창순, 『한국공산주의운동사』3, pp.194~197.

14 국회도서관, 『한국민족운동사료(중국편)』, pp.618~621 참조.

15 이정식, 『한국민족주의정치학』, 한밭출판사, 1982, p.230.

16 국회도서관, 앞의 책, p.919.

서 끝내 결정적인 난관에 봉착하게 되었다. 1927년 말 중국의 국공합작이 붕괴되고 광동에서는 공산당에 의한 폭동이 발생하여 그 여파가 한국인 독립운동에도 미치게 된 것이다. 국공합작의 파탄을 계기로 코민테른은 통일전선전략을 수정하기 시작하였으며,[17] 광동꼬뮨에 참가하였던 한국인 공산당원들이 대거 상해로 피신해 오게 된 것이다. 특히 젊은 공산주의자들의 대거 유입은 본래부터 공산계 청년회원들이 다수를 차지하고 있던 상해촉성회의 좌우 세력 균형을 근본적으로 뒤흔들어 놓았다. 그들은 중국공산당의 지도하에 촉성회 전체를 장악함으로써 임시정부 및 기타 단체들을 통일하여 공산주의에 입각한 대단체를 건설하려고 기도하기에 이르렀던 것이다.[18] 그리하여 1928년에 들어와 상해에서의 유일당운동은 극좌 공산주의 세력이 완전히 득세한 가운데 일단 정돈 상태에 빠지고 말았다.

이 같은 상황은 자연히 민족진영의 일부 인사들 간에 좌우합작에 대한 심각한 위기감과 회의를 불러일으켜 민족진영만의 단합을 강조하게 하였다. 나아가 민족진영만의 정당 설립을 논의하게 하였고 그 결과로 한국독립당이 조직되기에 이르렀다.(1928.3.25.)[19]

그러나 이때는 조직 자체에 그쳤을 뿐이고 정당으로서의 중요한 요건인 주의와 주장을 제대로 갖추지 못한 불완전한 것이었다. 이에 관한 논

17　김준엽, 김창순, 앞의 책, pp.319~340.

18　국회도서관, 앞의 책, p.633.

19　한국독립당의 창립 경위는 아직도 분명하지는 않지만 여러 가지 사료를 종합해 보면 대체로 본고에서와 같이 정리될 수 있을 듯하다.

의가 진행되어 한국독립당이 당의黨義와 당강黨綱을 채택하게 된 것은 이듬해의 3·1절 10주년 기념식을 계기로 해서였다.(1929.3.1.) 이때 당의와 당강의 직접 기초자가 바로 조소앙이었으며 삼균주의 이론의 최초의 문장화된 표현이었다.[20]

2) 삼균주의 전개기(1930~40년대)의 독립운동

그러나 아직까지 한국독립당의 조직은 민족진영 내의 사실로만 묵계되고 대외적인 공개는 보류되어 있었다. 그것이 공개적인 모습으로 출범하게 된 것은 이듬해에 가서였다.

1929년 말에 이르러 11월 3일 국내에서 광주학생운동이 발발함으로써 독립운동계 전체에 활력을 불어 넣었고 이어 좌익 측이 일방적으로 상해의 유일독립당촉성회를 해체하고 그들만의 유호留滬독립운동자동맹 결성(1929.10.26.)을 공식적으로 선언(1929.12.)한 이후였다.[21] 이에 1930년 초부터 민족진영의 양대 세력인 기호파의 이동녕과 서북파의 안창호는 광주학생운동의 결과로 크게 고무된 가운데 종래의 지방적 파벌 감정을 일체 버리고 민족진영의 완전한 통일을 성취하기로 의견을 모아 한국국민당을 공식적으로 창당한 것이다.(1930.1.25.)[22]

---

20 『문집』하, p.497.

21 국회도서관, 앞의 책, pp.634~640.

22 이때의 공식적인 당명은 한국국민당이었으나 통상 한국독립당으로 불렸던 듯하다. 국회도서관, 앞의 책, pp.644~657.

그러나 임정주석 이동녕과 흥사단장 안창호 사이에는 여전히 중대한 견해 차가 잠재되어 있었다. 안창호가 앞서의 주장인 임정 외에 별도의 독립운동 최고기관 설립을 다시 주장했기 때문이었다.[23] 반면 이동녕계는 어디까지나 임정이 중심이 되고 당은 이를 뒷받침해야 한다는 견해였던 것이다. 그리하여 1930년 전반의 중국 독립운동계는 이동녕을 대표로 한 임정중심론과 안창호를 중심으로 한 최고기관창설론이 양립한 가운데 현상유지를 주장하는 이동녕계가 주춤한 대신 새로운 독립운동중심기관의 창설이라는 적극론을 주장한 안창호의 활동이 두드러졌다.

그런데 이때 안창호가 주장하는 독립운동을 지도할 최고기관의 성격이 일단 당의 형태라는 것은 이전과 다를 바 없었지만 그의 이후 행적을 종합해 보면 그 조직 방법 면에서는 크게 다른 것임을 알 수 있게 된다.[24] 즉, 모든 한인 독립운동자가 개인 자격으로 참여하여 조직되는 단일조직체로서의 유일당이 아니라 각각의 주의와 성격에 따른 단위 조직을 먼저 정비한 뒤 이들을 모아 협의체 내지 동맹체를 결성하여 전체운동을 통일적으로 지도하려 한 연합전선의 형식으로 전환한 것이다. 물론 앞서의 대독립당운동의 경험에서 얻은 결론으로 전 민족적 유일당이 가장 이상적이기는 하지만 현실적으로 그것이 불가능하다는 것을 감안한 때문이라 하겠다.

---

23 국회도서관, 앞의 책, p.646.

24 국회도서관, 앞의 책, pp.644~649, pp.728~732.
　　추헌수, 『자료한국독립운동』2, p.301.

한편 조소앙은 이때 주로 안창호가 이끄는 한국독립당의 이론 정립과 선전 활동에 종사하였는데 기관지 한글판 한보韓報 발행이 주로 그의 업무였을 것으로 보인다.[25]

그러나 1930년 후반에 접어들면서 부터는 불가피하게 민족진영 전체가 긴밀히 협력하지 않을 수 없는 상황이 연이어 전개되기 시작했다. 중국에서 북벌 사업이 성공되고 반공적인 장개석이 중국국민당의 주도권을 완전히 장악하면서 한국인을 포함한 중국 본토의 공산주의 세력은 대거 만주로 퇴거하였는데, 이때 주로 한인 공산주의자들에 의해 이른바 간도 폭동사건이 터진 것이다. 길림(5.30.)과 돈화(8.1.)를 비롯한 여러 곳에서 수개월 동안 계속된 살인과 방화 등의 소란으로 현지의 동북 정권에 의해 한인 전체가 탄압받게 되었다.[26] 이를 중국 거주 한인 전체의 사활이 걸린 문제로 파악한 임정과 안창호 등은 일치하여 그 대책 마련에 부심하여야 했던 것이다.

선전과 외교에 능하였던 조소앙은 이때 임정 외무장에 선임되어 (1930.7.) 일선에서 중국과의 교섭을 맡게 되었다.[27] 그로서는 1924년 말 임정에서 실각한 이래 실로 5년 반 만의 복귀였다. 이듬해 1931년 5월 남경에서 열린 중국국민당의 국민회의에는 이 문제와 관련하여 임정의 이름으로 조소앙이 기초한 〈대한민국임시정부선언〉을 휴대하고 안창호가

---

25 『문집』하, p.497.

26 이명영, 『재만한인공산주의운동연구』, pp.76~88.

27 『문집』하, p.498.

대표사절로 참석하여 우리 입장을 전달하기도 하였다.[28]

이어 7월에는 길림성 만보산 지역에서 수로공사 관계로 한중 양국민 간에 충돌을 야기한 만보산사건이 발생하고 이로 인해 국내에서 중국인 에 대한 박해가 있게 됨으로써 한국 교민들의 입장은 더욱 난처해지게 되 었다.[29] 이에 안창호를 비롯한 민족진영 인사들은 상해에 있는 한인 각 단체를 규합하여 상해한인각단체연합회를 조직하고 중국 국민당정부 및 언론, 사회 단체를 상대로 그 경위의 해명에 나섰다.[30] 곧 이어 일제가 만 주를 공격하는 만주사변(1931.9.)과 상해를 침공한 상해사변(1932.1.)이 있은 후 상해한인각단체연합회는 임정과 더불어 반일원중反日援中의 우 리 측 입장을 전달하는 창구로 역할하였다.[31] 이때도 역시 조소앙은 임정 의 외무장 자격으로 민간인 대표 자격의 안창호와 함께 대중국 교섭의 일 선에 나서서 활동하였다.

1932년에 접어들면서는 중국 관내의 한인 독립운동계에 해방 이후까 지 활동이 이어지는 새로운 인물들이 부상하게 되었다. 김구와 김규식, 김원봉 등이 그들이었다. 특히 이 시기 이후 중국에서의 독립운동계에서 가장 중심적인 위치를 차지하게 되었던 사람은 김구였다. 지금까지 주로 임정에 몸담고 있으면서 기호파 이동녕계에 속한 중견간부의 일인에 지 나지 않았던 그가 이처럼 최고 영수의 지위에 오를 수 있었던 결정적인

28 국회도서관, 앞의 책, pp.672~679.
29 박영석, 『만보산사건연구』, 1975.
30 국회도서관, 앞의 책, pp.687~688.
31 국회도서관, 앞의 책, pp.689~692.

계기는 1932년 4월 29일의 상해 홍구공원사건이었다. 이에 조금 앞서 1월에 일본 천황의 폭살을 기도한 이봉창과 이때 상해 재류 일본 군관민 요인들을 살상시킨 윤봉길은 모두 임정 재무장 김구가 이끄는 의열단체 애국단의 단원이었다. 임시정부 내에서조차 조완구. 조소앙 등의 반대가 있었지만,[32] 이를 무릅쓰고 결행된 홍구공원사건은 결과적으로 만주사변과 상해사변 이후 중국인의 반일감정이 한창 고조되고 있던 시기에 나온 시의적절한 것이었다. 반대의 이유였던 상해 거주 한인들의 안전을 고려해 폭탄투척과 동시에 자결함으로써 신원을 밝히지 않기로 했던 이 사건은 계획과 달리 결국 한국인에 의한 거사임이 밝혀졌고, 예상을 훨씬 넘는 중국 조야의 호의적인 반응 속에서 김구는 자신이 배후 인물임을 성명하였다.[33] 이로써 그는 중국국민당과 장개석의 두터운 신임은 물론 19로군 등으로부터 상당한 재정적 지원을 얻게 됨으로써,[34] 연로한 이동녕을 후견적 원로의 위치로 돌리고 새로운 실력자로 등장할 수 있었다. 동시에 이 사건을 계기로 이동녕과 더불어 민족진영의 최고지도자였던 안창호가 일제 경찰에 체포됨으로써 그의 위치는 상대적으로 더욱 확고해질 수 있었던 것이다.

반면 안창호가 국내로 압송된 후 지금까지 그를 따르던 서북파 혹은 흥사단계 세력은 구심점을 잃게 되었는데 일단 그의 역할을 대행하게 된 인

---

[32] 국회도서관, 앞의 책, p.794.
[33] 국회도서관, 앞의 책, pp.753~754.
[34] 국회도서관, 앞의 책, p.749.

물이 김규식이라 할 수 있다. 김규식은 일찍이 국민대표회에서 창조파에 가담하여 그들이 임시정부를 부인하고 노령에 조직한 이른바 조선공화국의 수반으로 추대된 바 있었으나 소련의 무관심으로 유야무야되고 말았다. 결국 중국으로 귀환한 후 그는 상해와 천진에서 교편생활을 주로하며 대체로 칩거상태에 있었다.[35] 그러던 그가 다시 독립운동의 일선에 적극 참여하게된 것은 1930년 4월 안창호가 북경과 천진에서 독립운동의 최고기관 창설을 전제로 한 정당운동을 전개할 때 그와 접촉하고서 부터로 보인다.[36] 이후 만주사변과 윤봉길의거를 계기로 독립운동계가 재편성되는 과정에서 또다시 통합운동이 일어나자 그 선도적인 위치에 서게 된 것이다. 이해 10월 초 그는 만주에서 온 조선혁명당의 최동오와 함께 안창호 직계의 한국독립당 대표 이유필을 방문하여 대동단결의 방안을 논의하였다. 이어 한국혁명당, 조선의열단, 광복동지회의 5개 단체 대표들과 각 단체 대표간담회 및 각 단체 연합준비위원회 결성 등 일련의 과정을 거쳐 마침내 한국대일전선통일동맹을 조직하였다(1932.10.).[37] 이때의 대일전선통일동맹은 전해 만주사변 이후 이미 안창호가 구상하여 추진하고 있었던 사업의 계승이었다.[38] 한편 윤봉길의거 이후 임시정부는 국무

---

35 이정식, 『김규식의 생애』, 신구문화사, 1974.

36 국사편찬위원회, 『한국독립운동사 자료』3, p.442.
일본의 정보문서에서는 김구로 기재되어 있으나 이는 김규식의 오기임이 분명하다. 당시 김구는 상해에 있었으며 천진에서 독립운동의 수뇌로 불리울 수 있는 인물은 김규식이었다.

37 국사편찬위원회, 앞의 책, pp.473~483.

38 주24 참조.

원인 이동녕, 조완구, 김철, 김구, 조소앙이 각기 피신해 흩어져버린 탓에 실질적으로 해체된 것과 다름없었다. 더욱이 윤봉길의거와 안창호피체에 따라 답지한 중국 각계의 원조금을 둘러싸고 김철, 조소앙과 김구 사이에 대충돌이 벌어져,[39] 임시정부의 장래는 더욱 불투명해지고 말았다.

그런데 이 같은 임시정부의 마비는 미주 교민으로부터의 재정지원을 중단시킬 가능성을 제기하였다. 이에 미주 교민과 관련이 깊은 홍사단계의 송병조가 중심이 되어 급거 임시정부를 재조직하고 우선 대한민국공보 55호를 발행하였다.(1933.6.)[40] 여기에 의해 보면 이전의 기호파 각료가 전원 해임되고 앞서 조직된 대일전선통일동맹 참여 세력이 이를 대신하였다.[41]

같은 해 말 실질적인 진용을 갖추면서 부분적인 교체가 이루어져 김구와 충돌하였던 전 임정 각료인 김철과 조소앙이 다시 참여하였지만 근본적인 변화라 할 수는 없었다. 그리하여 이제 그 구성원의 성격이 크게 바뀐 임정에서는 공보 56호(1934.1.)를 통해 먼저 지금까지의 임정이 민족운동을 통일적으로 지도하지 못해 온 점을 지적하고, 장차의 방침은 "광복운동자가 대동단결한 정당이 완성될 때는 최고권력은 그 당에 있는 것으로 한다."라고 하며 1927년 2월의 임시약헌에 규정된 바에 따라 통일적 대집단의 신조직을 목표로 하여 각 혁명 단체와 공동으로 노력할 것을

---

39 독립운동사편찬위원회, 『임시정부사』, pp.617~618.

40 국회도서관, 앞의 책, pp.776~778.

41 이때 선임된 임정 국무위원은 조욱(조성환), 송병조, 이승만, 윤기섭, 신익희, 최동오, 차리석, 이유필의 9인이었다.

천명하였다.[42] 말하자면 윤봉길 의거의 결과 풍부한 자금을 갖게 된 김구가 박찬익, 엄항섭, 안공근 등 그의 직계 세력을 이끌고 독자적인 길을 가는 대신 여타의 세력은 대일전선통일동맹과 임시정부를 중심으로 모여다시 대동단결을 모색하게 된 것이라 할 수 있다. 임정에서는 계속하여임정공보 57호(1934.4.)를 통해 장차 이룩할 신조직의 원칙을 제시하는 등[43] 대동단결의 분위기를 더욱 고조시켰다.

홍구공원사건 이후 항주로 피신하였던 조소앙은 앞서 말한 중국 측의원조금 횡령 문제와 새로 문제가 된 안창호 비방 혐의[44]로 김구계 및 홍사단계 쌍방으로부터 공격을 받아 한때 크게 곤경에 처하였다. 일시 고립무원의 상태에 빠졌던 그는 항주에 칩거하면서 주로 저술 작업에 종사하

---

42 국회도서관, 앞의 책, pp.800~805. 이때 새로 결정된 국무위원은 송병조(의장 겸 재무장), 김규식(외무장), 양기탁, 성주식, 윤기섭(군무장), 조소앙(내무장), 최동오(법무장), 조욱 김철의 9인이었다.

43 「임정공보」57호에서는 '국내외 단체 및 민중 전체에 고함'이라는 글을 통해 다음과 같은 4개 항목의 원칙을 제시했다.

1. 임시의정원의 직권을 대행하기 위해 충분한 권위와 역량을 가져야 할 것.
2. 민족독립의 모든 운동선에 있는 대소단체와 무장부대와 지방역량을 집중 통제할 수 있는 중심 세력을 확립할 것.
3. 그 조직 기능이 진보적 의의로 체계화, 이론화, 민중화 되어 종래의 모든 결함을 탈피한 신선한 내용을 가져 적에 대항할 모든 전투력을 가진 기관이 되게 할 것.
4. 민족적 주권을 국토에 확립하는 동시 곧 민주적 기초에 서서 경제, 교육, 정치의 균등화로써 신국가를 건설할 수 있는 모든 계획에 공동의 인식을 갖고 당으로서의 모든 실력을 집중할 것.

44 시사신보時事新報에 게재된 안창호 비방 기사가 김철, 조소앙 등의 투고에 의한 것이라는 혐의로 안경근, 김동우, 박창세 등이 김철과 조소앙에 폭행을 가하였다. 국회도서관, 앞의 책, pp.768~769 참조.

였다.[45] 그가 안창호 비방의 혐의를 벗고 송병조가 주도하는 한국독립당 활동에 다시 가담할 수 있게 된 것은 1933년 1월이었으며,[46] 역시 송병조가 실권을 잡고 있던 임정에 복귀한 것은 같은 해 말이었다.[47] 내무장으로 선임된 그는 1934년에는 주로 임정공보와 한국독립당의 기관지 진광震光을 통해 당시 활발히 논의되던 대동단결운동의 이론을 전개하였다.[48]

그런데 원래 김규식과 홍사단계의 이유필, 송병조 등이 주도하였던 통일전선통일동맹이 그 후 2차(1934.3.), 3차(1935.2.) 대회를 거치는 과정에서는 원래의 연합전선적 동맹체로서의 확대, 발전이 아니라 완전한 대동단결체를 결성한다는 표방과 함께 단일조직의 정당 창설로 의견이 모아져 갔다. 그리고 동시에 그 주도권이 좌경적 색채가 짙은 의열단의 김원봉에게로 넘어가고 있었다.

3·1운동 직후 조직된 이래 테러 활동을 주도하던 의열단이 강한 정치적 성격을 갖기 시작한 것은 1926~7년 김원봉을 비롯한 다수의 단원이 황포군관학교에서 교육을 받으면서부터였다. 여기서 김원봉은 장개석을 비롯한 중국국민당의 여러 인사들과 친교를 맺었으며 그들을 도와 북벌 사업에도 참가하였다. 그 후 북경에 조선혁명학교를, 1932년 9월에는 남

---

45 이때 그는 『유방집遺芳集』, 『국사유소서國師遺疏序』, 『한국주자사고韓國鑄字史考』, 『대성원효大聖元曉傳』 등을 집필하였고『소앙집素昻集』, 『한국문원韓國文苑』, 『유방집遺芳集』 등을 출간하였다. 『문집文集』하, pp.499~500 참조.

46 국회도서관, 앞의 책, pp.768~769.

47 주42 참조.

48 이때 그는 『진광震光』을 통해 「대당조직문제」, 「해외운동의 특수임무」 등을 발표하였다. 『문집文集』상 참조. 주43의 글도 그의 집필로 보인다.

경에 조선혁명간부학교를 설치하고 다수의 청년들을 규합하여 교육시킴으로써 단세를 크게 증대시켰다.[49] 이렇게 하여 강한 하부조직을 갖게 된 의열단의 비중이 커 가고 김원봉의 위치가 높아가자 지금까지 임시정부와 한국독립당 및 대일전선통일동맹에서 중심적인 역할을 맡고 있던 송병조, 차리석 등은 임정 고수를 내걸고 단일 신당의 창설에 반대하였다.

그러나 대세는 단일신당 조직으로 기울어 결국 의열단의 주도 아래 민족혁명당이 창당되었다.(1935.7.5.) 이때 조소앙은 한국독립당의 주류인 흥사단계의 반대를 무릅쓰고 박창세와 함께 한국독립당을 대표하여 9인 신당창립위원의 일원으로 참가하였고, 동시에 김규식, 김원봉과 함께 3인 규칙제정위원에 선출되었다. 그러나 그는 곧 민족혁명당을 탈당하고 한국독립당의 재건을 선언하였다.(1935.9.25.) 신당의 주도권이 김원봉의 의열단계에 완전히 장악된 때문이었다.

한편 신당 참여를 위해 임정을 떠나기로 한 김규식, 조소앙, 최동오, 양기탁, 유동열 등과 달리 처음부터 신당 참여를 거부함으로써 7명이던 국무위원 가운데 단 둘만이 남아 임정을 유지하게 된 흥사단계의 송병조와 차리석은 임정의 보강을 위해 부득이 김구계와 손을 잡게 되었다. 김구로서도 민족혁명당의 대두에 위협을 느끼고 있던 까닭에 쉽게 제휴될 수 있었던 것이다. 그리하여 김구의 자금지원을 바탕으로 국무위원의 개선과 의정원 상임위원의 선출을 협의한 결과 이전 기호파의 김구계가 중심이 되고 흥사단계가 가세하는 새로운 임정이 재출범하게 되었다. 동시에 이

---

49 이정식, 앞의 책, p.103 참조.

를 지지 옹호할 정당으로 김구를 이사장으로 한 한국국민당이 창당되었다.(1935.11.)

조소앙은 한국독립당의 재건을 선언한 이후 다시 송병조 등에 접근하여 임정에서의 지위 강화를 기도하였지만 그들이 김구와 제휴함으로써 실패하였다.[50] 따라서 그는 당시의 양대 세력으로 대두한 김원봉 중심의 민족혁명당과 김구 중심의 임정 및 한국국민당의 어느 편에도 속하지 못한 채, 홍진과 더불어 이제는 약체의 군소정당으로 전락한 한국독립당을 이끌 수밖에 없었다.

이 같은 상황에 다시 변동이 오게 된 것은 1937년 7월 중일전쟁이 발발하면서 부터였다. 중국 전역이 일본과의 전면적인 전쟁 국면에 접어들자 중국의 한인 독립운동전선에도 세력 재편성의 기운이 또다시 조성된 것이다. 먼저 김구의 한국국민당을 중심으로 이청천의 조선혁명당과 조소앙의 한국독립당 등 중국의 3개 당과 미주의 국민회 등 6개 단체, 모두 9개 단체가 연합하여 한국광복운동단체연합회, 즉 광복진선을 조직하였다(1937.8.) 이어 김원봉의 민족혁명당이 중심이 되어 조선민족해방자동맹과 조선혁명자연맹을 규합하여 조선민족전선연맹을 결성하였다. (1939.5.)[51]

일단 우익과 좌익의 두 개 세력권으로 결집된 상태에서 김구와 김원봉은 중국국민당 장개석의 종용에 의해 단일 전선을 이룩하기로 하고 두 사

---

50 김정명, 『조선독립운동朝鮮獨立運動』2, pp.527~557 참조.

51 김정명, 앞의 책, pp.593~609 참조.

람의 공동 명의로 〈동지 동포에게 보내는 공개통신〉을 발표함과 동시에
전국연합진선협회를 결성하기에 이르렀다.(1939.5.)[52] 이어 그 당연한 추
세로 단일당 운동이 다시 논의되었다. 이른바 7당통일회의, 5당통일회의
등이 그것이었다. 그러나 이념적 차이를 초월한 단일 정당 조직 노력은
결국 실패로 돌아가고 말았다.

중일전쟁을 계기로 한 이간은 대동단결운동의 전개 과정에서 조소앙
은 한국독립당이라는 미약하나마 하나의 단일조직을 대표함으로써 자연
스럽게 민족운동의 본류에 다시 합류할 수 있었다. 특히 1932년의 중국
원조금 문제로 충돌한 이후 절연 상태에 있던 김구와 다시 연결됨으로써
그가 중심이 되는 임시정부와 통합한국독립당에서의 활동 기반을 닦았던
것이다.

일단 한국광복운동단체연합회로 연계된 다음부터 김구의 자금지원을
받게 되었던 한국독립당 및 조선혁명당의 한국국민당에의 흡수는 시간
문제였다고 할 수 있었다. 중간에 이른바 장사사건長沙事件[53]과 같은 파
동이 없지 않았으나 끝내 민족진영의 3당이 통합하여 새로이 한국독립당
을 창당하게 되었다.(1940.5.9.) 그 최고 기구인 중앙집행위원회의 위원
장에는 물론 김구가 선출되었으며 조소앙은 부위원장에 선임되었다. 이
에 앞서 이미 그는 임정에도 복귀하여 외무부장 및 선전위원회 주임위원

---

52 김정명, 앞의 책, pp.633~640 참조.

53 3당이 통합을 논의하던 도중 이운환이라는 청년의 총격을 받아 조선혁명당의 현익철이 사
망하고 김구, 이청천, 유동열이 중경상을 입은 사건이다. 국사편찬위원회, 『한국독립운동
사』5, p.16 참조.

으로 활약하고 있었다.(1939.11.)[54]

이후 1940년대에는 일본이 중국뿐만 아니라 동남아와 태평양에까지 전선을 확대시킴으로써 그 패망이 시간 문제로 인식되고 광복의 전망이 구체적인 현실로 다가오게 되었다. 오랜 전전 끝에 중국국민당을 따라 중경에 자리 잡은 우리 독립운동계도 점차 그 구심점이 명확해져 갔다. 특히 이때는 그동안 오래도록 제대로 기능을 발휘할 수 없었던 임정이 중국국민당의 정책적인 중점 지원에 힘입어 독립운동의 중심기관으로 확고히 자리 잡았다.[55]

이에 따라 당시 양대 세력을 이루던 김구의 통합한국독립당과 김원봉의 조선민족혁명당이 경쟁 관계를 지속하면서도 임정을 중심으로 일정하게 제휴되었고, 여기에 군소정당이긴 하지만 각기 공산주의와 무정부주의를 표방하는 조선민족해방동맹과 조선무정부주의자연맹도 참여하여 일단 연합전선이 형성되었다.

이 시기 조소앙은 임시정부에서는 해방 이후까지도 외무부장으로 재임하였으며, 그 제1당인 한국독립당에서는 중앙집행위원회의 부위원장 혹은 위원장을 역임하였다. 그는 주로 이론과 선전 외교를 담당하였는데 이 분야에서는 거의 절대적인 역할을 수행하였다고 할 수 있다. 그러나 그는 임정과 한국독립당의 중심인물인 김구와 완전히 융합할 수 없어 내내 일정한 거리를 극복하지 못하였다. 그러면서도 끝내 그의 영향권을 벗

---

54 『문집』하, p.503.
55 호춘혜,『중국 안의 한국독립운동』,pp.90~101.

어나지 못한 채 당내에서는 비주류를 대표하는 데 불과하였다.[56] 정부수립 이후 1948년 말에는 남한 단독정부의 인정 문제를 놓고 마침내 김구와 결별하여 군소정당인 사회당을 창당하였다가 6·25의 발발로 납북되는 비극을 당하였다.

3. 삼균주의 정립과 명명

1) 한국독립당 강령과 안창호의 반일민주론

앞에서 지적하였듯이 삼균주의 이론의 중심 내용이 정립되어 일단 문자로 공식 표현되기에 이른 것은 1929년 3월 1일의 한국독립당 강의와 당강을 통해서라고 할 수 있다.[57] 한국독립당은 이미 1928년 3월 25일에 조직되긴 하였지만 아직 그 이론적 기초를 갖추지 못하였다가 이 때 3·1운동 10주년 기념식을 계기로 비로소 당의와 당강을 채택한 것이다.

우선 당의의 내용을 보면 다음과 같다.

당의

(1) 우리는 5천년 독립자주하여 오던 국가를 이족異族 일본에게 빼앗

---

56 추헌수, 앞의 책, p.70 참조.

57 주20 참조.

기고
(2) 지금 정치의 유린과 경제의 파멸과 문화의 말살 아래서 사멸에 직면하여
(3) 민족적으로 자존을 득하기 불능하고 세계적으로 공영을 도하기 未有한지라,
(4) 이에 본당은 혁명으로써
(5) 원수 일본의 모든 침탈 세력을 박멸하여
(6) 국토와 주권을 완전 광복하고,
(7) 정치·경제·교육의 균등을 기초로 한 신민주국을 건설하여서,
(8) 내로는 국민 각개의 균등생활을 확보하며 외로는 족여족 국여국의 평등을 실현하고
(9) 나아가 세계일가의 진로로 향함.[58]

위의 당의 전문은 이후의 재건한독당(1935) 및 통합한독당(1940)에도 그대로 변동 없이 계승된다. 결국 삼균주의의 중심 내용은 1920년대 말에 이미 한국독립당의 당의로 채택되어 민족진영 전체의 합의된 이념으

58 1929년 당시의 당의와 당강은 1940년 한국독립당이 출범하면서 조소앙에 의해 씌여진 것으로 보이는 한국독립당 창립경과 속에 한문으로 번역되어 전해진다. 원래는 위에서 처럼 우리말로 되었던 것임이 분명하다. 이를 조소앙이 한국독립당의 당의 해석 등에서 원문으로 제시하고 있는 것에 따라 그대로 옮긴 것이다. 앞의 문단 숫자는 원래 없는 것이지만 역시 후일 조소앙이 분류한 바에 따라 설명의 편의상 붙인 것이다. 국사편찬위원회, 『한국독립운동사 자료』3, p.396.

로 정립된 것이다.

동시에 이때 7개조의 당강을 채택하였는데 그 내용은 다음과 같다.

당강

(1) 국민의 혁명의식을 환기하고 민족의 총역량을 집중함.

(2) 엄밀한 조직 아래 민중적 반항과 무력적 파괴를 적극 진행함.

(3) 우리의 광복운동에 대해 우호적으로 원조하는 국가 및 민족과는 절실히 연락함.

(4) 보선제를 실시하여 국민의 참정권을 균등하게 하고, 국민의 기본권리를 보장함.

(5) 토지와 대생산기관을 국유로 하여 국민의 생활권을 평등하게 함.

(6) 생활상의 기본지식과 필수기능을 충분히 얻을 수 있도록 공비에 의한 의무교육제를 실시하여 국민의 구학권을 평등하게 함.

(7) 국제평등과 세계공영을 도모함.[59]

이상의 당강은 이후 정당들에 계승되는 과정에서 부분적으로 내용이 변경되기도 하고 당강과 당책으로 분리되어 보강되기도 한다.

이제 당의와 당강의 내용을 좀 더 구체적으로 검토해 보기로 하자. 먼저 당의에서는 (1), (2), (3)을 통해 우선 독립운동의 역사적 및 현실적 당

---

59 주 58과 같음. 다만 이대의 당강은 그 후 조금씩 변화되어 조소앙 자신에 의한 당시대로의 원문이 없음으로 최대한 직역하여 옮긴 것이다.

위성을 피력하고, (4), (5), (6)에서는 독립 이후 국가건설의 구체적 방안을 제시하였으며, (7)에서는 한국독립당의 이상에 입각한 대외정책 방향을 밝혔다.

다시 이를 종합하여 핵심적인 내용을 추출해 보면 그것은 크게 세 가지임을 알 수 있다.

첫째는 독립운동방법론으로서 민중적 반항과 무력적 파괴라는 혁명론을 정립한 점, 둘째는 독립국가건설론으로서 정치, 경제, 교육의 완전평등 실현이라는 평등론을 강조한 점,

셋째는 독립운동 과정에서의 국제적 연대를 전제로 완전평등의 국제질서 실현을 희망한 점이다.

어쨌든 일단 1929년 3월 1일 한국독립당에 의해 채택된 당의와 당강은 삼균주의 이론 체계의 원형으로서 당시 민족진영 인사들의 합의를 바탕으로 조소앙이 직접 기초한 것이었다.

그런데 이 같은 한국독립당의 강령은 안창호에 의해 만들어졌으며 그 기본정신은 반일反日과 민주民主였다는 지적이 있다. 그리고 나아가 그것이 이후의 모든 한인 정당들에도 계승되고 있었다는 것이다.[60] 이 같은 지적에는 별도의 상세한 근거 제시가 없기는 하지만 당시 독립운동계 전반의 상황을 고려해 볼 때 삼균주의 정립과 전개의 배경을 보다 설득력

---

60 추헌수, 앞의 책, p.69.

"但此綱領係由已故之安昌浩所手創 基本精神卽在反日與民主 現在韓國各民族主義團體所有之鬪爭綱領多半承其衣鉢."

있게 전해 주는 것으로 생각된다.

주지하듯이 도산 안창호는 3·1운동 이후 분립하였던 노령, 상해, 한성의 세 임시정부를 단일정부로 통합하던 과정의 주역이었으며 국민대표회의 개최에도 결정적인 영향을 미친 바 있었다. 이어서 1920년대 후반에는 앞에서 본 것처럼 좌우합작의 대독립당운동을 촉발시킨 중심인물이었으며, 이 같은 논의가 결렬될 것으로 예상되면서부터는 연합전선의 형성을 전제로 하여 한국독립당을 비롯한 민족주의진영의 결속에 힘썼고, 만주사변 이후에는 본격적인 대일투쟁을 전개하기 위해 대일전선통일동맹의 결성을 추진하다가 일제에게 체포되었던 것이다. 그는 당시 주로 임정을 유지해 왔던 이동령과 더불어 민족진영의 두 지도적인 인물이었는데 미주와 국내에도 기반이 있는 흥사단을 직계 세력으로 거느리고 있었다. 이로써 어느 정도의 재정적인 뒷받침을 받을 수 있었던 그는 우선 활동영역이 넓었고 동시에 이론 면에서도 탁월하였다. 따라서 많은 경우 연령적으로 10여 세가 위인 이동령에게 형식적인 예우를 소홀히 하지 않았지만 민족진영 전체를 이끌어 가는 실질적인 주도권은 그가 갖고 있었던 것이다. 당의 당강을 채택하던 당시의 한국독립당 역시 이론과 활동의 양면에서 그가 주도하였다고 보아진다. 이때 조소앙은 그의 영향 아래 당의 당강을 직접 기초하는 등 이론정립과 기관지 발행 등의 선전 부문을 맡은 중견간부로 활동하였던 것이다.[61]

이 같은 1920년대 말 독립운동계의 객관적인 정황을 전제하면서 이제

---

61 주26 참조.

모든 한인 정당들의 기본정신이 되었다고 말해지는 안창호의 반일민주론에 대해 검토해 보기로 하자.

한국독립당은 원래 좌우를 망라한 유일독립당을 목표로 하였다가 이것이 실패로 돌아가면서 부득이 민족진영의 인사들만으로 결성된 것이었다. 따라서 한국독립당의 이론적 배경도 유일당운동과의 관계에서부터 찾아져야할 것이다.

앞서 지적하였듯이 1926년 7월 안창호는 대독립당 조직을 주장하면서 민족독립이라는 목표와 혁명의 방법론을 제시한 대신 독립국가 수립 이후의 정체政體와 주의主義에 대해서는 일단 보류하자고 한 바 있었다.[62] 즉 그는 일제로부터의 독립투쟁을 위한 좌우합작의 최소한의 기반을 마련하려고 했다고 볼 수 있다. 민족독립이라는 일차 목표와 그 방법론으로서 타협적인 자치론이나 비폭력적인 실력양성론을 배격하고 대신 민중적 반항운동과 무장투쟁이라는 무력적 힘에 의한 혁명론을 제시하여 좌우 쌍방의 공통 분모를 추출하려 한 것이다.

안창호는 이처럼 유일당운동의 제창 시점에서 혁명론으로 집약되는 반일이라는 공감대를 부각시키는 대신 좌우의 의견이 대립하게 되는 독립 이후의 국가건설 방향에 대해서는 장차의 문제로 유보하자는 입장을 취하였다. 그렇다고 하여 이때 그가 이 문제에 관한 아무런 견해도 갖고 있지 않았다고는 할 수 없을 것이다.

이미 그는 나름대로의 일정한 구상을 갖고 있었다고 보아야 할 것이다.

---

62 주9 참조.

그러다가 끝내 1928년에 접어들면서 좌우합작의 결렬이 불가피한 것으로 판단되자 민족주의의 입장에서 명확히 그 원칙을 표명하게 되었으며, 그것이 곧 민주라는 말로 집약될 수 있었던 것이라 하겠다.[63]

그러나 이때 민주라는 표현 속에 담긴 구체적인 내용에 대해서는 보다 깊은 검토가 필요하다고 생각된다. 그것은 한국독립당 창당 이후의 그의 행적에도 비추어 생각되어야 하리라 본다. 그가 일단 민족진영만의 정당 활동을 결심했다고 하여 좌우합작을 완전히 포기한 것은 아니라는 점을 주목해야 하겠다. 그는 경험에 비추어 서로 이념이 다른 세력들을 묶어 하나의 단일조직체로 만드는 것은 어려운 일이지만 각기 별도의 조직을 인정하면서 공통의 목표를 위해 잠정적으로 협력하는 것은 가능하다고 보았던 것이다. 즉 이제 유일당 조직이 아니라 연합전선의 방식을 통한 좌우합작을 모색한 것이라 할 수 있다. 먼저 주의 주장을 같이하는 사람들로 자체 조직을 정비하게 한 다음 이를 바탕으로 민족독립을 위한 반일운동에 공동 협력하는 방안을 구상한 것이다. 그것이 광주학생운동 이후 다시 주장된 독립운동을 위한 최고기관창설론의 내용이라 할 수 있다. 그리고 만주사변 이후 추진하던 대일전선통일동맹은 그 구체적인 실천이라 할 것이다.[64]

---

63 안창호가 1927년경부터 공개 석상에서 대공주의라는 말을 쓰기 시작하였다는 것은 이를 말하는 것이라 하겠다. 주요한은 이를 현대 민주사회의 도의적, 정치적, 경제적 규범을 말하는 것으로 해석하였다. 주요한, 『안도산전서』, 삼중당, ,1971, p.404.

64 주38 참조.

1930년 1월 상해 지역의 민족진영을 총 결속하여 조직한 한국국민당 곧 통칭 한국독립당은 하나의 단위 조직으로서 장차 민족진영 전체를 묶을 대독립당의 기초가 되어야할 뿐만 아니라, 나아가 다른 사상과 이념을 가진 조직들과도 연합한 전체 독립운동 지도기관의 중심체가 될 것을 목표로 했던 것이라 하겠다. 이를 위해서는 한국독립당의 강령은 민족진영의 최소한의 기본적인 요구라 할 민족국가라는 큰 틀 내에서라면 좌익 측의 주장까지도 최대한 수용할 수 있는 것이어야 했다고 볼 수 있다. 이것이 결국 민주라는 용어로 표현되면서도 앞서의 당의 당강에서 보듯 평등이 훨씬 강조되어야 했던 이유라 하겠다.

민주가 본래는 자유와 평등을 동시에 포함한 개념이었으면서도 역사적으로는 흔히 그것이 주로 시민계급의 정치적인 자유를 의미하는 데 그쳤기 때문에 이때 신국가 혹은 신민주국 건설이라는 전제 위에서 전체 민족 성원을 대상으로 한 경제적 사회적인 평등까지도 강조하였던 것이다.[65]

안창호가 말한 민주가 한국독립당 강령의 독립국가 이념 부분이 되었을 것이라는 근거에는 이 같은 정황적 추론 외에 보다 직접적인 주장도 있다. 1927~8년경부터 안창호가 주장한 바 있는 대공주의는 민주주의

---

[65] 물론 이 시기 민족진영에서의 평등의 강조가 반드시 좌익과의 관계 속에서만 나온 것이라 할 수는 없다. 3·1운동 직후 안창호는 상해 임정의 내무총장 취임연설(1919.6.28.)에서 우리의 세 가지 권능으로, (1) 주권회복, (2) 모범적 공화국 건설, (3) 세계평화 달성을 말했으며, 여운형 등은 신한청년당의 당강으로 (1) 대한독립, (2) 사회개조, (3) 세계대동을 표방하였다. 이는 모두 1920년대 말 한국독립당 강령의 기본 구조가 이미 표방되고 있었음을 말하는데 특히 모범적 공화국 건설과 사회개조의 중심이 점차 평등으로 옮겨질 소지를 내포하고 있었다고 하겠다.

를 구현하기 위한 정치평등과 경제평등, 교육평등을 그 강령으로 했다는 지적이 그것이다. 이어 안창호의 삼평등사상이 곧 한국독립당의 강령이 되었고 후일 조소앙이 이를 발전시켜 삼평균주의로 정립되어 갔다고 말해지고 있기도 하다.[66] 이런 전언은 조소앙 스스로의 글을 통해서도 확인되고 있다. 즉, 그는 1938년 안창호가 타계하자 그가 한국독립당의 당의와 당강을 수립한 공적을 함께 거론하면서 한국독립당의 이름으로 그를 추도하고 있는 것이다.[67]

이상의 사실을 종합해 보면 안창호가 말한 민주는 독립 이후의 국가건설 방향으로서 정치적 자유와 동시에 정치, 경제, 교육의 완전한 평등을 말한 것이며 이를 실현할 제도적 장치까지를 포함하고 있었음을 알 수 있다.

결국 안창호에 의해 주장된 반일민주론反日民主論은 독립운동방법론으로서의 혁명론과 국가건설이념으로서의 평등론을 함축한 것으로 1920년대 말 한국독립당의 당의와 당강으로 채택됨으로써 민족진영 전체의 방법론과 이념이 된 것이다. 다만 이때 한국독립당의 당의와 당강이 직접적으로는 조소앙의 손을 빌어 기초되었음은 앞에서 말한 바와 같다.

---

66 구익균, 「상해에서의 도산」, 『기러기』, 흥사단, 1980.11, pp.21~24.

67 『문집』하, pp.148~149.
　　"獨立大業 非黨不彰 百日風雪 夙夜靡遑 樹我黨義 立我黨綱 基本確立 旗幟堂堂 自公入獄 黨失倚扶 離合隨 勢 是非成章 人散力竭 統一渺茫"

2) 조소앙의 한국독립당강령의 삼균주의 명명

안창호의 반일민주 원칙에 입각하여 조소앙이 기초한 한국독립당의 강령은 이후 주로 안창호와 조소앙에 의해 선전되기 시작했으며, 1936년에는 조소앙에 의해 삼균주의三均主義로 명명된다.

초기의 삼균주의 이론, 곧 한국독립당 강령의 내용을 담은 대표적인 문헌은 한국독립당지근상韓國獨立黨之近像(1931.1.)과 대한민국임시정부선언(1931.4.)이라 할 수 있는데 둘 다 조소앙이 기초한 것이었다. 이 두 글은 모두 한국독립당의 존재와 그 기본 이념을 대외적으로, 특히 중국 측에 정확히 알리기 위해 쓰여 졌다. 그럴 필요성은 1931년 1월에 한국국민당, 즉 한국독립당이 공식적으로 창당되었을 뿐만 아니라, 1930년 6월 이후의 최대 당면 과제로 대두되었던 간도 공산당폭동사건의 결과 한인 전체가 용공적인 것처럼 오해되고 있는데 있었다. 이 점을 해명하고 더 나아가서는 한인 독립운동의 진의를 알려 그들의 적극적인 협조를 구하기 위한 필요에서 나왔다. 여기서는 자연히 한인독립운동의 기본 이념과 방법이 설명되어야 했던 것이다.

먼저 한국독립당지근상에서는 한국독립당이 대일투쟁 방법으로서 특히 민중적 반일운동과 무력적 파괴의 두 가지에 의존하며 일체의 비혁명적 수단은 채택하지 않는다는 점을 말하고 있다. 동시에 한국독립당이 장차 건설할 국가의 정체와 국체는 민주입헌의 공화국으로, 공산당이 주장하는 소비에트가 아니라 자체 주권을 확실히 하는 민족국가 건설이 목표임을 밝히고 있다. 그 같은 민족국가 속에서 한국독립당이 내걸고 있는

주의에 따라 보선제를 통한 정치균등화와 국유제를 통한 경제균등화 그
리고 국비의무학제를 통한 교육균등화가 추구될 것임을 알리고 있는 것
이다.[68]

이어 임정 국무위원 전체의 이름으로 작성된 대한민국임시정부선언은
이해 5월 남경에서 열린 중국국민당의 국민회의에 안창호가 대표사절로
참석하여 제출한 것이었다.[69] 여기서는 우선 한국독립당이 한국민 전체
의 합의에 기반한 정당이며 임시정부는 한국독립당의 중앙기관임을 밝혀
이 글에서의 주장이 한국민 전체의 의사를 대변함을 시사하고 있다. 그리
하여 여기서는 한국민의 요구가, 첫째로는 민주독립국가를 확립하는 것
이며, 둘째로는 균등제도를 실현하는 것이라고 하였다. 다시 전자는 독립
운동 과정의 목표이고 후자는 국가건설 시기의 목표로서 이를 합친 한국
인 전체의 공동 요구는 '균등제도의 민주적 독립국가 실현'이라고 말하
였다.

그런데 특히 경제적 균등 실현을 위한 국유제와 같은 것은 공산주의사
상과 관련되는 것으로 오해될 소지가 있었다. 조소앙은 이를 식민지 상황
에서 일본인과 대비시켜 볼 때 피지배계급으로 전락한 한국민 전체의 민
족적 계급의식에서 나온 요구라는 논리로 설명하고 있다.[70] 이에 앞서 그
는 한국지현상급기혁명추세 韓國之現狀及其革命趨勢(1930.4)라는 장문

---

68 『문집』상, pp.105~109. 이 글은 아마도 이후 한국독립당의 한문(漢文) 기관지로 창간되었
    던 한보특간(韓報特刊)을 통해 발표되었을 것이라 생각된다.

69 주28 참조.

70 국사편찬위원회, 『한국독립운동사자료』3, pp.39~82.

의 글을 통해 한국독립당이 내건 정치, 경제, 교육의 평등이념의 민족사적 근거를 밝힌 바 있었다.[71] 이는 결국 한국독립당의 평등 이념이 공산주의사상의 단순한 수용이 아니라 한국 민족 자체의 역사적 모순과 일제의 식민통치라는 현실적 모순에서 도출된 것임을 말하고자 하는 것이었다. 이처럼 1931년에는 한국독립당의 강령이 문자의 형태로도 대외적으로 공개되고 선전되기 시작했다.

그러나 곧이어 만주사변과 윤봉길의거가 발생하면서 중국의 한인 독립운동계는 큰 격랑 속으로 휘말려 들어갔다. 우선 그동안 한인 활동의 근거지였던 만주 지역과 상해의 프랑스 조계가 이제 일제의 직접적인 위협 아래 들어감으로써 만주의 지도급 인사들과 상해의 임시정부 및 한국독립당의 주요 인물들이 제각기 안전지대로 피난하지 않을 수 없게 되었다. 여기에 지금까지 이론과 실천 활동의 양면에서 민족독립운동을 실질적으로 이끌어 왔던 안창호가 일제에게 체포됨으로써 그 사후 수습이 더욱 어려웠다.

크게 보면 일제의 만주 침략과 상해 침공 등 제국주의의 확대 과정에서 초래된 이 같은 혼돈 상태는 1935년 후반 일단 민족혁명당과 한국국민당으로 정비될 때까지 지속되었다고 할 수 있다. 이 동안에는 만주 지역에서 중국인과 합작으로 일부 항일 무장 활동이 전개되고 김원봉과 김구가 각기 중국 측의 협조와 자금지원으로 청년들을 교육시킨 이외에는 임시정부와 대일전선통일동맹을 중심으로 독립운동계를 재정비하는 데 주로

---

71 『문집』상, pp. 39~82.

노력한 기간이었다고 하겠다. 이에 따라 앞서 수년간 안창호와 조소앙을 중심으로 활발히 모색되던 독립운동의 방법론과 이념 정립 문제도 일단 은 중단된 셈이었다.

안창호가 국내로 압송된 이후 이 과제를 주로 맡게 된 사람은 조소앙이었다고 할 수 있다. 그러나 그는 앞서 말한 중국 측의 원조금 횡령 문제와 안창호 비방 혐의로 한때 정치적 위신이 크게 손상된 바 있었다.[72] 그가 일단 안창호 비방의 혐의를 벗음으로써 흥사단계가 주도하던 한국독립당과 역시 이제 흥사단계가 주도하게 된 임시정부 활동에 다시 참여하게 된 것은 각각 1933년 초와 말이었다.[73] 그리하여 그가 그의 특장인 이론 부면에서 본격적으로 활동을 재개하게 된 것은 1934년에 들어가서였다. 그는 이때 독립운동계의 구심점을 이루고 있던 대일전선통일동맹의 추이를 지켜보면서 주로 연합전선 방식의 조직 이론을 전개하였다.[74] 그리고 의열단 등 일부에서 거론하고 있던 단일당 조직이 성공하기 위해서는 공통의 주의 정립이 전제되어야 함을 논함으로써 실질적으로는 그것이 현재불가능함을 시사하였다.

그런데 조소앙은 본래 연합 조직의 성격을 갖고 있었고 임정의 존속을 문제 삼지 않았던 대일전선통일동맹이 끝내 완전한 대동단결체의 결성을 표방하면서 기존 단위 조직의 해체를 전제한 신당 창설을 결의하였을 때,

---

72 주39, 44 참조.

73 주46, 47 참조.

74 주48 참조.

한국독립당의 홍사단계 주류 측 반대를 무릅쓰고 그 대표의 일인으로 참가하였다. 그 정확한 이유는 알 수 없지만 적극적 참여를 통해 그 자신의 정치적 재기와 도약을 꾀했던 것이 아닌가 추측된다.

그러나 결과는 전혀 그렇지 못하였다. 민족혁명당의 주도권이 김원봉의 의열단 계에 완전히 장악되자 곧 이를 탈당하여 이미 해체되어 버린 한국독립당의 재건을 선언하였던 것이다. 그러나 그는 이 과정에서 신당의 3인 규칙제정위원으로 선임되어 민족혁명당의 당의 당강 정책을 결정하는 데 영향력을 미쳤다. 그 내용이 대체로 이전의 한국독립당과 거의 유사하였던 것[75]은 이미 당의 실권을 장악한 의열단계가 형식적인 강령 면에서 양보한 측면도 있겠지만[76] 김원봉 외에 김규식과 조소앙으로 이루어진 규칙제정위원의 구성 면에서도 일단 이해되는 것이라 하겠다. 실질적인 작성은 조소앙이 담당하였을 것이기 때문이다.

한편 민족혁명당에 대항하여 김구가 중심이 된 기호파와 안창호 직계의 홍사단계가 합작함으로써 성립된 한국국민당은 그 구성면으로 보아

---

75 민족혁명당의 당의는 아래와 같다.
"본당은 혁명적 수단으로서 구적仇敵 일본의 침탈 세력을 박멸하고 5천년 독립자주해온 국토와 주권을 회복하고 정치·경제·교육의 평등에 기초를 둔 진정한 민주공화국을 건설하고 국민 전체의 생활평등을 확보하며 나아가 세계 인류의 평등과 행복을 촉진한다." 17개 조로 세분화된 당강 역시 한국독립당의 당강 내용에 대부분 포함된다. 김정명, 앞의 책, pp.540~541.

76 규약과 강령의 초안을 검토하는 과정에서 민족진영의 단체들과 의열단 사이에는 심한 의견 충돌이 있었는데 김두봉, 윤기섭, 신익희 등의 노력으로 간신히 타협될 수 있었다. 김정명, 앞의 책, p.539.

이전의 한국독립당, 즉 한국국민당이 부활한 것과 다를 바 없었다. 따라서 그 당의와 당강은 한국독립당의 그것과 전혀 같은데 다만 당강에 있어서 두 가지 항목이 추가되어 있다. 즉, 제8항으로 독립운동에 대한 사이비 불순적 이론과 행동을 배격할 것과, 제9항으로 임시정부를 옹호 발전시킬 것이라는 내용이 추가되어 있는 것이다.[77] 이는 물론 임정의 해체를 주장하면서 강력한 세력으로 대두해 있는 의열단 중심의 민족혁명당을 겨냥한 때문임은 두말할 필요도 없다.

한국독립당 재건선언을 통해 순수민족주의의 수호와 유지라는 명분을 내걸고[78] 민족혁명당을 탈당한 조소앙은 1937년 8월 민족진영의 광복전선 결성 때까지는 독립운동계의 중심권에서 완전히 소외된 채 오로지 한국독립당 강령의 이론 체계를 심화하는 데 노력한 듯싶다. 그런데 이때 주목되는 점은 그가 이제 삼균주의三均主義라는 용어를 쓰기 시작한 사실이다. 이때까지 그는 한국독립당과 임시정부를 대변하여 그 주의 주장을 내용으로 하는 많은 글을 기초하였지만 삼균주의라는 용어를 쓴 적은 없었다.[79] 다만 독립당의 주의라는 것으로만 표현하였고 좀 더 구체적으로는 민족균등주의 혹은 균등제도로 말하고 있었다.[80]

---

77 김정명, 앞의 책, pp.644~645.

78 『문집』상, p.246.

79 그는 후일의 자전自傳에서 이미 1926년에 『삼균제도三均制度』라는 글을 지었다고 하였지만 지금 전해지지는 않고 있다. 『문집』하, p.157. 또 이에 앞서 1922년에는 김상옥과 함께 인류와 민족과 국가의 세 가지 평등의 뜻人類民族與國家三平之旨에 관해 담론하였다고 했다. 『문집』하, p.493. 이는 모두 해방 이후의 회고와 기술에 의한 것이다. 어쨌든 그가 아직까지 삼균주의라는 용어를 쓰지 않았던 것은 분명하다.

그가 현존하는 기록상으로 삼균주의라는 고유명사를 쓰기 시작한 최초는 1936년 8월 1일 자 한국독립당의 이름으로 기초한 박장군순국30주년기념선언 朴將軍殉國30周年紀念宣言으로 보인다. 한말 일제의 군대해산에 반대하여 자결한 박성환 참령을 추모한 이 글에서 그는 한국독립당이 오랜 역경 속에서 정론을 집중하여 삼균주의를 표방한 지 7년이 지났다고 말하고 삼균주의의 옹호를 외치고 있다.[81] 이어 8월 29일 자의 한망21주년통언 韓亡21周年痛言에서는 한국독립당이 민주공화제의 대한민국을 건립하고 삼균주의를 실행하려 한다는 것을 말하였다.[82] 이 글들이 어떤 방식을 통해 당시에 이미 공개되었는지 아니면 그 자신의 기초에 그쳤는지는 알 수 없지만 그가 삼균주의라는 용어를 비로소 지어 쓰기 시작한 것은 주목할 사실이라 할 수 있다. 그것은 이 시기 집중적인 이론적 천착을 통해 한국독립당의 강령을 보다 집약적으로 표현할 수 있게 된 것이라고도 하겠지만, 한편으로 안창호가 국내로 압송된 지 상당한 시간이 흐른 것과도 관련이 있는 듯하다.

어쨌든 1929년 안창호의 반일민주 원칙에 입각하여 민족진영의 공통된 이념과 방법론으로 정착되었던 한국독립당의 강령은, 1936년에 이르러 조소앙에 의해 삼균주의로 명명되기에 이르렀다. 그리고 그가 중일전쟁의 발발을 계기로 김구의 세력권에 들어가 독립운동계의 중심에 다시

---

80 주70 참조.
81 『문집』상, pp.246~248.
82 『문집』상, pp.249~253.

연결됨으로써 이제 삼균주의라는 이름으로 통합된 한국독립당 및 임시정부의 이념과 방법론이 되어 확고히 자리 잡은 것이다.

이후 1940년대에 들어와서는 일제의 패망과 국권광복을 구체적 현실로 전망하면서 삼균주의에 입각한 독립운동과 건국의 설계는 한층 정밀해진다. 동시에 삼균주의는 철학적 그리고 민족사적으로 그 이론적 근거가 보강되어 갔는데 이는 자연히 임정과 한국독립당에서 최대의 이론가였던 조소앙이 주로 담당하여 이루어지고 있었다.

4. 맺음말

조소앙은 대단히 정치지향적인 인물이었다. 국토와 주권을 완전히 빼앗긴 망명 인사의 처지에서도 정부와 정당 활동에 대한 관심이 매우 컸다. 그러나 그의 전 생애를 놓고 볼 때 정치지도자로서 크게 성공한 인물로 보기는 어렵다. 탁월한 학식과 문장력을 바탕으로 외교와 선전 등에 뛰어난 능력을 갖고 있으면서도 결코 권력의 핵심적인 위치에는 서보지 못했던 것이다. 그는 오히려 식민지 시대 후반 민족운동의 이론가로서 뛰어난 업적을 남긴 인물이라 할 수 있을 듯하다. 삼균주의의 정립 과정과 그 발전에 큰 공헌을 하였기 때문이다.

그러나 흔히 알려지고 있듯이 삼균주의가 그의 개인적인 창안에 의해 먼저 정립되고 이후 독립운동계에 수용되었던 것은 아니다. 그가 후일의 삼균주의와 관련시킬 수 있는 여러 사상적 배경을 갖고 있었고 또 일찍부터 삼균주의를 연상하게 하는 사상적 편린들을 보여주기도 하였지만 그 것은 어디까지나 아직 그의 개인적 차원의 일이었다.

우리가 역사적인 관점에서 의미를 부여할 수 있는 삼균주의의 이론 체계는 1929년의 한국독립당 강령을 통해서 나타난 것이었고 그것은 당시 민족운동의 최고지도자였던 안창호의 반일민주 정신이 직접적으로 반영된 것이었다. 이때 조소앙은 안창호를 이론 면에서도 한국독립당의 지도자로 인정하면서 혁명론과 평등론을 핵심으로 하는 안창호의 독립운동방법론과 독립국가 건설이념에 공감하고 이에 입각해 당의와 당강으로 이루어진 강령을 직접 기초하는 역할을 수행하였다. 즉, 1920년대 말의 시점에서 안창호의 반일민주 정신은 조소앙의 손을 빌어 한국독립당의 강령으로 문장화되었는데 이는 안창호의 독립운동계 내에서의 지위와 권위를 바탕으로 이미 전체 민족진영 인사들에게 공통적으로 수용되었던 것이라 할 수 있다.

이어 한국독립당의 강령은 격동하는 정세 속에서 1930년 한국독립당 (한국국민당)이 공식 출범하면서부터 중국국민당을 비롯해 외부에 적극 선전되기 시작했는데 이때에도 역시 탁월한 문장력을 가졌던 조소앙은 안창호를 보좌하여 그 직접 담당자로 활약하였다.

1932년 안창호가 일제 군경에 체포되어 국내로 압송된 이후에도 한국독립당의 강령은 1935년에 창당된 민족혁명당과 한국국민당 등 대체로 모든 한국인 정당들에 계승되고 있었다. 그런 가운데 조소앙은 몇 차례의 거듭된 정치적 판단 착오로 그가 1930년대 후반의 양대 정당인 민족혁명당과 한국국민당의 어느 쪽에도 속하지 못하고 소외된 가운데 단지 군소정당으로 전락한 한국독립당을 지키고 있었는데, 이같이 극히 불우하였던 상황에서 불가피하게 주로 이론적인 면에 노력을 집중하여 마침내 1936년에는 한국독립당의 강령을 삼균주의라고 명명하기에 이르렀다.

이렇게 하여 1920년대 말에 안창호가 구상하고 그의 권위에 입각하여 민족진영의 공통된 독립운동방법론과 국가건설이념으로 정립되고 수용되었던 한국독립당의 강령은, 1930년대 말 이후 조소앙이 김구 주도하의 임시정부와 통합된 한국독립당에 다시 가담하게 되자 그 내용이 보다 정밀하게 구체화되면서 이제는 삼균주의라는 이름으로 독립운동계 전체에 자리 잡게 되었던 것이다.

II. 도산 안창호의
대공주의 大公主義에 대한 일고찰

1. 대공주의에 대한 기존의 이해 검토

한말·일제하의 독립운동가들 가운데 도산 안창호(1878~1938)의 생애와 활동은 비교적 잘 알려져 있는 편에 속한다.[1] 그러나 그의 생애를 좀 더 자세히 살펴보면 특히 그가 중국에서 활동했던 시기(1919~1924, 1926~1932) 가운데 그 후반부에 해당하는 1920년대 후반과 1930년대 초의 사실들이 극히 소략하여 대부분 공백으로 남아 있음을 보게 된다. 이는 물론 그에 관해 상세한 전기를 쓴 바가 있는 주요한이 이미 지적하고 있듯이 자료가 충분하지 못한 데 기인한다.

---

[1] 안창호의 생애를 다룬 전기물은 여러 종류가 있는데, 특히 도산안창호선생 기념사업회의 의뢰로 이광수가 쓴 『도산 안창호』, 1947와 주요한의 『안도산전서』, 1963, 1971년 수정증보가 많이 이용되고 있다.

그리하여 이 시기 안창호가 제창했다는 대공주의 역시 그 주창 사실만이 간신히 전해지고 있을 뿐 구체적인 내용은 알려지지 못하고 있는 실정이다. 그런데 이는 비단 안창호 개인의 전기적 측면의 아쉬움에 그치는 문제만은 아니라고 생각된다. 식민지 시대 한국독립운동의 이론적 발전과정을 체계적으로 이해하기 위해서는 반드시 해명되어야 할 사실들 중의 하나로 여겨지기 때문이다.

돌이켜 보면, 3·1운동을 계기로 크게 고양되었던 우리 독립운동은 곧 내부적으로 이념과 방법론상의 분열 대립을 극복해내야 하는 과제를 안게 되었다. 우선 독립운동의 방법론에 있어서는 독립전쟁론을 비롯하여 외교론, 실력양성론, 민중운동론 등 다양한 주장이 제기되고 있었다. 여기에 독립 이후 건설할 사회 체제를 두고서 각기 자본주의와 사회주의를 지향하는 이념적 분화마저 더해졌던 것이다. 이러한 방법론상의 대립과 이념적 분열은 항일독립운동의 효율적인 전개를 저해하는 것은 물론이고 무엇보다도 먼저 독립운동 과정에서부터 민족의 분열 가능성을 내포하게 된다는 문제점을 안고 있었다. 따라서 이의 해결을 위한 노력, 즉 독립운동 세력의 단합을 위한 대동단결운동 혹은 통일운동이 지속적으로 주장되었고, 이를 뒷받침할 이론의 모색 또한 필수적으로 요청되었다.

여기서 관심을 기울이고자 하는 도산 안창호는 이 시기 중국에서 활동하고 있던 독립운동가들 가운데 석오 이동령石吾 李東寧과 더불어 각기 서북파(흥사단계)와 기호파(임정계)를 거느린 양대 지도자였는데, 특히 안창호는 당시의 복잡한 사상적 조류 속에서 이를 우리의 민족독립운동과 관련시켜 조정해 나갈 수 있었던 가장 유력한 인물이었다. 따라서 1920년대 후반 그가 주창하였던 대공주의는 직접적으로는 식민지 시대 후반 중국에서의 한국 독립운동의 방향을 제시한 이론 가운데 하나로 볼 수 있으며, 더 넓게는 사회주의 수용 이후의 한국민족주의의 사상적 대응과 성격 변화를 엿볼 수 있게 하는 이론 체계의 하나였다고 생각된다.

안창호가 대공주의라는 용어를 처음 쓰기 시작한 것은 1927년부터로 말해지고 있다. 그러나 대공주의의 내용에 관해 그 자신이 직접 설명한 말이나 글은 거의 전해지고 있지 않다. 따라서 현재로서는 주로 당시 독립운동계의 전반적 상황과 그의 행적 등에 비추어 간접적으로 추론해 보는 길밖에 없는 셈이다.

이를 위해서는 먼저 대공주의에 대한 기존의 설명들을 검토함으로써 몇 가지 기초적인 사실들에 대한 이해를 가져 둘 필요가 있을 듯하다. 해방 후 간행된 『도산 안창호』에서는 대공주의에 대해 다음과 같이 기술하고 있다.

"대공주의란 말을 도산이 처음으로 사용한 시기는 1927년이었다고 생각된다. 이 말은 도산의 독창이니 그가 세계개조사상의 풍조를 깊이 고찰하고 이를 소화하여 스스로 도달한 이상의 총칭을 이렇게 명명한 것이다.

대공주의의 정신적·윤리적 의의는 "일 개인은 민족에 봉사함으로써 그의 천직을 다 한다."라는 그의 국가제일, 민족지상의 인생관을 총괄한 것이다. 여기서 대공은 곧 전 민족의 복지, 공공의 이익, 국가의 요청을 표시하고 그에 대하여 개체, 소아, 사익을 희생할 것을 요구하니 이는 공리주의, 자유주의, 개인주의에 대한 비판을 의미하는 것이다.

경세적으로 본 대공주의는 이상사회 건설의 설계도니 도산은 침략주의
에 대한 민족해방사상, 정치적 민주주의사상, 경제적 착취에 반항하는 사회
혁명사상, 링컨의 민유民有·민치民治·민향民享, 손문의 민족·민권·민생,
내지 종족 상호부조에 근거한 자유연합사회사상 등을 종합하여 그 모든 장
처를 취하고 단점을 거去한 조화적 건설이념을 세우려 한 것이다. 그리하여
선생은 당면의 정책으로 민족평등·정치평등·경제평등·교육평등의 네 가
지 평등을 주장하였다.[2]

또 주요한도 그의 『안도산전서』에서, "도산이 50평생에 생각하여 온 인
생관과 정치철학을 정리 종합한 것을 대공주의라는 이름으로 표현한 것
이다."라고 전제하고, 이어 그때가 민족주의·사회주의·공산주의·무정
부주의·삼민주의 등 주의의 유행 시대였음을 상기시키면서 "도산은 한
국민족운동의 공통적 표어를 마련할 목적으로 대공주의라는 용어를 창작
했다."라고 하였다. 그는 또 안창호가 진정한 의미에서 민주주의적인 정

---

2 도산안창호선생기념사업회, 『도산 안창호』, 1947, pp.5~6. 이 책은 해방 직후 도산안창호
선생기념사업회가 편찬한 국내 최초의 안창호 전기라 할 수 있다. 서언緖言과 본편으로 이
루어져 있는데, 본편은 앞에서 말한대로 이광수가 집필하였으나 짧은 분량의 서언은 그의
글이 아니다. 이 때문에 『도산 안창호』가 이광수 명의의 저서로 판을 거듭하며 보급되는 과
정에서 서언은 제외되었던 것으로 보인다. 그런데 서언은 비록 매우 짧은 글이지만 안창호
의 생애와 사상을 요령 있게 정리해 놓았으며 이광수가 전혀 언급하지 않은 대공주의에 대
해서도 상당히 비중 있게 기술해 놓고 있다. 현재 그 집필자가 누구였는지는 알 수 없는데
당시 기념사업회 위원장은 유동열柳東說이었다. 동 기념사업회 구성에 대해서는 흥사단,
『흥사단운동 70년사』, 1986, pp.250~251 참조.

치가였음을 환기시키면서 "대공주의는 곧 현대 민주사회의 도의적 정치적 경제적 규범을 말하는 것"이라고 나름대로 해석하였다.

한편 안창호가 중국에서 조직한 흥사단 원동위원부 회원의 한 사람으로서 1929년부터 1932년 안창호가 일제 경찰에 체포될 때까지 상해에서 그를 가까이 접하며 민족운동 이론 및 사상 문제에 대해 많은 토론을 가졌다는 구익균具益均은, "도산은 임정을 비롯한 해외 독립운동가들이 민족주의와 사회주의로 분열될 위험을 막기 위해서 독립이라는 공동목적을 위해 화합하도록 힘썼다."라고 말하고, "도산 자신은 어디까지나 민족주의자였으나 사회주의를 잘 이해했었고 또 그 사상 중에서 취할 점도 잘 알고 있어서 도산은 사회주의의 합리성을 활용할 의도에서 대공주의라는 독특한 신어로 표현했다."라고 하고, 그 내용에 대해서는 "민주주의를 구현하기 위한 정치평등·경제평등·교육평등의 3대 평등강령을 그 내용으로 했다."라고 전한다. 또 그는 "도산의 3평등주의三平等主義는 곧 1928년 상해에서 결성된 한국독립당의 강령에 삽입되었고 후에 조소앙趙素昻이 이를 발전시켜 3평균주의三平均主義라고 칭하게 되었다."라고 하였다.[3]

위의 세 가지 기록은 모두 간략하고 단편적이어서 대공주의의 구체적인 내용을 이해하기에는 미흡하다. 그러나 소략한 대로 위의 전언들은 다음 몇 가지 사실들을 말해주고 있다.

---

[3] 이 인용은 구익균이 흥사단의 월간 기관지인 『기러기』에 쓴 다음 세 편의 글을 종합해 정리한 것이다. 「도산선생의 대공주의사상」, 1980.6, 「상해에서 해방을 맞으며」7·8), 1980, 「상해에서의 도산」, 1989.11.

첫째, 대공주의는 안창호의 50세 무렵 만년의 인생론과 경세론이 종합되어 있는 사상 체계였다는 점이다.

둘째, 그 가운데 경세론 혹은 정치사상으로서의 대공주의는 1920년대 중·후반 독립운동자들 간의 이념적 분열을 극복하기 위한 민족주의 지도자 안창호의 노력과 직결되어 있는데, 구체적으로는 당시 급속히 세력이 커진 사회주의자들과의 제휴 내지는 이들을 적극적으로 포용해 내려는 의도에서 정립되고 주장되었다는 사실이다.

셋째, 그리하여 대공주의는 민족주의자들이 추구하던 궁극적 목표인 '민족독립국가의 건설'이라는 틀 속에서 사회주의의 최대 주장인 평등 가치를 적극 수용하여, 안으로는 이를 정치·경제·교육의 세 부문에서 실천해 평등사회를 실현하고 밖으로는 민족과 국가 간의 평등에 기초한 평화적 세계 질서 수립을 지향했다는 사실이다.

넷째, 그러한 대공주의는 단순히 안창호 개인의 사상적 모색에 그치지 않고 1920년대 말 상해의 민족주의자들의 결집체인 한국독립당의 강령으로 수용되었으며 그 후에도 조소앙을 통해 삼균주의로 발전되어 갔다는 것이다.

우선 이상의 사실들을 전제로 하면서, 도산 안창호가 대공주의를 주창하게 되었던 민족운동사적 배경으로서 대독립당운동을 살펴보고 이어 그 구체적 내용과 사상적 성격에 대해서도 검토해 보려 한다.

2. 대공주의 정립의 민족운동사적 배경

1920년대 중후반에 접어들면서 국내외에 걸친 우리 독립운동계에는 좌우익 간의 협력을 포함하여 전 민족적 대동단결을 이룩하려는 움직임이 활발히 일어났다. 민족유일당운동 혹은 대독립당운동 등으로 일컬어지던 이러한 노력의 배경은 대략 다음 세 가지로 말해질 수 있다.

첫째는, 3·1운동을 계기로 크게 고조되었던 민족진영의 활동과 역시 3·1운동 이후 급속히 성장해 온 사회주의진영의 사회운동이 일제의 반격으로 점차 한계에 부딪히게 됨으로써 새로운 돌파구를 찾으려던 모색의 결과였다. 일소우호조약과 미쓰야협정三矢協定의 체결 및 치안유지법의 실시로 안팎에서 강력히 조여 오는 일제의 탄압에 대항해 새로운 활로를 열기 위해서는 기왕의 분산적 운동들에 대한 반성과 더불어 좌우익 간에도 어떤 형태로든지 협력이 요청되었던 것이다.

둘째로, 여기에 코민테른이 식민지 및 반식민지에서의 반제투쟁전술의 일환으로 제시하였던 좌우합작의 민족협동전선론과 그 모범적 성공 사례로 여겨지던 중국에서의 국공합작이 외부적 요인으로 크게 작용하였다.

셋째, 한편 3·1운동 이후 국내의 민족주의자들 가운데 일부가 일제에 타협적 경향을 보이면서 자치론을 제기하고 이를 조직적으로 추진하려는 상황이 조성되었는데, 이 같은 기도를 저지하기 위한 대응책 마련이 시급한 실정이었다.

그리하여 대략 1924년 무렵부터 제기되었던 좌우합작 논의가 점차 구체화되어 국내에서는 1927년 2월 신간회로 나타났고 이를 전후한 시기에 중국과 만주 지역에서도 민족유일당운동이 활발히 전개되었다.

그런데 시기적으로 국내에서의 신간회 출현에 한발 앞서 시작되었던 중국 본토에서의 유일당운동과 그에 뒤이은 만주에서의 유일당운동을 산발적인 논의의 단계로부터 본격적인 실행의 단계로 이끌어간 주도 인물이 바로 안창호였다. 잠시 미국에 체류하다가 다시 중국에 귀환한 그의 상해 도착 후 대독립당 결성을 위한 움직임이 본격화되었던 것이다.

3·1운동 직후 중국에 건너와 임시정부와 국민대표회 등에서 활동했던 그는 1924년 말 일단 미국으로 돌아갔다. 가족과 대한인국민회, 흥사단 등의 튼튼한 지지기반이 있던 미국에서 1년 조금 넘게 체류한 다음 1926년 5월 다시 상해에 돌아왔는데, 이때 그는 독립운동을 본격 추진할 대독립당의 결성과 국외독립운동의 근거지가 될 이상촌건설의 구상을 갖고 있었다.[4]

그러나 그의 처음 구상과는 달리 대독립당운동의 착수에 앞서 우선 당시 상해 지역의 당면 과제이던 임시정부를 유지시키는 일에 한 달 이상을 매달려야만 되었다. 임정은 1923년에 열린 국민대표회가 개조파와 창조파 간의 대립으로 결렬되어 개조 혹은 폐지의 위기는 넘길 수 있었다. 그렇지만 계속되는 독립운동가들의 분열과 이탈 그리고 무엇보다 극심한 재정난에 부딪혀 임정은 이때 존폐의 기로에서 표류하고 있었다. 대통령의 지위만을 누릴 뿐 임정 자체의 유지와 발전에 전혀 무성의한 이승만을 탄핵 축출한 뒤 국무령 제도를 채택하고 서간도 지역의 지도자 이상룡李

---

4   주요한, 같은 책 p.388, 국회도서관, 같은 책, p.593.

相龍을 국무령에 추대하였지만 그는 내각 구성에 실패한 채 면직당하고 말았다.[5] 이어 후임으로 한말에 대한매일신보사의 사장을 지냈으며 당시 만주의 길림에 있던 양기탁梁起鐸이 선출되었으나 그가 취임을 거부하였으므로, 결국 임정의 의정원에서는 다시 귀환도상의 안창호를 국무령으로 선출해 놓고 그의 도착만을 기다리는 실정이었다.[6] 그러나 안창호 역시 앞에서 말한 원래의 구상을 갖고 있었으므로 취임을 거부하는 대신 기호파인 홍진洪鎭을 국무령에 천거해 내각을 구성하도록 돕고 자신은 임시정부경제후원회를 조직해 재정지원을 책임지기로 하였다.[7]

그리하여 긴급한 현안이던 임정의 존속을 일단 가능하게 한 다음에야 비로소 대독립당운동에 나설 수 있게 된 것이다.

7월 8일 삼일당三一堂에서 140여 명이 참석한 가운데 〈우리 혁명운동과 임시정부 문제에 대하여〉라는 제목으로 그가 행한 두 시간에 걸친 연설은 상해에서의 대독립당운동 전개를 알리는 공식 선언이었다. 여기서 안창호는 우리의 당면 과제는 일제의 식민통치를 파괴하고 자주독립의 신국가를 건설하려는 것으로 이는 어느 특정 계급만의 과제가 아닌 전 민족적 과제로서 민족혁명이라는 점을 먼저 강조하였다. 따라서 독립 이후의 문제인 정체政體와 주의主義를 놓고 안에서 미리 싸울 것이 아니라 전 민족이 우선 독립을 쟁취하는 데 공동일치하여 협력하자고 역설하였

---

5   국회도서관, 같은 책 pp.579~583.

6   국회도서관, 같은 책 p.597.

7   국회도서관, 같은 책 pp.597~605.

다. 동시에 그는 우리의 독립은 점진적 개조의 방법으로써가 아니라 무력에 의한 혁명으로써만 가능하다고 주장하면서 당시 국내 일각에서 제기되고 있던 자치론이나 실력양성론이 현실적 여건에 비추어 적합하지 못하다고 비판하였다. 이 같은 전제 위에서 결론적으로 그는 일본과의 투쟁을 효과적으로 추진하기 위해서는 전 민족적 대혁명당의 조직이 필요하다고 제안하였다.[8]

한편 안창호의 주선과 후원에 의해 임정 국무령에 선출된 홍진도 같은 날 임시의정원에서 취임식을 갖고 대독립당운동의 전개를 포함한 3개 항의 정강을 발표하였다.[9] 이처럼 안창호와 홍진이 임정의 안팎에서 대독립당 결성의 여론을 집약해냄으로써 대독립당운동은 이제 본격적인 실행 단계로 들어서게 됐다.

상해에서 임시정부 유지의 당면 과제를 일단 해결하고 대독립당운동의 여론을 크게 환기시킨 안창호는 곧이어 북경과 만주 지역으로 무대를 넓혀가며 이의 추진에 박차를 가했다.

8월 말부터 10월 중순까지는 주로 북경을 왕래하며 그곳의 유력자인

---

8 국회도서관, 같은 책 pp.559~600.
9 이때 홍진이 발표한 국무령 3조 정강은 다음과 같다.
   1. 비타협적 자주독립의 신운동을 촉진할 것.
   2. 전 민족을 망라하여 공고한 당체 黨體를 조직할 것.
   3. 전 세계 피압박민족과 연맹하여 협동전선을 조직하는 동시에 또 연락이 가능한 우방과 제휴할 것.
   '(국회도서관, 같은 책, p.615.)

원세훈元世勳 등을 상대로 취지를 설명하고 그 실현 방안을 논의했다. 당시 사회주의 성향을 띠고 있던 원세훈은 일찍부터 북경군사통일회 참여, 창조파 가담, 조선공화국 수립에 가세함으로써 안창호와는 달리 일관되게 반임정 노선을 걸어온 핵심 인물 가운데 한 사람이었다. 그들 간에는 그동안 이념적 지향에서 차이가 있었고 임정에 대한 정치적 입장을 달리해 왔지만 대독립당 결성의 취지에 대해서만은 이견이 없었던 것으로 보인다. 두 사람은 그 구체적 실현 방법으로서 각 지역의 독립운동가들이 먼저 지역별 단위 조직을 만든 뒤 이를 통일하여 대독립당을 만들자는 방안에도 합의하게 되었다. 그리하여 마침내 10월 하순 북경에서 조성환曹成煥을 대표로 하고 장건상張建相, 원세훈 등 23명을 회원으로 하는 최초의 지역 단위 조직인 유일독립당북경촉성회가 결성되었다.[10]

북경촉성회는 그 선언서를 통해 "동일한 목적, 동일한 성공을 위하여 운동하고 투쟁하는 혁명가들이 반드시 하나의 기치 아래 모이고 하나의 호령 아래 모여야만 비로소 상당한 효과를 거둘 수 있음은 더 말할 필요가 없다."라고 전제하고, 그 역사적 성공 사례로서 소련공산당과 중국국민당 그리고 아일랜드의 신페인당을 예거한 다음, "이것은 일 계급, 일 국민, 일 민족의 행복과 자유를 생각하는 동서의 혁명가들이 각각 일정한 주의 강령과 훈련 규율 아래에서 일당에 결합하였음을 증명하는 것"이라고 하여 유일당운동의 취지에 전폭적인 찬성을 표하였다.

그러나 동시에 그들은 "나아가 전 세계 인류의 행복을 위해 세계적 혁

---

10 조선총독부경무국, 1929, pp. 109~110.

명을 완성시키는 것도 또한 같은 것으로 세계 일당의 원칙하에 그 총참모부이고 대본영인 코민테른의 붉은 기치 아래 모이는 것은 누구라도 잘 알고 있는 바 아닌가!"라고 하여, 궁극적으로는 공산주의 세계혁명의 완성을 목표로 한 코민테른 중심의 국제주의적 지향을 명확히 표명하였다. 이는 안창호 등 민족주의자들이 강조하던 민족 단위의 자주적 결합 의도와는 근본적인 차이를 갖는 것이 아닐 수 없었다. 그러나 선언적인 표방이야 어쨌건 북경촉성회는 최초의 지역 단위 조직으로서 시작 단계의 대독립당운동 전개에 커다란 촉진제 역할을 했을 것이다.

이어 그는 같은 해 1926년 늦가을부터는 북경에서 무정부주의자로 활동해왔던 유기석柳基石을 수행원으로 대동하고 만주의 길림으로 갔다. 이때 안창호의 만주행 목적 또한 대독립당운동의 촉성과 이상촌 후보지 시찰의 두 가지였다.

당시 만주에는 100만이 넘는 교민을 토대로 정의부·신민부·참의부의 3부 체제가 성립되어 있었으며 그 저변에서는 청년동맹·농민동맹 등의 공산주의 단체가 조선공산당만주총국의 지도 아래 세력을 키워가고 있어 역시 단체 간 통합은 물론 좌우익 간의 합작이 가장 큰 과제로 되어 있었다.

이러한 때 독립운동계의 지도자로 명망이 높은 안창호가 도착하였고 이를 계기로 만주 지역 각지의 주요 단체 간부들이 대거 회집하게 된 것은 매우 자연스러운 일이었다. 안창호와 이들 만주 지역 지도자들 간에는 '재만민족운동의 기본강령에 관한 토론'과 '통일기관의 조직에 관한 논의'가 있었다고 하는데[11] 이때의 통일기관이란 물론 대독립당을 의미하는 것이었다. 그는 현지 지도급 인물들과의 회합 외에 대중강연을 통해서도 대독립당운동의 취지를 역설하였다. 즉 이듬해 1927년 2월 14일 길림에서 그의 강연을 듣기 위해 400~500명이 참석한 비밀 대중집회가 개최되었는데 여기서도 그는 평소 늘 강조해 왔던 일시적 분산적 행동의 지양과 통일적이고 장기적인 투쟁전략의 수립을 강조했다고 한다.[12]

1926년 말에서 1927년 초에 걸치는 그의 활동을 계기로 만주 지역에서도 대독립당 결성의 분위기가 무르익어 마침내 4월 15일에는 이 지역 최대의 단체인 정의부가 주도하여 각 단체들의 통합을 논의하는 회의가 신안둔에서 열리게 되었다.[13] 안창호도 함께 참석했던 신안둔회의는 이후 약 3년간 계속된 만주 지역 유일당운동의 시발점이었다.

이 시점에 이르러 유일당운동은 독립운동계의 움직일 수 없는 대세가 되었고 가장 핵심적인 과제가 되어 있었다. 이미 두 달 앞선 2월에는 국내에서 신간회가 결성되어 회세가 급속히 확대되고 있었고, 중국 지역에서도 전해 10월의 북경촉성회에 이어 상해에서 유일독립당상해촉성회가 조직되었다.(1927.4.) 또한 광동(1927.5.), 무한과 남경(1927.9.)에서도 차례로 지역 단위 유일당촉성회가 조직되었다. 나아가 이들 5개 지역 단위 촉성회들의 연합체인 한국독립당관내촉성회연합회가 결성되어(1927.11.), 대독립당조직주비회의 조직을 논의하기에 이르렀다.[14] 즉 중

---

11 주요한, 같은 책, pp.394~395.

12 이때 일제경찰에 집회장소를 기습당해 안창호를 비롯한 40여 명의 독립운동가가 체포당한 이른바 길림사건이 발생하였는데, 중국 현지 당국과의 교섭으로 20여 일 만에 석방될 수 있었다. 주요한, 『안도산전서』, 1971, pp.395~398.

13 채근식, 『무장독립운동비사』, pp.141~145, 조선총독부경무국, 같은 책, p.124.

국 본토에서의 유일당운동은 (1) 지역 단위 촉성회 조직, (2) 연합회 결성, (3) 대독립당주비회 조직, (4) 대독립당 결성의 4단계를 상정하면서 추진되었던 것인데, 1926년 7월 상해에서 시작된 대독립당운동이 1년여 동안에 이제 그 두 번째 단계를 거쳐 세 번째 단계에 들어서려 하고 있었던 것이다.

이 같은 대독립당운동의 진전은 물론 좌우 쌍방의 이해가 합치된 결과였다. 우익의 경우 당시의 사상적 조류에 따라 청년층으로부터 외면당해 날로 쇠퇴를 면치 못하는 위기감이 작용하고 있었다. 한편 좌익의 경우 활동가들 내부의 정세판단과 운동 노선의 변화도 있었지만 특히 코민테른의 민족협동전선론이 보다 큰 영향을 미쳤다고 볼 수 있다. 러시아혁명을 성공시킨 레닌이 갓 출범한 소비에트연방 수호와 세계혁명의 완수를 위한 반제투쟁 전략으로 제시한 이 이론은 대규모의 한국대표단도 참석했던 1922년의 극동피압박민족대회 등을 통해 널리 알려져 있었다. 뒤이어 1924년의 중국 국공합작은 그 성공적인 모델로 여겨져 왔다. 따라서 1920년대 후반의 대독립당운동 혹은 민족유일당운동은 민족주의자들의 주도로 본격화되었지만 그 성패는 코민테른의 방침과 사회주의자들의 태도 여하에 결정적으로 영향받지 않을 수 없었다.

많은 난항을 겪으면서도 독립운동계에 일시 큰 활력을 불어 넣었던 대독립당운동은 중국 본토의 경우 결국 1927년 말에서 1928년 초를 고비

---

14 중국에서의 유일당운동에 대해서는 김희곤, 「한국유일독립당촉성회에 대한 일고찰」, 『한국학보』33, 1983 참조.

로 실패로 돌아가게 된다. 그 직접적인 계기는 1927년 7월에 있었던 장개석의 반공쿠데타로 인한 중국 국공합작의 붕괴와 11월에 일어난 중국 공산당의 지도에 의한 광동봉기였다. 국공합작의 파탄을 보면서 코민테른에서는 민족주의자들과의 통일전선전술을 수정하기 시작하였다. 또 많은 한국인 청년들이 참가하였던 광동봉기가 실패하면서 그들 가운데 다수가 상해로 피신해 왔는데, 이들의 대거 유입은 그러지 않아도 공산계 청년회원들이 다수를 점하고 있던 상해촉성회의 좌우 세력 균형을 완전히 무너뜨리게 되었다. 중국공산당의 직접 지도를 받고 있던 한인 공산주의 청년회원들은 이제 유일당촉성회와 그 청년 전위 조직인 중국본부 한인청년동맹을 완전히 장악하였을 뿐 아니라 나아가 임정과 다른 단체들마저 흡수하여 공산주의에 입각한 통일적 대 단체 건설을 기도하기에 이르렀던 것이다.[15]

이런 상황은 자연히 민족주의 인사들 사이에 심각한 위기의식을 불러일으켰을 것으로 보인다. 그리하여 1928년에 접어들면서 중국 내 한인독립운동의 중심지라 할 상해에서의 유일당운동은 공산주의 세력이 완전히 득세하고 상대적으로 민족주의자들이 극도로 위축된 가운데 정돈 상태에 빠지고 말았다.

돌이켜 보면 전 민족적 대동단결을 표방한 유일당운동은 그 당위적 요청에도 불구하고 처음부터 성공을 기대하기는 어려웠다. 우선 각 개인과 단체 간의 주도권 다툼을 피할 수 없었다. 어떤 개인이나 단체도 확고한 권위를

---

15 국회도서관, 같은책, p.633.

인정받지 못하고 있던 조건 속에서 대의명분만으로 무조건 단합할 수 있는 일은 아니었다. 갖가지 이유와 명분의 분파적 요소가 잠재되어 있다가 약간의 계기만으로도 그대로 표출될 수밖에 없는 취약성을 내포하고 있었던 것이다. 더욱이 궁극적으로 추구하는 목표에 차이가 있는 좌우익이 한시적 협력을 넘어 단일조직체 속에서 진정한 결합을 이룬다는 것은 불가능한 일이라 하지 않을 수 없다. 결과적으로 볼 때 유일당운동은 좌우합작의 절실한 필요성에도 불구하고 조직 노선상의 착오를 면하지 못했던 것으로 볼 수 있다. 중국에서의 경우 현지의 정세 변화와 그에 파생된 독립운동계의 좌우 세력 균형 파탄을 계기로 유일당운동은 그 한계에 직면한 것이다.

그 결과 상해의 한인 독립운동계는 크게 좌우익의 두 단체로 갈라지게 되었다. 민족주의자들의 모임인 한국독립당과 사회주의자들의 결집체인 유호한국독립운동자동맹이 그것이었다.

상해에서 조직된 초창기의 한국독립당은 민족주의자들이 처했던 당시의 열악한 상황에 제약되어 처음부터 비공식적 비밀결사로 만들어질 수밖에 없었다. 따라서 창립 경위와 조직 구성 및 활동 내용을 자세히 알기 어렵다. 우선 그 창립 시기에서부터 1928년설, 1929년 3월 1일설, 1929년 말설, 1930년 1월설 등 각기 다른 주장이 제기되어 있다.[16]

그러나 이 같은 현상은 당시 상황의 각기 일면을 전하는 것으로 오히려 당연한 일로 보인다. 즉 1928년 초에는 민족주의자들이 극도로 위축된

---

16 이들 주장의 사료적 근거는 조범래, 「한국독립당 연구」, 『한국민족운동사 연구』2, 1988, p.174.

가운데 좌익 측의 공세적 임정 장악 기도에 맞서 그 수호를 위한 자구 노력의 일환으로 비공식적이나마 어떤 형태로든 결집이 이루어졌을 것으로 생각되며 그 경우 명칭은 한국독립당이 될 수밖에 없었을 것이다. 1928년 창당설은 이를 말하는 것으로 해석된다. 그러나 동시에 1928년의 중국 정세는 장개석이 이끄는 국민당군의 북벌이 진전됨에 따라 민족진영에게 점차 유리한 상황으로 변화되어 가고 있었다. 특히 북벌이 완료된 속에서 맞은 이듬해 1929년 3월 1일의 3·1운동 10주년 기념일은 민족주의자들이 보다 적극적으로 정당 발전 문제를 논의하는 하나의 계기가 되었을 것으로 짐작된다.

이 같은 중국 정세의 변화와 더불어 그해 말에는 두 가지 요소가 민족주의자들의 정당운동을 더욱 촉진하게 된다. 먼저, 좌익 측에서 10월 26일 유호留滬 한국독립운동자동맹을 만들고 이어 11월에 들어와 한국유일독립당 상해촉성회의 해체를 발표함으로써 좌우합작운동의 공식적인 폐기를 먼저 선언한 것이다. 이는 민족주의자들만의 정당 결성이 이제 명분상으로도 문제가 되지 않게 됨을 뜻하였다. 다른 하나는 11월 3일부터 국내에서 일어난 광주학생운동으로서 그 소식은 상해의 민족주의 독립운동가들을 크게 고무시켰다. 이런 요인들이 합쳐져 민족주의자들의 정당운동은 그해 말부터 본격화되는데, 특히 주목되는 것은 이 시점에서 안창호가 적극적으로 가담하기 시작한 것으로 보인다는 점이다.[17]

안창호(서북파·흥사단계)와 이동녕(기호파·임정계)의 합작을 주축으로 한 범민족진영의 한국독립당 창당작업은 발기인 선정과 당의·당강의 작성 등을 거치며 1929년 말에서 이듬해 초까지 계속되었던 것으로 보인다.

이때 당의·당강을 만든 강령기초위원은 이동녕, 안창호, 이유필李裕弼, 김두봉金枓奉, 안공근安恭根, 조완구趙琬九, 조소앙의 7인이었으며,[18] 실무기초자는 조소앙이었다. 그리하여 1930년 1월 25일 비밀리에 28명의 발기인 전원회의가 열려[19] 당의·당강을 채택함으로써 이전의 그것과는 확연히 다른 모습을 갖춘 한국독립당이 만들어진 것이라 보여진다.[20] 이렇게 보면 대독립당 운동은 좌우합작의 전 민족적 유일당 결성이라는 원래의 취지에 비추어 보면 결국 단기간에 그친 실패한 운동으로 평가될 수밖에 없다. 그러나 침체되어 있던 20년대 중반의 독립운동계에 한때나마 큰 활력을 불러일으켰다는 점 외에 적어도 다음 두 가지의 의미를 갖고 있다고 할 수 있다.

---

17 1944년 중국 국민당에 보고된 『韓國黨派之調査與分析』이라는 문서에는 다음과 같은 내용이 있다.

"舊韓國獨立黨創立於1928年 當時被認爲係朝鮮唯一之獨立黨 迨組織破裂後 旋由安昌浩爲領首起來 聯合民族主義各幹部組織 具有現代政綱政策之革命政黨, 此與1928年創立之獨立黨完全大異其趣." 추헌수, 『자료한국독립운동』2, p.68.

위 기록은 1928년에 처음 만들어진 한국독립당과 안창호가 주도적으로 참여한 후의 한국독립당이 특히 강령의 내용과 성격에서 큰 차이가 있었다는 점을 강조하고 있는데 이 경우 초창기 1·2년간의 한국독립당은 순수민족주의를 강조하던 임정계가 중심이었고 상대적으로 좌우합작을 중시하던 안창호의 흥사단계는 소극적인 참여에 그치고 있었던 것으로 보여진다. 안창호가 적극적으로 참여한 시점이 1929년 말경으로 여겨지는 것은 위에서 본 요인들 외에 일제 측의 정보문서에서도 사실로 확인되고 있다. 국회도서관, 같은 책, pp.729~730.

18 고등법원검사국사상부, 『사상휘보』, 1936, p.23.

19 발기인 28명 가운데 안창호의 직계라 할 수 있는 흥사단원이 12명이었으며 평안도 출신이 15명이었다. 조동걸, 「민족운동가로서의 도산」, 『제3회 도산사상세미나 발표 요지』, p.89.

20 이때 공식적인 당명은 한국국민당이었으나 통상 한국독립당으로 불렸던 것 같다. 국회도서관, 같은 책, pp.644~657.

첫째는, 전 민족적 유일당 결성에는 비록 실패하고 말았지만 이때의 경험을 바탕으로 이후에는 연합전선 방식의 좌우합작을 꾸준히 추진함으로써 상당한 성공을 보게 된다는 점이다.

둘째는, 독립운동에 있어서 이론의 중요성에 대한 인식을 깊게 했다는 점이다. 이는 특히 민족주의진영에 해당되는데, 조직과 이론에 강한 공산주의 세력과의 접촉 과정에서 독립운동의 전략전술과 독립국가의 건설이념에 대한 관심이 제고되고 이의 합의에 기초한 당적 결합을 중시하게 되었으리라 생각되는 것이다.

3. 대공주의의 내용

안창호가 대공주의라는 용어를 처음 공개적으로 쓰기 시작했다는 1927년은 그가 앞장서 추진하고 있던 대독립당운동이 한창 고조되고 있던 때였으며 당시 그의 나이는 50세에 이르고 있었다. 한말부터 평생을 민족운동에 헌신해 온 경력과 국내외에 걸친 광범한 영향력 등으로 그는 명실공히 민족주의 독립운동의 최고지도자 가운데 한 사람이었다. 평소 우리 독립운동이 장기적 전망 아래 치밀한 계획과 통일적 조직을 갖고 전개되어야 한다고 강조했던 그가, 이론적 측면에서도 한국민족운동의 공통적 표어를 마련하려 했다는 주요한의 지적은 쉽게 수긍되는 말이다. 예컨대 중국의 손문이 삼민주의를 내걸고 중국혁명을 이끌었듯이 그도 우리 민족운동의 독자적인 지도이념을 제시하려 했던 것이다.

그러한 안창호의 대공주의는 크게 두 측면을 포함하고 있었다.

먼저, 민족운동의 가장 근본적인 전제로서 한국 민족 성원들이 가져야 할 애국애족적 인생관을 제시한 부분이었다. 그 같은 필요성은 당시 안창호를 비롯한 민족주의 지도자들이 느꼈을 민족의 장래에 대한 심각한 우려를 미루어 짐작해보면 쉽게 이해되는 일이라 할 수 있다. 그들의 위기감은 두 갈래 방향에서 왔다고 볼 수 있다. 일제의 지배가 장기화되면서 상대적으로 민족의 상층 부분인 유산층 및 유식층 가운데는 식민통치에 순응하여 이기적, 소아적 사익의 추구에 빠져드는 경향이 높아가고 있었다. 동시에 대다수의 민중층에 강한 영향력을 갖고 있던 일부 극단적 사회주의자들은 계급주의와 국제주의를 지나치게 강조함으로써 결과적으로 이념을 앞세워 민족적 가치를 약화시키는 경우가 많았다.[21] 따라서 안창호는 애국애족적 인생관의 확립을 민족운동의 가장 선결되어야 할 과제로 보았던 것이다. 그리하여 특별히 대공이라는 개념을 새로 정립하여 이른바 국가제일 민족지상의 애국애족적 인생관을 강조했던 것으로 생각된다.[22]

그러나 여기서 주로 관심을 갖는 것은 대공주의의 또 다른 부분인 경세론, 즉 그의 독립국가건설 구상의 내용에 대해서다. 이는 역시 대공주의

---

[21] 비주체적 사회주의자들에 대한 우려와 비판의 전형을 우리는 백범 김구의 다음과 같은 말에서 엿볼 수 있다. "오늘날로 보아도 요새 일부 청년들이 제정신을 잃고 러시아로 조국을 삼고 레닌을 국부로 삼아서 (중략) 주자님의 방귀까지 향기롭게 여기던 부류들 모양으로 레닌의 똥까지 달다고 하는 청년들을 보게 되니 한심한 일이다." 김구, 『백범일지』, 우성문화사, 1984, p.197.

가 주창된 시점의 독립운동사적 배경과 관련지어 생각해 볼 수밖에 없는데 구체적으로는 1926년 7월부터 시작된 좌우합작의 대독립당운동을 이론적으로 뒷받침하기 위해서 정립되고 주창되었던 것으로 생각되기 때문이다.

주지하듯이 일제하 독립운동 세력은 다양한 분파를 이루고 있었는데 분파 형성의 요인은 주로 출신지에 따른 지연과 운동 노선 및 방법의 차이에서 왔다. 안창호 등 민족주의 지도자들이 강조했던 전 민족적 대동단결을 위해서는 지연에 따른 분파의 극복은 물론 사상적 차이에 따른 다양한 정파의 규합이 불가피했는데, 특히 3·1운동 이후에는 급속히 세력이 커진 좌파 세력과의 제휴가 필수적이었다. 이에는 각 세력 간의 이해 조정뿐만 아니라 좌우가 합작할 수 있는 이론적 바탕의 마련이 또한 불가피했던 것이다.

그 같은 배경에서 안창호에 의해 독립국가의 미래상으로 정립되고 주창된 대공주의의 구체적 내용에 대해서는 주로 앞에서 살펴본 단편적 전언과 해석들은 있으나 정작 안창호 자신의 체계적인 설명은 아직 찾아지지 않는다. 따라서 여기서는 그의 4평등사상 혹은 3평등사상이 곧바로 반영되었다는 한국독립당의 강령 분석을 통해 간접적으로 접근해 보기로 한다.

---

22 그의 말 가운데 다음과 같은 구절들은 대공주의적 인생관을 잘 말해주는 것이라 할 수 있다. "나라가 없고서 한 집과 한 몸이 있을 수 없고, 민족이 천대받을 때 혼자만이 영광을 누릴 수 없다.", "개인은 제 민족을 위해 일함으로 인류와 하늘에 대한 의무를 수행한다." 『안도산전서』, p.5.

한국독립당은 상해 지역의 대독립당운동이 실패하여 좌우로 분열된 결과 민족주의자들의 집합체로 만들어졌는데, 처음 상당 기간은 당시의 정세 때문에 비밀에 부쳐져 있었음은 앞에서 본 바와 같다. 1928년 비공식적 써클 형태로 출범했던 한국독립당이 비로소 정당으로서의 기본요건인 강령을 마련한 것은 1929년 말에 이르러서였다. 7인 기초위원 가운데 한 사람으로서 그 직접 기초자였던 조소앙에 의하면 제정 당시 한국독립당의 강령은 당의와 당강으로 구성되었는데, 그 내용은 다음과 같다.

당의

1. 우리는 5천년 독립자주하여 오던 국가를 이족 일본에게 빼앗기고 지금 정치의 유린과 경제의 파멸과 문화의 말살 아래서 사멸에 직면하여 민족적으론 자존을 득得하기 불능하고 세계적으로 공영을 도圖하기 말유未由한지라,

2. 이에 본당은 혁명으로써 원수 일본의 모든 침탈 세력을 박멸하여 국토와 주권을 완전 광복하고,

3. 정치 · 경제 · 교육의 균등을 기초로 한 신민주국을 건설하여, 내로는 국민 각개의 균등 생활을 확보하며, 외로는 족여족族與族, 국여국國與國의 평등을 실현하고 나아가 세계일가로의 진로로 향한다.[23]

당강

1. 국민의 혁명의식을 환기하고 민족의 총역량을 집중한다.

2. 엄밀한 조직 아래 민중적 반항과 무력적 파괴를 적극 진행한다.

3. 우리의 광복운동에 대해 우호적으로 원조하는 국가 및 민족과는 절실히 연락한다.

4. 보선제普選制를 실시하여 국민의 참정권을 평등하게 하고 국민의 기본권리를 보장한다.

5. 토지와 대생산기관을 국유로 하여 국민의 생활권을 평등하게 한다.

6. 생활상의 기본지식과 필수기능을 충분히 얻을 수 있도록 공비公費에 의한 의무교육제를 실시하여 국민의 구학권求學權을 평등하게 한다.

7. 국제평등과 세계 공영을 도모한다.[24]

먼저 위의 당의를 보면, 1에서는 우리 독립운동의 역사적 그리고 현실적 당위성을 피력하였다. 즉 한국독립운동은 역사적으로는 오랫동안 자주독립을 유지해 온 나라를 되찾기 위한 것이며, 현실적으로는 민족의 생존 자체를 불가능하게 하고 세계평화에 기여할 기회를 박탈하고 있는 일

---

23 처음 제정될 때의 당의와 당강은 1940년 통합한국독립당이 출범되면서 중국인들에게 읽혀질 목적으로 조소앙에 의해 쓰여진 「한국독립당적창립경과韓國獨立黨的創立經過」라는 글 속에 한문으로 기록되어 전해지고 있다. 국사편찬위원회, 『한국독립운동사자료』3, p.396. 원래는 위에서처럼 우리말로 되었던 것이 확실하다. 이를 역시 후일 조소앙이 쓴 「한국독립당 당의해석」 등에서 제시하고 있는 원문에 따라 그대로 옮긴 것이다. 『소앙선생문집』하, pp.206~222. 문단의 숫자는 설명의 편의상 붙였다.

24 위와 같음. 단지 이때의 당강은 당의와 달리 그 후 많이 변화되어 당시의 원문을 찾을 수 없으므로 최대한 직역하여 옮겼다.

제에 저항하는 것이므로 정당하다는 것을 천명하였다. 2에서는 혁명적 방법으로 일제 식민지 지배 세력을 구축하고 완전한 자주독립을 쟁취하겠다는 의지를 밝혔다. 3에서는 독립쟁취 후 건설할 민족국가의 기본성격과 궁극적 지향을 설명하였는데 그것은 안으로 정치·경제·교육의 평등을 기초로 한 신민주국으로 개념화되었으며, 그러한 자주독립의 새로운 민주국가는 민족 간, 국가 간의 평등 원칙 아래에서 평화적인 세계 질서 구축에 기여할 것임을 말하고 있다.

이어 당강을 보면, 1, 2, 3에서는 독립운동 과정에서의 행동강령을 말하였다. 1은 널리 독립의식을 고취하고 민족의 반일 총역량을 결집한다는 것이며, 2는 엄밀한 조직으로 노동운동·농민운동·청년학생운동 등의 민중운동과 무장투쟁, 의열투쟁 등의 반일독립운동을 전개하겠다는 것이며, 3에서는 우리의 독립운동을 지원해 줄 열강 및 약소민족들과 우호관계를 맺겠다는 의지를 밝혔다. 4, 5, 6에서는 독립 이후 건설할 독립국가의 기본정책을 제시하였다. 7에서는 세계평화 추구의 의지에 입각한 대외정책 방향을 밝혔다.

이를 종합해 한국독립당 강령의 핵심 내용을 추출해 보면 크게 다음 세 가지로 집약됨을 알 수 있다.

첫째, 독립운동방법론으로서 민중적 반항과 무력적 파괴라는 반일투쟁 방안이 제시되어 있었다.

둘째, 독립국가건설론으로서 정치·경제·교육의 평등에 기초한 신민주국가 건설 구상이 정립되어 있었다.

셋째, 독립운동 과정에서의 연대와 협조를 기대하면서 민족 간, 국가

간의 평등에 기초한 평화적 국제질서를 희망하고 있었다.

앞에서도 밝혔듯이 이 같은 한국독립당의 강령 제정에는 이동녕, 안창호, 이유필, 김두봉, 안공근, 조완구, 조소앙의 7인이 기초위원으로 참여하였다. 그러나 한국독립당의 강령 내용을 실질적으로 결정한 사람은 안창호였다. 이는 앞서 인용한 구익균의 전언 외에도, 다음과 같은 몇 가지 근거가 있다.

먼저 1930년 8월에 작성된 일제 측의 한 정보문서에 의하면, 1929년 11월의 광주학생운동 소식에 접한 안창호와 이동녕 등 28명의 민족주의 독립운동가들이 극비리에 회합하여 안창호의 주창 하에 대체로 중국국민당의 주의 정신을 본받아 한국 국민의 혁명완성을 꾀할 목적으로 한국국민당을 조직 결성한 것 같다고 추측했다.[25] 또 1923년 중국으로 망명해 해방 때까지 그곳에서 활동했던 김성숙金星淑도 한국독립당이 창당될 때 삼민주의의 영향을 받은 안창호가 삼균주의를 들고 나왔고 안창호가 주창해서 삼균주의를 한국독립당의 사상으로 만들었는데, 후에 조소앙이 다시 이를 말하고 나왔다고 회고하고 있어 비슷한 내용을 전하고 있다.[26]

한편 강령의 직접 기초자인 조소앙도 1938년 안창호가 국내에서 타계한 소식에 접하자 한국독립당 동인의 이름으로 애도하면서 그가 당의와 당강을 수립한 공로樹我黨義 立我黨綱를 아울러 거론하고 있음을 보게 된다.[27]

---

25 국회도서관, 같은 책, pp.644~646.
26 김학준, 『혁명가들의 항일회상』, 1988, p.60.

또 일제 패망을 눈앞에 두고 한국독립운동에도 깊은 관심을 갖고 있던 중국 국민당에서 파악한 바에 의하면, 한국독립당의 강령은 안창호에 의해 만들어졌는데, 그 기본정신은 반일反日과 민주民主에 있다고 하였다. 뿐만 아니라 한국독립당 이후의 각 민족주의 단체의 투쟁 강령은 거의가 그 뜻을 이어받았다고 말하고 있다.[28]

이상의 자료들을 종합해 보면 한국독립당의 강령은 안창호의 주도로 그 내용이 결정되고 조소앙이 이를 문장화했다는 것을 알 수 있다.

그러면 이제 다시 한국독립당 이후 모든 민족주의 한인 단체의 기본정신이 되었다는 안창호의 반일과 민주에 대해 알아보자.

이미 앞에서 살펴본대로 안창호는 대독립당운동의 전개를 공개적으로 역설한 1926년 7월 8일의 삼일당 연설에서 민족독립이라는 목표와 혁명적 투쟁방법론을 강조하면서 대신 독립 이후의 문제인 정체와 주의에 대해서는 일단 논쟁을 유보하자는 제의를 한 바 있었다.[29] 즉 그는 일제로부터의 독립달성이라는 일차적 과제와 독립 이후의 국가건설 문제를 분리시킴으로써 좌우합작의 기반을 마련하려 했던 것으로 보인다. 민족의 독립이라는 당면 목표와 그것을 획득하기 위한 방법으로서 타협적 자치

---

27 "獨立大業 非黨不彰 百日風雪 夙夜覼邋 樹我黨義 立我黨綱 基本確立 旗幟堂堂 自公入獄 黨失倚扶 難合逢勢 是非成章 人散力竭 統一渺茫." 삼균학회, 「悼安島山」, 『소앙선생문집』하, 148~149.

28 "但此綱領係由已故之安昌浩所手創 基本精神卽在反日與民主 現在韓國各民族主義團體所有鬪爭綱領 多半承其衣鉢." 추헌수, 같은 책, p.69.

29 국회도서관, 같은 책, pp.559~600.

론이나 국내 현실에 맞지 않는 실력양성론을 배격하고 비타협적 반일투
쟁론을 우선 강조함으로써 좌우가 합작할 수 있는 공통분모를 찾아내려
한 것이다.

이처럼 유일당운동의 제창 시점에서 안창호는 반일이라는 독립운동의
비타협적 방법론을 강조함으로써 좌우 쌍방의 공감대를 부각시키는 대
신, 서로 의견이 맞서게 되는 독립 이후의 국가건설 방향에 대해서는 장
차의 문제로 일단 유보하자는 입장이었던 것이다. 그러나 그가 이 문제에
대해 실제로 아무런 견해를 갖고 있지 않았다고는 생각할 수 없다. 독립
국가의 건설 문제에 대해서도 나름대로 확고한 구상이 있었을 것인데, 이
를 집약한 말이 바로 민주였던 것이다.[30]

그런데 이때 민주라는 보편적 개념 속에 담긴 안창호의 진정한 뜻이 어
떤 것인지는 보다 깊이 따져볼 필요가 있다. 그것은 한국독립당 창당 후
의 그의 행적에 비추어 찾아져야 한다고 본다. 대독립당운동이 실패한 뒤
그가 일단 민족진영만의 정당 활동을 결심했다고 하여 좌우합작을 완전
히 포기한 것으로는 볼 수 없기 때문이다. 그는 경험을 통해 이념이 다른
세력들을 하나의 단일조직체 속에서 결합하는 것은 어렵지만 각기 별도
의 조직을 가지면서 공동의 목표를 놓고 과정상에서 협력하는 것은 가능
하다고 본 것이다. 즉 이제 유일당 방식이 아닌 연합전선방식의 좌우합작

---

30 김성숙에 의하면 반일독립과 민주건국은 3·1운동 이래 우리 민족주의 독립운동의 두 가지
원칙이었다고 하였다. 반일독립은 이 두 개념을 합친 말로 생각되는 것이다. 김학준, 같은
책, pp.115~116.

을 모색하였던 것이다. 주의 주장을 같이하는 세력들이 먼저 자체 조직을
정비한 다음 서로 이를 인정하면서 민족의 독립을 위한 반일투쟁에 공동
협력하자는 구상이었다.[31]

이 경우 상해 지역의 민족주의자가 결속하여 조직한 한국독립당은 이
같은 큰 구상 속에서 보면 현재는 하나의 지역 단위 조직에 불과하지만
장차 민족진영 전체를 묶어 탄생시킬 대독립당의 기초가 되어야함은 물
론, 공산주의·무정부주의 등 다른 이념을 가진 단체들과도 연합하여 조
직될 반일독립운동의 지도기관의 주도체가 될 것을 목표로 했다고 볼 수
있다. 말하자면 대독립당의 개념이 좌우 망라의 유일당에서 이제는 좌익
과의 연합전선 형성을 전제로 한 민족진영의 총결집체로 조정된 것이라
볼 수 있다. 이를 위해서도 한국독립당의 강령은 민족진영의 가장 근본적
인 요구라 할 민족자주국가 수립이라는 큰 틀 내에서라면 좌익 측의 주장
까지를 최대한 수용할 수 있는 내용이어야 했다고 볼 수 있다.

이것이 결국 민주라는 용어로 표현되면서도 앞서의 당의·당강에서 보
듯 실제적으로는 평등이 특히 강조되었던 가장 큰 이유라 하겠다. 민주주
의가 본래는 자유와 평등을 동시에 포함한 개념이었지만 역사적으로는
그것이 주로 부르주아 계급의 정치적 자유를 의미하는 데 그친 한계를 보
였기 때문에 이때 신국가 혹은 신민주국의 건설이라는 전제 아래 전체 민
족 성원을 대상으로 정치적 자유는 물론 경제적 사회적 평등의 실현까지
를 특별히 강조하게 되었던 것이다.

---

31 박만규, 「삼균주의 정립의 민족운동사적 배경 고찰」, 『변태섭박사회갑기념사학논총』, 1985.

이렇게 보면 안창호의 독립국가 건설의 설계였다고 말해지는 대공주의는 그의 이른바 반일독립과 민주건국의 정신 가운데 특히 현대적 민주주의의 독립국가건설론을 가리키는 바, 그 구체적 내용은 정치적으로 보통선거제와 경제적으로 토지 및 대생산기관의 국유제 그리고 교육에서의 국비의무제를 통해 전 민족적 평등을 실현한다는 것이었다. 이같이 내부적으로 정치적 자유가 보장되는 속에서 특히 사회경제적 평등이 강조된 자주독립의 민족국가(=신민주국가)를 건설하고 이를 바탕으로 밖으로는 민족 간, 국가 간 평등에 기초한 세계평화를 지향한다는 것이 핵심적 내용이었다.

4. 맺음말—대공주의의 사상적 성격

지금까지 도산 안창호가 1927년경부터 중국에서 대공주의를 주창한 사실을 확인하고, 그 민족운동사적 배경으로서 대독립당운동의 추이와 한국독립당의 창당 경위를 살펴보았으며, 한국독립당의 강령 분석을 중심으로 대공주의의 개략적인 내용에 대해서도 알아보았다. 이제 여기서 대공주의의 사상적 성격이 어떤 것인지를 간단히 생각해 봄으로써 결론에 대신하려고 한다.

1920년대 말 안창호를 중심으로 결집한 중국 지역 민족주의자들의 민족운동론을 한국독립당의 강령을 통해 살펴보면 대략 다음 세 가지 내용으로 요약될 수 있다.

첫째, 비타협적 반일민족주의의 성격이다. 3·1운동 이후 일제가 표방한 문화정치의 공간 속에서 나온 타협적 자치론은 물론 현실적으로 독립에 대한 지향이 약화되어 버린 실력양성론은 이제 독립운동의 진로에 큰 장애가 되고 있었다. 이를 극복하기 위해서는 절대독립 노선과 비타협적 투쟁 방안의 정립이 매우 중요한 과제로 제기되었다. 상해 지역의 독립운동가들은 1926년 7월 대독립당운동을 전개하면서 국내의 일부 민족주의자들이 주장하는 단계적 자치론이나 실력양성론이 독립운동의 방법론으로 적합하지 않다는 것을 논리적으로 지적하고, 대신 한말 이래의 독립군투쟁과 의열투쟁의 무력적 파괴라는 방법과 3·1운동 이후의 사회운동 성장을 반영한 민중적 반항이라는 비타협적 독립운동 방안을 확고히 정립하였다.

둘째, 진보적 민주주의의 성격이다. 우리 근대사에서 입헌공화제의 근대국민국가를 세우자는 생각은 한말 신민회에 의해 명확한 목표로 제시되고 3·1운동 후 임시정부 수립으로 불완전하게나마 구체화되었다고 볼 수 있는데, 이 시기의 정치사상은 물론 구미 특히 미국사회를 모델로 한 부르주아민주주의였다. 그러나 3·1운동을 전후해 사회주의사상이 수용되면서 서구의 민주주의를 소수의 부르주아독재로 보는 비판적 관점이 생겨나게 되었다. 그리하여 우리 사회의 사상 상황에서도 일정한 분화가 초래될 수밖에 없었다. 다수의 민족주의자들이 사회주의의 계급 중심적 관점에 반대하는 가운데 절대 다수의 신진청년층과 더불어 일부 기성의 민족주의자들은 공산주의 혹은 무정부주의로 급속히 기울어갔다. 그러한 속에 안창호를 비롯한 또 다른 일부 민족주의자들은 민족적 관점을 견지하면서도 사회주의자들의 자본주의 비판과 무정부주의자들의 주장을 부분적으로 수용하면서 자본주의에 기초한 근대 부르주아민주주의의 계급적 한계를 극복해 보려는 자세를 보였다. 일제 식민지 통치하의 한국 민족을 총체적 무산계급으로 보고 민족 전체의 정치적 자유는 물론 사회경제적 평등 실현을 더욱 중시함으로써 자유민주주의에서 점차 평등민주주의에로 옮겨가고 있었던 것이다.

셋째, 국제평화주의의 성격이다. 제국주의의 약소민족 침략 과정 속에서 일본제국주의의 희생자가 된 한국의 독립운동가들이 식민지 상황에서 탈피하기 위해서는 무엇보다도 제국주의의 논리를 극복할 수 있어야 했다. 제국주의의 사회진화론적 힘의 논리에 대한 일면적 추종은 마침내 강대국들에 의한 세계 지배를 불가피한 현실로 용인하는 패배주의에 빠질 위험성이 있었다. 그러나 모든 자본주의 열강을 일률적으로 적대시하는 제국주의 일반에 대한 전면적인 부정과 비판도 역시 일제 지배라는 우리의 구체적 상황을 극복하기 위한 현실적 대안이 되기는 어려웠다. 중국 지역의 민족주의자들은 반제가 아닌 반일로써 일단 일본이라는 개별 제국주의에 비판을 한정시키되 궁극적으로는 민족 간, 국가 간 평등에 기초한 국제질서를 지향함으로써 마침내 제국주의가 극복된 평화 세계의 이상을 제시한 것이다. 그들이 이상으로 한 국제관계는 자본주의 국가에 의해서건 사회주의 국가에 의해서건 특정 국가에 의한 수직적 지배가 아닌 민족 간, 국가 간의 평등한 연대를 전제로 한 것이었다. 이 점에서 그들은 구미열강을 향한 외세의존적 외교론자들이나 코민테른에 경도된 국제파 공산주의자들과는 확연히 구별되었다.

대공주의는 중국에서 이 같은 사상 경향을 선도한 중심인물인 안창호
가 정립한 장차 세워질 민족독립국가의 설계였다. 이 점에서 보면 좌우합
작 문제가 본격적으로 제기된 1920년대 후반 이후 안창호의 독립국가 구
상은 큰 변화를 가져온 것으로 볼 수 있다. 기존의 연구들에 의하면 우리나
라의 근대사에서 안창호의 사상사적 위치는 자본주의의 수용과 시민사회
형성기의 계몽운동가로서 규정되며, 따라서 그의 민족국가 구상도 자본주
의 체제에 토대를 둔 자유민주주의국가로 파악된다.[32] 그런데 이들의 연
구는 주로 이광수와 주요한이 쓴 전기에 기초하고 있으며 시기적으로는
대체로 1920년대 전반까지의 안창호의 언행에 바탕을 두고 있다.

그러나 이광수와 주요한은 각기 1921년과 1926년에 중국에서 귀국하
여 대공주의 주창 당시의 안창호를 직접 접하지 못하였다. 그리하여 대공
주의에 대해서는 전혀 언급하지 않거나 극히 단편적인 이해만을 보이고
있다. 또 독립운동 세력의 대동단결을 가장 중요하게 여겼던 안창호가 사
회주의자들을 가능한 한 포용 내지는 제휴하기 위해 적극적으로 나섰던
대독립당운동에 대해서도 매우 소극적 평가만을 내리고 있다. 그 이유는
이들이 당시 안창호의 활동 현장에 있지 않았다는 점 외에도 강한 반공적

---

[32] 다음 글들이 대표적이다.

신일철, 「민족성 개혁의 선구자」, 『사상계』 1962년 3월호.

박명규, 「도산 안창호의 사회사상」.

신용하, 『한국현대사회사상』.

서중석, 「한말 일제침략하의 자본주의 근대화론의 성격-도산 안창호 사상을 중심으로」, 『한
국근현대의 민족문제연구』, 지식산업사.

입장을 지닌 인물들이었기 때문으로 생각된다.

여기서 잠시 안창호의 사회주의관이 어떠했는지를 살펴볼 필요가 있다. 그는 평소 당시 유행하던 모든 사상에 대하여 무조건 찬동하여 맹종하는 것도 반대로 무조건 배척하는 것도 옳지 않다고 하여 경계하고 오직 과학적 태도로 이를 검토하여 그 장단점을 취사선택할 것을 주장하였다.[33] 그리하여 사회주의에 대해서도 일단은 그 장점을 가려 수용하려는 개방적 자세를 갖고 있었다. 그는 측근 동지들에게 "사회주의도 한국 민족을 잘 살리기 위하여 주장하는 것이니 연구하여 좋은 점이 있으면 채택할 것"이라고 말하였다.[34]

그러나 물론 이때 안창호가 말한 사회주의는 3·1운동 이후 우리사회에 급속히 수용된 과학적 사회주의 곧 공산주의는 아니었다. 주요한은 당시 안창호를 비롯한 민족주의 지도자들이 이해한 것은 유토피아적인 사회주의로서 착취와 압제가 없고 모든 사람이 다 평균하게 살 수 있는 사회를 만든다는 정도의 초보적인 사회주의론에 불과했던 것으로 보았다.(주요한, 같은 책, p.391.) 안창호가 "이 세계의 앞날은 영국의 페비안이 지향하는 그런 사회주의로 나아갈 것이라."라고 했다는 증언이나(길영희, 1987.), 구익균이 대공주의를 기독교사회주의에 가까운 것으로 이해한 것은(주3) 모두 정확한 지적으로 보인다.

이러한 사실들을 종합해 보면 안창호는 평등사회의 실현을 강조하는

---

33 도산안창호선생기념사업회, 『도산 안창호』, 1947, p.6.

34 주요한, 앞의 책, p.391.

사회주의의 본질에 대한 호의적 태도와 독립운동 세력의 대동단결이라
는 현실적 필요에서 1920년대 후반 좌우합작의 대독립당운동을 전개하
고 대공주의를 정립했음을 알 수 있다. 그리하여 대공주의에는 그의 애국
애족적 인생관과 더불어 그의 후기 독립국가 구상이 담겨지게 되었다. 자
주적인 민족국가건설이라는 대전제 위에서 이념적 대립을 최대한 극복해
정치적 자유와 사회경제적 평등이 조화된 진보적 민주주의사회를 실현하
자는 것이었다.[35]

그런데 경제시책 면에서 보면 이는 불가피하게 자유경쟁의 순수자본
주의에 대한 일정한 제약은 물론 토지와 대생산기관에 대한 사적 소유의
제한까지를 수반함으로써 수정자본주의 내지는 사회민주주의의 성격을
갖게 되었다. 말하자면 안창호는 이제 자본주의에 대한 일정한 수정과 변
용을 추구하는 사상적 변모를 보이게 된 것이다.

이 같은 그의 사회민주주의적 성격의 후기 독립국가구상은 1920년대
말 한국독립당의 강령으로 정착됨으로써 이후 중국에서 활동한 민족진영
의 공통된 이념으로 자리 잡았으며 1930·40년대에는 조소앙에 의해 삼
균주의라는 이름으로 계승 발전되어 임정을 비롯한 민족주의 각 단체의
이념적 지표가 되었다.[36] 그리하여 한편으로는 일본제국주의 및 그에 타
협하려는 일부 반민족 세력과 다른 한편으로는 극단적 공산주의 세력의

---

35 이를 『도산 안창호』 서언의 필자는, "왼편에 국제주의를 두고 바른편에 민족자본주의를 바
라보면서 그 중용을 취해가는 진보적 민족주의라 할 수 있다."라고 하였다.

36 1930~40년대 삼균주의를 중심으로 한 중국지역 민족주의 독립운동의 사상적 동향은 박
만규, 같은 글, pp.1099~1100.

대두로 위기에 직면하였던 한국민족주의와 민족운동에 새로운 가능성을 열게 되었다. 해방 후 대체로 그의 사상을 계승한 임정 세력이 정치적으로 패배하여 현실 속에서 실천의 기회를 잃은 것은 아쉬운 일이 아닐 수 없다.

참고문헌

1. 국회도서관, 『한국민족주의 운동사료(중국편)』, 1976.

2. 김학준 편, 『혁명가들의 항일회상』, 민음사, 1988.

3. 도산안창호기념사업회, 『도산안창호』, 1947.

4. 박만규, 「삼균주의 정립의 민족운동사적 배경 고찰」, 『변태섭박사회갑기념사학논총』, 1985.

5. 조선총독부경무국, 『고등경찰요사』, 1929.

6. 주요한, 『안도산전서』, 삼중당(신정판), 1971.

7. 채근식, 『무장독립운동비사』.

8. 김영희, 「길영희의 회고」, 『기러기』 1987년 6월호.

III.　안창호 민족주의에서의 자유주의

1. 머리말

한국 근현대사의 전개 과정과 그 결과를 사상사적 관점에서 보면 자유주의는 다른 어떤 사상보다 큰 비중을 차지하고 있다고 말할 수 있다. 해방 후 대한민국의 정치경제 체제를 규정하는 사상적 근간이 되고 있을 뿐 아니라, 현재 한민족 구성원 가운데 절대 다수의 가치 체계의 중심을 이

루고 있기 때문이다. 따라서 자유주의의 발생과 그 발달 과정을 살피는 일
은 우리 근현대 역사의 이해를 위해 매우 중요한 연구 주제가 아닐 수 없다.

여기서는 한말·일제 시기 우리 근대 민족운동에서 지도적 역할을 수
행한 인물 중의 한 사람이었던 도산 안창호의 민족주의 사상을 살펴보기
로 하되, 특히 그 자유주의적 측면에 주된 비중을 두어 서술하려고 한다.[1]

이를 위해 먼저 그의 청소년기 근대 사상의 형성 과정을 살펴보고, 또
그의 민족주의가 1920년대 후반을 고비로 기왕의 자유주의적 성격으로
부터 새롭게 평등주의적 내용을 가미하여 절충 조화시키는 방향으로 변
용을 일으키게 되는 계기와 과정도 언급하게 될 것이다.

---

1   그런데 이 글의 주제와 관련하여 곧바로 안창호의 자유주의라고 말하지 않고 그의 민족 주
의에서의 자유주의적 측면에 주목하여 서술하겠다고 하는 것은 다음 두 가지 사실에 유의
하기 때문이다.

첫째는, 안창호의 사상을 논하는 경우 기본적으로 개인주의적 성격이 강한 자유주의를 중
심으로 말하기보다는 역시 민족주의를 근간으로 해서 보아야 한다고 믿는 까닭이다. 비록
그가 동시대의 다른 누구보다도 개인의 가치와 중요성을 옹호하고 그 기초 위에서 자신의
사상체계를 쌓아 갔던 인물임에는 틀림없지만 국가와 민족의 총체적 위기 국면 속에서 온
생애를 국권의 회복과 민족의 근대적 발전을 위해 바쳤던 그에게는 그 어떤 이념이나 사상
도 궁극적으로 민족주의 이상의 가치를 지닐 수는 없었다고 본다.

둘째는, 민족주의자로서의 안창호의 사상이 시기에 따라 그 내용에 상당한 변화를 보여 주
었던 점을 고려한 까닭이다. 즉 안창호의 민족주의는 1920년대 전반까지는 명백히 자유주
의 내지 자유민주주의를 그 내용으로 하고 있었다.

그러나 3·1운동 이후 한국 사회에 공산주의가 수용되어 현실적으로 두터운 세력을 형성하
자 안창호는 그의 자유주의적 민족주의의 큰 틀 속에 사회주의적 가치를 가능한 범위에서
수용해 들여 좌우의 이념을 절충하고 수렴한 중도적 신민족주의를 지향하면서 사회민주주
의 성격의 대공주의大公主義를 정립하였기 때문이다.

널리 알려져 있듯이 도산 안창호(1878~1938)는 한말·일제 시기 우리 근대 민족운동의 최고지도자 가운데 한 사람이었다. 뿐만 아니라 사상적으로도 한국 근대민족주의를 앞장서 선도했던 인물이었다. 그는 민족의 독립을 위해 다양한 실천 활동을 전개하면서 동시에 한국 민족이 일제의 식민지 지배에서 벗어나 독립할 수 있는 방안이 무엇이며, 또 독립을 찾은 이후에는 민족국가를 어떤 방향으로 세워 갈 것인가 하는 점에 대해 끊임없이 탐구하였다.

그가 주로 교육과 훈련을 통해 근대적 국민을 양성하는 일, 그리고 그들을 널리 단합할 수 있도록 하는 일에 각별한 관심과 노력을 기울였던 것은 일제로부터 독립을 달성하여 이상적인 민족국가를 세우겠다는 그의 근본 목적과 긴밀히 연결되어 있었다. 따라서 안창호 민족주의의 사상적 내용과 성격을 이해하기 위해서는 주로 그가 독립운동의 과정 속에서, 그리고 독립을 찾은 이후 민족국가의 건설을 통해 실현하고자 했던 바람직한 개인과 사회와 국가의 모습이 어떤 것이었는지를 알아보아야 한다고 생각된다. 그리고 이를 몇 개의 시기로 나누어 보는 것이 좋을 것이다.

안창호의 생애를 사상적 측면에서 보면 크게 다음의 세 시기로 나누어 볼 수 있을 듯하다.

첫째는, 개항 직후 평양 근교의 한 농가에서 출생한 그가 주로 기독교와 서양의 근대 사상을 수용하여 당시로서는 선각적인 신지식인으로 그리고 근대 민족운동가의 한 사람으로 성장하기까지의 과정이니 대략 1905년 을사조약 체결 무렵까지를 말한다. 이 시기 그는 서울 유학을 통한 기독교 수용 및 독립협회와 만민공동회운동에의 참여 그리고 미국에서의 교민

지도 활동을 체험하였는데 우리 근대 역사에서 대체로 독립협회 단계의 민족주의와 근대화론을 갖고 있었으며, 사상적으로는 자유주의에 입각해 있었다.

둘째는, 그가 미국에서 을사조약 체결의 소식을 듣고 대한제국이 국제 열강의 승인 아래 일제에게 실질적으로 멸망하였다고 인식한 다음 새로운 민족운동 구상을 가다듬게 된 때로부터 1920년대 전반까지의 약 20여 년 간에 걸친 시기이다. 이 시기의 그는 독립협회 단계의 사상에서 한 걸음 더 나아가 민주공화국 건설이라는 한국 근대 민족운동의 정치적 목표와 독립전쟁준비라는 실천 방략을 정립함으로써 한국 근대민족주의를 확립하고 이를 널리 전파하면서 주도적으로 실천해 나갔는데, 사상적으로는 역시 자유주의에 입각해 있었다.

셋째는, 1926년부터 본격화된 중국에서의 좌우합작의 대독립당운동을 선도하면서 이론적으로도 이를 뒷받침하기 위해 자유주의와 사회주의를 절충 수렴하여 중도적 성격의 새로운 민족주의를 지향한 시기이다. 3·1운동 후 새로 유입된 공산주의가 기존의 자유주의적 민족주의와 사상적 갈등을 일으키게 되자, 이를 자주적인 민족국가의 건설이라는 대전제 아래 선택적으로 수용하여 자유와 평등의 적절한 조화를 추구하는 사회민주주의적 성격의 신민족주의로서 대공주의를 정립해 주장하였던 것이다.

이제 이를 시간적 순서에 따라 단계별로 좀 더 부연하여 설명해 가려고 한다.

2. 초기 근대 사상의 형성

1) 청소년기의 근대 사상 접촉

안창호는 개항 직후인 1878년 11월 9일 평남 강서군에서 고려말의 유학자 안유의 17대 후손으로 농업에 종사하던 안흥국의 3남으로 태어났다.[2] 출생 당시 그의 가정 형편에 대해서는 농가였다는 것뿐 상세한 정황은 알기 어렵다. 그러나 그가 어려서 목동 등 집안일을 거들면서도 가정과 서당에서 한문과 유학을 배울 수 있었으며, 독립협회 활동 후 귀향해서는 학교를 세우고 하천을 매립하는 일에도 착수할 수 있었다는 사실들에 비추어 보면 당시 농가로서는 상당히 여유 있는 중상층 정도의 자작농이 아니었을까 짐작된다.[3]

그는 만 17세 때까지 고향의 서당에서 한문을 배웠다. 특히 14세에서 16세까지의 3년간은 김현진이라는 선비에게서 유학을 수학하였으며 필대은이라는 동문의 선배로부터는 당시의 신지식을 접할 수 있었다고 한다. 이때 배운 그의 전통 한학이 어느 정도의 수준에 이르고 있었는지는 확인할 수 없지만 후일 그의 상당한 문장력과 평이하면서도 요령을 얻고

2 　주요한, 『안도산전서』신정판, 삼중당, 1971. 이하 그에 관한 전기적 사실은 주로 이 책에 의거하며 『전서』로 약칭한다.

3 　한편 3·1운동 이후 상해에서 안창호가 이끄는 흥사단에 입단하였고 그와 자주 접하였다는 김산金山은 "안창호는 평양 부근 강서 지방에 있는 어느 중류 지주의 가정에서 태어났다." 라고 말하고 있다.(님 웨일즈 지음, 『아리랑』, 조우화 옮김, 동녘출판사, 1984, p.30.)

있는 고사의 인용 등은 주로 이 시기의 한학 수업에 힘입었을 것으로 생
각된다. 동시에 이때 필대은을 통한 신지식에의 접촉은 그의 생애의 방향
을 설정하는 데 큰 영향을 미친 중요한 계기의 하나였다고 볼 수 있다. 도
산보다 몇 살 위의 선배로서 한문을 잘하였고 고서적과 중국 서적을 많이
읽어 도산에게 지식 방면에 많은 영향을 준 필대은은 청소년기의 안창호
에게 큰 영향을 준 선각적 계몽자였던 셈이다.

　만 16세 되던 해 그는 또 하나 큰 각성의 계기를 맞게 된다. 1894년 가
을 평양에서 청일전쟁을 직접 목격한 일이 그것이다. 전장의 폐허를 바
라보며 그는 어찌하여 일본과 청나라가 우리나라에 군대를 끌고 들어와
서 전쟁을 하게 되었는가를 거듭하여 생각하게 되었으며, 마침내 '외국이
마음대로 우리 강토에 들어와서 설레는 것은 우리에게 힘이 없는 까닭이
라.'는 결론에 도달하였다고 한다. 이후 그가 힘의 중요성과 실력 준비의
필요성을 누누이 강조하게 되는 사실과 관련하여 볼 때도 그의 전 생애에
걸쳐 잊을 수 없는 대각성의 결정적 체험이었다고 할 수 있다.

　이듬해인 1895년 만 17세의 그는 단신으로 상경하여 정동에 있던 밀
러학당救世學堂에 입학하였다. 보통반에 이어 특별반까지 마친 다음 19세
에 졸업하였다. 미국인 선교사 언더우드가 세운 이 학교에서는 이때 주로
기도와 찬미 등을 가르치고 있었는데, 여기서 그는 기독교에 입교하였고
서양 문화를 마음대로 받아들일 수 있었다고 한다.[4]

4　『전서』, p.25.

2) 독립협회와 공립협회 활동

1897년 그가 구세학당을 졸업하였을 때는 서울에 이미 독립협회가 결성되어 시민층을 대상으로 토론회를 통한 계몽 활동과 조직 확대를 꾀하고 있었다. 안창호 역시 이때에 독립협회에 가담하게 되었으며 고향인 평양에 내려가서는 한석진, 필대은 등과 함께 독립협회 관서지부를 설치하였다. 그는 독립협회가 만민공동회를 개최하면서 본격적인 민중투쟁기로 접어든 이듬해 후반에는 이른바 '소장혁신 신진파'로 불리던 청년간부의 반열에 들게 되었다. 독립협회와 만민공동회의 개혁운동은 당시 집권 세력으로부터 중추원을 반관반민 성격의 의회로 개편하여 운영하기로 약속받는 등 한때 큰 성과를 거두었으나 결국 그해 말 고종을 중심으로 한 수구 정권의 탄압을 받아 강제로 해체당하고 말았다.

비록 1년 반가량의 짧은 기간이었지만 독립협회 참여와 만민공동회에서의 활동은 20세 전후 청년기의 안창호에게 매우 중요한 의미를 갖고 있었다. 그가 직접 체험한 최초의 사회 활동이었다는 사실 외에도 다음 두 가지 점에서 큰 의미를 가졌기 때문이다.

첫째, 독립협회와 만민공동회에서의 활동을 통해 그가 장차 본격적으로 전개될 한말의 구국운동과 일제 시기의 독립운동 기간에 접하게 될 많은 인사들과 교류를 가졌다는 점이다. 이 시기 만민공동회운동에 참여하였던 소장 청년층 인물들은 대부분 그 후 1900년대 후반의 국권수호운동과 식민지 시기 민족독립운동의 지도층으로 성장하였다. 독립협회와 만민공동회운동에의 참여라는 배경은 그가 한말 일제 시기 구국운동 민족독립운동에서 주도적으로 활동하는 데 크게 도움이 되는 요소의 하나로 작용하였던 것이다.

둘째, 무엇보다도 독립협회의 사상에 직접 접하게 된 사실이다. 개화적 분위기가 강했던 관서지방에서 자랐으며 기독교계 학교에서의 수학으로 이미 개화지향적 성향을 뚜렷이 지니게 되었거니와 당시의 신지식층이 거의 망라되었던 독립협회에의 참여와 만민공동회운동의 체험은 사상 형성 과정의 그에게 결정적인 영향을 미쳤다고 하겠다. 흔히 자주독립, 자유민권, 자강개혁의 이론으로 집약되어 말해지고 있는 독립협회의 주요 사상은 결국 민족주의와 민주주의 그리고 근대화를 지향하고 있었다. 서양의 근대시민사상을 주로 하여 이루어진 독립협회의 사상적 지향을 특히 정치적 측면에 한정해 보면, 일부 급진파 청년들로부터 공화국 건설의 주장이 나오기도 했지만 지도부의 공식 입장은 기존의 전제군주제 국가를 이른바 군민동치君民同治의 입헌군주제 국가로 개혁하려는 데 있었다. 안창호 역시 이 같은 독립협회의 공식 견해를 수용하고 있었던 것으로 생각된다.

독립협회가 해산된 뒤 귀향한 그는 초급 과정의 점진학교를 세웠으며, 동시에 대동강의 강변을 매립하여 농지로 개간하는 공사에도 착수하였다.[5] 이는 독립협회와 만민공동회운동을 통한 직접적인 정치사회 개혁운동이 수구파 정권의 탄압을 받아 실패로 돌아가면서 보다 장기적인 안목에서 근대 교육과 산업 활동을 통해 민중적 기본역량을 배양하자는 이 시

---

5 『전서』, p.68.

기 신지식층의 생각과 흐름을 같이하는 것이었다.

3년 동안 고향에서 교육과 산업에 종사하던 안창호는 만 24세 되는 해에 도미 유학이라는 또 한번의 중대한 결단을 내리게 된다. 점진학교의 운영을 동지들에게 맡기고 절반쯤 진척된 하천 매립공사는 바로 위의 형에게 위임한 다음 1902년 9월 미국 유학의 길에 올랐던 것이다.

처음에는 "교육학을 연구하고 돌아와 국내에서 교육 사업에 종사하려는 계획과 기독교의 깊은 뜻을 연구하려는 생각을 품고" 떠났으나, 샌프란시스코에 도착한 그는 곧 방침을 바꾸게 되었다. 현지에서 본 동포들의 비참한 모습에 충격을 받아 일단 학업을 포기하고 우선 그들의 생활 개선을 위한 지도에 나서게 되었다.

당시 미국 서부에는 20여 명의 한국인이 있었는데 그중 반가량은 그와 비슷한 처지의 유학생이었으며 나머지 반은 주로 중국인을 상대로 인삼을 판매하는 행상이었다. 그런데 이들은 극히 어려운 처지에서 근근히 생활을 꾸려가면서 서로 간에 사소한 이익을 다투며 치열한 경쟁을 계속하고 있었다. 그는 동향 출신의 유학생 동료인 이강, 정재관, 김성무 등의 재정적 도움을 받으며 자신은 직접 그들 교민 지도를 맡기로 하였다. 동포들 사이에서 차츰 신임을 받게 된 그는 이듬해 9월 상항친목회 桑港親睦會를 조직하였는데, 회원 9명으로 비록 그 세력은 미미하였으나 미국에서 조직된 최초의 한인 단체였으며 공립협회의 모체가 되었다는 데서 적지 않은 의미가 있는 것이었다.

이어 그는 로스앤젤레스 부근의 리버사이드河邊로 이주하였다. 여기에서도 그는 18명의 한인 노동자를 모아 공립협회 共立協會를 조직하였

다. 곧 그 회원이 배로 증가하고 어느 정도의 기틀이 세워지자 동지들의
권유를 받아들여 다시 샌프란시스코로 되돌아갔다.

1905년 4월 그는 샌프란시스코에서 앞의 상항친목회를 확대, 발전시
켜 공립협회로 개편하고 이를 본부로 삼았다. 이때 그가 샌프란시스코에
다시 돌아와서 공립협회 본부를 조직하면서부터는 회원 간의 상부상조를
목적으로 하던 이전의 단순한 친목 단체가 아니라 애국을 구호로 내세운
정치사회 단체로 발전시켰다.

공립협회는 국내에서 을사조약이 체결되던 이해 11월에는 3층 건물을
구입하여 자체회관을 마련하였고 기관지로 주간의 한글판 공립신보를 발
간하는 등 크게 발전하였다. 그 후에도 공립협회는 일단 하와이로 왔던
한인 노동자들이 속속 미국 본토의 서해안 지역에 건너옴으로써 그 세력
이 날로 확대되고 있었다. 그가 귀국할 무렵인 1907년 초에는 샌프란시
스코의 본부 외에 로스앤젤레스, 레드랜드, 리버사이드, 오클랜드, 보이
드, 라크스, 브링스 등 7곳에 지부를 둔 회원 6~700명의 대단체로 성장
하였다. 초대 회장이었던 그의 뒤를 이어 송석준과 정재관이 회장을 역임
하였으며 그가 귀국한 이후 1909년에 이르러 하와이의 합성협회와 합병
하여 국민회로 확대 개편된다.[6]

결국 안창호의 도미는 유학이라는 원래의 목적에서 완전히 벗어나고
만 셈이었다. 현지의 당면 과제였던 교민 지도에 뛰어들어 시간과 노력을
집중하게 되었던 것이다. 그것이 결과적으로는 그가 전 생애를 통해 민족

---

6   김도훈, 『공립협회의 민족운동연구』, 『한국민족운동사연구』4, 1989 참조.

운동가로서 활동하는 과정에서 언제나 튼튼한 기반이 되어 주었다는 점에서 매우 중요한 의미를 갖는 것으로 볼 수 있다. 반면 그가 정식 수학 과정을 밟지 못한 데서 갖게 된 불리함도 컸다고 생각된다. 그 득실을 정확히 판별하기는 어려운 일이라 하겠다. 어쨌든 안창호는 미국 교민사회를 바탕으로 성립된 공립협회라는 나름대로의 독자적인 지지기반을 가진 한국 근대 민족운동의 유력한 지도자의 한 사람으로 성장했던 것이다.

그러나 안창호가 4년여 동안 미국에 체류하면서 활동했던 결과로서 보다 더 주목되어야 할 사실은 그가 지금까지 갖고 있던 독립협회 수준의 민족주의와 민주주의 그리고 근대화론에서 한 걸음 더 나아가 자기 나름의 민족운동 이론을 확고히 정립하게 되었던 점이다. 이때 그의 민족운동론은 을사조약으로 일제에게 국권을 침탈당한 새로운 상황에 대응하여 만든 새로운 이념과 방략을 포괄한 것이었다.

구체적으로는 민주공화국 건설이라는 목표와 독립전쟁의 준비라는 방법론과 비밀결사라는 조직 형태가 그것이었다. 이러한 구상은 곧 그가 귀국하여 국내에서 펼친 신민회운동을 통해 구체적인 실천 단계에 접어들게 되었으며, 동시에 이후 한국 근대 민족운동의 중심적인 이론 체계로 자리 잡게 되었던 것이다.

3. 근대민족주의의 확립과 자유주의적 성격

1) 근대민족주의로서의 신민회운동론

안창호가 미국의 한인 교민사회에서 대중적 지도자로 확고한 기반을 쌓아가고 있는 동안 국내 정세는 급속히 악화되고 있었다. 1904년 2월 러일전쟁 발발과 함께 한반도는 일제의 군사적 지배 아래 들어가게 되었던 것이다. 전쟁이 끝난 다음 1905년 11월에는 을사조약을 강요당해 외교권을 빼앗김으로써 명실공히 그 보호국으로 전락하였다. 다시 이듬해 1906년 2월에는 일제가 통감부를 개설하고 내정의 각 부문에서도 실질적 권한을 행사하여 실제로는 그들의 완전한 식민지와 다를 바가 없게 되었다.

미국에서 을사늑약 체결의 소식에 접한 안창호는 이를 곧 국권의 상실로 단정하였다. 따라서 장기적이고 체계적인 구상 아래 본격적인 구국운동을 전개할 필요성을 절감하게 되었다. 이에 나름대로 새로운 구국운동의 방안을 모색하던 그는 1906년 말에서 1907년 초의 연휴 동안 이강, 송석준, 정재관, 김성무, 임준기 등 공립협회의 측근 동지들에게 자신이 구상한 본격적인 구국운동의 이론과 그 실천 방안을 설명하고 함께 집중적으로 협의했던 것으로 믿어진다. 그리고 그 결과가 곧 국내에서의 신민회운동으로 나타나게 되었다.

1907년 2월 하순 귀국한 안창호는 곧바로 양기탁, 이갑, 이동휘, 유동열, 전덕기, 이동령 등 당대의 선각적 애국지사들을 결집하여 비밀결사인 신민회를 만드는 데 성공함으로써 이론과 실천의 양면에서 한국 근대 민족운동을 선도하는 위치에 서게 되었다. 같은 해 11월 말에는 일제 통감 이토오의 거듭된 초청에 못 이겨 면담을 갖는 등[7] 개화파 계열 신지식인 계몽운동의 중심에 서 있음을 보게 된다.

여기서 한가지 제기되는 의문은 한말 신지식인 애국지사들 사이에서 이처럼 안창호가 급격히 부상할 수 있었던 요인이 무엇이었는가 하는 점이다.

이미 지적하였듯이 과거 그는 국내에서는 비록 짧은 기간 동안이었지만 독립협회 운동에 참여한 바 있었으며, 1902년 도미해서부터 귀국할 때까지는 미국에서 한인친목회 및 그것을 확대, 발전시킨 공립협회를 조직해 형성 과정의 초창기 한인 교민사회에서 최고지도자로 성장해 있었다. 아울러 그가 담화와 연설에 능한 탁월한 설득력의 소유자였으며 사업에 대한 구상과 조직력에 있어서도 뛰어난 능력을 갖고 있었음은 잘 알려진 사실이다. 그러나 이러한 그간의 활동 경력이나 개인적 역량만으로 상당한 공백 끝에 귀국한 그가 여러 국내 활동가들 사이에서 중심적인 인물로 부상할 수 있었던 요인이 충분히 설명된다고는 말할 수 없다. 귀국 즉시 그가 발의한 비밀결사 신민회의 결성이 단시일에 성공할 수 있었던 요인이 과연 무엇이었는지를 따져볼 필요가 있는 것이다.

당시 서울에는 이미 대한자강회(1906.4.), 서우학회(1906.10.), 한북흥학회(1906.10.) 등의 합법적 공개 단체들이 결성되어 활동하고 있었다.

---

7   잡보「지사청요(志士請邀)」, 『대한매일신보』, 1907년 11월 30일.

그러한 상황에서 새로이 제안된 비밀결사 신민회 결성의 성공 요인을 단지 그 발의자인 안창호의 인간관계나 조직 역량만으로 설명하기는 어렵다. 역시 그의 새로운 민족운동론에 주목해야 한다고 본다. 즉 안창호가 신민회를 굳이 비밀결사로 할 것을 주장하면서는 기존의 다른 합법 단체들과는 질적으로 다른 목표와 방법론을 제시하였을 것으로 보아야 하며, 그러한 명분과 논리가 국내 운동가들로부터 적극적 관심과 공감을 얻을 수 있었다고 여겨지기 때문이다.

그러면 이제 안창호가 비밀결사 신민회의 결성을 발의하면서 그 이념과 방법으로 제시한 민주공화국건설론과 독립전쟁준비론에 대해 간략히 알아보기로 하자.

우선, 일제의 보호통치 하에서 엄중한 비밀결사로 조직된 신민회의 궁극적 목표가 일제의 무력을 몰아내고 공화정체의 근대국가를 건설하는 데 있었다는 것은 이미 잘 알려져 있는 사실이다. 즉 신민회의 정치적 목표는 을사늑약으로 일제에게 빼앗긴 외교권 등의 침탈당한 국권을 회복하여 단순히 대한제국을 그대로 연장시키자는 것이 아니라, 전혀 새로운 민주공화국으로의 신생 독립을 추구하는 데 있었던 것이다.[8]

이러한 사실은 귀국 직전 안창호가 미국에서 공립협회의 동지들과 함께 작성해 가지고 온 〈대한신민회취지서〉 및 〈대한신민회통용장정〉을 통

---

8 이때 당시의 국호가 대한제국이었고 또 안창호를 비롯한 다수 계몽운동가들이 스스로를 일컬어 늘 '대한'이라고 했던 점을 감안해 보면 그가 세우려 했던 국가는 곧 '대한민국'이었다고 하겠다.

해 쉽게 확인할 수 있다. 〈대한신민회취지서〉에서는 신민회의 목적을 다음과 같이 말하고 있다.

"凡 我韓人은 內外를 막론하고 統一聯合으로써 其進路를 정하고 獨立自由로써 其目的을 세움이니, 此- 新民會의 發願하는 바며 新民會의 懷惟하는 所以라, 略言하면 오직 新精神을 換醒하야 新團體를 組織한 후 新國家를 建設할 뿐이다."[9]

또 〈대한신민회통용장정〉의 목적 조항은 다음과 같다.

"本會의 目的은 我韓의 腐敗한 思想과 習慣을 革新하여 國民을 維新케 하며, 衰頹한 敎育과 産業을 改良하여 事業을 維新케 하며, 維新한 國民이 統一聯合하여 維新한 自由文明國을 成立케 함."[10]

위의 내용을 종합해 보면 안창호가 미국에서 새로운 구국운동으로서 신민회운동을 구상할 때는, ① 신정신을 가진 신민, 곧 근대적 국민을 양성하고, ② 그 신민들이 널리 연합하여 신단체를 형성하며, ③ 그 신단체를 국내외에 걸쳐 확대, 발전시킴으로써 마침내 신국가 곧 공화정체의 근대국가를 건설한다는 것이었음을 알 수 있다. 이는 그가 미국에서 직접

9　국사편찬위원회, 『韓國獨立運動史』1, p.1028.

10　국사편찬위원회, 앞의 책, p.1027.

본 미국식 근대국가의 수립을 지향한 것이라 할 것인데, 을사늑약으로 대한제국의 국권이 일제에 침탈당한 사실이 오히려 민주공화국 수립이라는 새로운 목표 전환의 직접적 계기가 되었던 것이라 할 수 있다.

동시에, 신민회의 국권회복운동이 궁극적으로 일제와의 전쟁, 곧 독립전쟁을 겨냥하고 있었다는 것도 이미 잘 알려져 있는 사실이다. 즉 일제로부터의 국권회복은 근대적 전쟁을 통해서만 가능한데, 이미 제국주의적 팽창의 길에 들어선 일본이 조만간 중국, 러시아, 미국 등의 열강과 충돌을 일으킬 것이므로 그러한 기회를 이용하여 우리도 일본에 개전하여 승리함으로써 국권을 회복할 수 있다는 논리였다. 따라서 이른바 기회론과 실력론을 결합한 개전준비론 혹은 독립전쟁준비론은 장차 반드시 도래할 일본과의 개전의 기회에 대비하여 최소한의 실력을 미리 준비해 두어야 한다는 의지를 담은 개념이었다.

한말 국권회복운동 과정에서 이 같은 개전준비론 혹은 독립전쟁준비론을 공개적인 자리에서 최초로 제기한 사람이 안창호였는데, 그가 신민회 조직을 열성적으로 추진하던 때였다. 즉 1907년 5월 12일 서북 지역의 청년학생들을 앞에 두고 행한 서울 삼선평에서의 연설에서 그는 먼저, "오직 흉금뇌수胸襟腦髓를 통척痛滌 하야 즉자금일 卽自今日 로 아국我國을 침해侵害하는 강국强國과 전격개전傳檄開戰하야 국권國權을 회복懷復할지니."라고 하여 국권회복을 위한 전쟁론을 극명하게 주장한 다음 곧이어 개전에 앞선 준비의 필요성을 강조하고 있다.

신민회 결성 무렵에 안창호는 현재 우리가 이해하고 있는 것과 완전히 같은 내용의 독립전쟁준비론을 명확한 형태로 표명하고 있었던 것이다.

이렇게 보면 한말·일제하 안창호의 독립운동 방략으로 흔히 말해지는
준비론이 바로 독립전쟁준비론 을 뜻하는 것임은 미루어 쉽게 알 수 있는
일이라 하겠다.[11]

이처럼 그가 새로운 구국운동의 방안으로서 독립전쟁준비론을 정립하
게 되었던 배경도 미국의 독립전쟁 체험과 관련지어 생각해 볼 수 있을
것이다. 물론 미국 체류라는 상황 요인은 비단 안창호에게만 해당되는 것
은 아니었기 때문에 미주 교민들의 단체인 공립협회의 집단적인 운동론
으로 볼 수도 있겠다. 그러나 이 경우에도 공립협회를 만들고 지도했던
그의 위치를 감안해 보면 민주공화국건설론이나 독립전쟁준비론을 정립
하는 데 선도적이고 주도적인 역할을 수행한 사람이 역시 안창호였으리
라는 사실에는 의문의 여지가 없다.

신민회가 비밀결사로 결성될 수밖에 없었던 것은 이처럼 그 이념이 대
한제국의 국체를 정면으로 부정하는 것이었고, 동시에 그 방법론은 일제
의 의도에 정면으로 배치되었던 까닭이었다. 어쨌든 비밀결사 신민회의
결성을 제안하면서 안창호가 제시한 민주공화국건설과 독립전쟁준비론
은 이후 식민지 시기의 한국 민족독립운동의 주류적인 이념과 운동론이

---

11 준비론이 곧 독립전쟁준비론을 의미한다는 사실은 후일 준비론을 비판한 대표적 인물의 한
   사람인 신채호의 글을 통해서도 확인된다. 1923년 신채호는 의열단의 요청에 의해 민중직
   접혁명을 강조한 〈조선혁명선언〉을 쓰면서 외교론과 준비론을 비판한 바 있었다. 여기서 그
   는 준비론이 한말에 시세를 아는 식자들이 외교로서 국권을 회복할 수 없다는 것을 알고 전
   쟁이 아니면 안되겠다는 자각 아래 정립한 방안이라고 하였다.
   즉 준비론이 곧 독립전쟁준비론임을 말하고 있는 것이다. 이때 그의 외교론 비판은 이승만
   을 겨냥한 것이었으며 준비론 비판은 물론 안창호를 의식한 것이었다.

되었다. 다시 말하면 안창호의 신민회운동의 이념과 방법론인 민주공화
국건설론과 독립전쟁준비론은 곧바로 한국 근대민족주의의 중심 내용을
이루었던 것이다.

2) 안창호 민족주의의 자유주의적 성격

이제 여기서는 이 글의 주제에 비추어 안창호가 정립했던 신민회운동
론 중에서 방법론 부분은 제외하고 그 이념 부분만을 보다 구체적으로 분
석해 보려고 한다. 즉 안창호가 신민회운동론을 통해 확립한 한국 근대민
족주의의 내용 가운데 사상적 성격을 말해 줄 수 있는 이념 부분만을 주
로 살펴보려는 것이다.

앞에서 지적하였듯이 안창호가 신민회운동을 구상할 때는 단순히 대
한제국의 국권회복을 목표로 한 것이 아니었다. 신정신(신민)―신단체―
신국가 혹은 신국민의 형성―신국민의 통일연합―자유문명국 성립이
라는 틀로서 개인과 사회 그리고 국가의 세 차원에서 한국 민족과 사회와
국가를 완전히 혁신하는 것을 목표로 하였으며, 동시에 이들 각각의 과제
를 유기적으로 긴밀히 연결시켜 생각하고 있었던 것이다. 편의상 이를 각
기 안창호의 민족주의에서의 근대국민론, 근대사회론, 근대국가론으로
이름 짓고 그 구체적 내용과 성격을 생각해 보기로 하자.

(1) 근대국민론

안창호가 말하는 신민, 곧 근대국민은 그것이 자주독립의 근대 민족국

가 건설이라는 한말·일제 시기 민족운동의 최고 과제와 직결되어 있었다는 점에서 가장 큰 특징을 찾아볼 수 있다. 그의 근대국민형성론은 일반적 의미의 근대적 인간을 배출하기 위한 교육론이 아니었다. 그가 조직과 활동을 주도했던 신민회의 근대국민, 근대사회, 근대국가의 형성이라는 연쇄적인 민족운동의 논리 속에서 나왔다.

이때 신국가의 실체가 민주공화국으로서 기존의 대한제국과는 전혀 다른 새로운 근대국민국가를 추구했던 것처럼 신민이란 전제군주국가 시대의 봉건적 신민臣民과는 완전히 다른 국가의 주인으로서의 근대국민을 지향하는 개념이었다. 안창호는 앞에서 본 1907년 5월 12일의 서울 삼선평에서의 연설을 통해 군주제 국가에서의 신민의식臣民意識을 강렬히 비판하는 동시에 근대적 국민주권사상을 강력히 피력하였다.

"邦은 樂千年 來로 國與民 間에 互相隔膜하야, 民之視國은 他 一個人의 所有로 認하야 前朝時代에는 3 王氏의 國이라 하며 本朝에 入하야는 旧 李氏의 國 이라 하야 其興其亡이 於己無關이라 하며, 國之待民은 看作魚肉하야 大魚는 中魚 食으로 (中魚는 小魚 食으로) 刺割侵奪로 爲一能事하야 비록 天地가 離覆하는 變 機가 迫頭하야도 頓不顧念이라가 學意은 奴鍊文券을 績給하는대 至하야스되 獨是 舊狀態로 斥位素髮에 一事를 不敬하고 低히 他人의 居睦을 仰視하여 己의 休 成을 삼으니 天理人情에 事容苦是리오. 然則 國家는 一人의 所有가 아니요 人 廣上에 大韓 그字를 各其擔着하야스니 顧컨대 前3思量을 供存치 幻하라."[12]

위의 연설에서 보듯 안창호는 청년학생들에게 망국의 원인이 국가를 국왕 개인의 소유물로 여겨왔던 절대군주제의 잘못된 정치제도에 있음을 명확히 지적하고, 구래의 신민臣民 의식에서 벗어나 국가의 주인으로서 의 책임 의식을 확고히 할 것을 강조하고 있는 것이다.

그런데 안창호의 근대국민론은 단지 국가의 주인이라는 의미에서 그친 것은 아니었다. 한 걸음 더 나아가 보다 현실적으로는 일제에게 침탈당한 국권을 되찾기 위한 국권회복운동 및 민족독립운동을 담당할 근대민족운동의 주체라는 의미까지를 담고 있었다. 따라서 안창호에게 있어서 한말 근대국민 형성의 과제는 그가 주도했던 신민회의 구국운동과 절대로 분리되어 이해될 수 없는 주장이었다. 이에 관해서는 후일 안창호가 신민회 시기의 동지였던 안태국을 추모하는 자리에서 행한 다음과 같은 회고를 통해 그 단면을 그려 볼 수 있다.[13]

"선생(안태국)이 노력하던 국사 중에 특히 담책한 일은 신민회 사업이었소. 일본이 한국에 대하여 6조의 늑약을 체결한 후에 당시의 수치를 아파하며 미래의 음악陰惡을 예측하고 장차 일인을 구축하고 국권을 회복할 만한 실력을 준비하기로 결심하고 신민회를 발기하니, 그 종지는 일은 단결력이요 이는 인재력이요 삼은 금전력이요 하셨더이다.

단결력은 어떻게 준비하려던 것인가. (중략)

---

12 「연설」, 『서우西友』상, 아세아문화사, p.394.
13 「동오 안태국을 추도함」, 『안도산전서』중, 도산기념사업회, pp.153~154.

인재는 어떻게 양성하려 하였는고. 곧 단결한 동지가 국내 각 구역을 분담하여 일반 국민에게 교육의 정신을 고취하여 학교의 설립을 장려케 하며, 특별히 각 요지에 중학교를 설립하고 보통의 학과를 교수하는 이외에, 군인의 정신으로 훈련하여 유사지시에는 곧 전선에 나아가 민군을 지휘할 만한 자격자를 양성하려 하였으니 곧 중학교로서 정신상 군영軍營을 지으려 하였소. 그 밖에 뜻있는 청년을 망라하여 무실역행務實力行의 정신으로 수양을 동맹하여 건전한 인격을 작성케 하려고 국내의 유지한 인사들과 합동하여 기관을 설립하고 나아 왔었소.

금전은 어떻게 준비하려던 것인가. (중략)"

이는 신민회의 교육운동이 단지 일반적 의미의 근대국민을 양성하는 데 그치지 않고 곧 독립운동의 담당자를 키우는 데 최종 목적을 두고 있었음을 말한다.

그러면 국가의 주인이며 민족운동의 주체이기도 한 신민, 곧 근대국민은 어떠한 특성과 자격을 가져야 하는가. 안창호에 의하면 우선 건전한 인격을 가진 애국자라야 하며 아울러 근대적 지식과 생활 능력을 가진 사람이어야 했다.

그는 건전한 인격과 관련하여 다양한 개념들을 만들어 사용하였다. 한말 신민회운동 시기 청소년 수양 단체로 청년학우회를 만들게 한 그는 무실務實, 역행力行, 자강自彊, 충실忠實, 근면勤勉, 정제整齊, 용감勇敢을 그 강령으로 정하였다. 그 가운데서 무실과 역행이라는 말은 안창호가 가장 강조하고 애용했던 단어였다. 그 자신의 설명에 따르면, 무실역행이

255

란 '참되기를 힘쓰고 행하기를 힘쓰는' 것이었다. 이때 무실의 반대는 허위요, 역행의 반대는 공리공론이었다.[14]

또 무실 역행과 더불어 안창호는 충의忠義와 용감勇敢이라는 말도 강조하였는데 후일 미국에서 그가 청년학우회를 되살려 홍사단을 설립하면서는 이들을 4대 정신적 덕목으로 규정하였다.[15]

이들 개념은 모두 나름대로 그것들이 갖고 있던 본래의 의미를 내포하고 있었을 뿐 아니라, 당시 한국 민족이 낡은 정치제도와 봉건적 사회의식의 굴레 속에서 살아오는 동안 어쩔 수 없이 지니게 되었던 성격적 약점들을 교정하기 위한 현실적 의미를 더 강하게 갖고 있었다. 그리하여 이들은 일반적 의미의 근대적 인간이 갖춰야 할 덕목으로서만이 아니라 근대 민족운동의 주체로서 반드시 갖춰야 할 실천적 덕목으로서의 의미를 함께 지녔던 것이다.

무실, 역행, 충의, 용감과 같은 덕성을 체득한 건전한 인격의 인물이라면 국가와 민족이 존망의 위기에 처한 상황에서 필연적으로 애국심이 발로될 수밖에 없으며 그러한 건전한 인격에서 나오는 애국심이라야 분별과 책임감이 따르는 진정한 애국심이라고 믿었다.

건전한 인격과 애국심에 더하여 안창호는 근대국민이 갖춰야 할 자격으로서 생활 능력을 중요시하였다. 그는 누구나 자기의 힘으로 살아갈 수 있는 자립의 능력을 가져야 한다고 생각하였다. 모든 사람이 한 가지 이

---

14 주요한, 『안도산전서』상, p.103.

15 홍사단, 『홍사단운동 70년사』, 1986, p.79.

상의 전문 지식이나 전문 기술을 가지고 제 의식 생활을 해결하는 생산적 직업인이 될 것을 요구하였다.

그러한 근대국민은 어떻게 만들어지는가? 그에게 있어서 근대국민의 형성이라는 과제는 궁극적 목표인 근대국가 건설을 위한 기초 단계의 전부이며, 나아가 준비 단계 활동의 절반을 차지하는 가장 핵심 부분을 차지하고 있었다. 따라서 한말 그의 민족운동은 기본적으로 계몽운동의 방식을 띠지 않을 수 없었다. 그러나 그의 근대국민 형성을 위한 주장과 노력은 대중을 단지 계몽 혹은 교화의 대상으로만 보지 않고 어디까지나 민족운동의 주체이며 장차 수립되어야 할 근대국가의 주인으로 보는 전제 위에서 전개되었다. 따라서 그의 근대국민형성론은 스스로의 자각에 의한 변화, 곧 자신自新을 강조함과 동시에 자신에 뜻을 함께하는 개인들의 공동의 의식적인 노력을 뜻하는 동맹수련同盟修鍊을 매우 강조하는 특징을 갖게 되었다. 그가 즐겨 쓴 자아혁신自我革新이나 인격혁명人格革命이라는 말은 자신과 전혀 같은 뜻의 말이었다. 또 청년학우회의 설립을 통해 보여 주었듯이 사회적 조건이 아직 미숙한 상황을 고려하여 자기혁신의 의지를 가진 개인들로 하여금 함께 노력하도록 하는 수련조직의 중요성에 늘 유의하였다.

안창호의 근대국민형성론은 이런 특징들 때문에 자칫 계몽운동이 빠지기 쉬운 우민관에 입각한 일방적 계몽주의나 국가론이 사상된 근대화 지상론의 한계에서 벗어날 수 있었던 것이다.

(2) 근대사회론

한국 민족이 근대사회에 적응하여 독립국가를 이루고 생존 번영하기 위해서는 민족 구성원들이 건전한 인격과 애국심 그리고 왕성한 생활 능력을 가져야 했다. 개개인의 능력이 곧 민족적 역량의 기초를 이루기 때문이었다. 이를 위해서는 국민 각자가 강한 결합력으로 단결되어야 했다.

민족 구성원 모두가 건전한 인격자가 되고 건전한 인격을 가진 개인들이 굳게 결합할 때 민족역량이 증대된다는 것이었다. 자주독립의 쟁취와 번영발전이라는 민족적 과제는 건전한 인격을 가진 국민들이 공고히 결합한 민족적 역량을 기초로 하는 것이다.

이는 그가 사회와 국가의 성립을 개인들의 자유의사에 따른 합의에 의해 이루어진 것으로 보는 데서 나온 것이다. 이 경우 모든 국민 개개인의 자유와 의사를 존중하고 보면 사회적 합의는 어떻게 이룰 수 있는가? 이는 여론의 형성, 즉 공론에 의한 합의와 그에 대한 복종에 의해서 가능하였다. 즉 여론형성의 과정을 통해 민주적 단결과 협동을 이룬다는 것이다.

또한 도산은 단체나 조직 활동에서, 나아가 민족 사회 전체의 영역에서 개개인의 자유로운 의견 발표와 그에 근거한 여론의 형성을 강조하였다. 그리고 그 여론과 공론에 기초하여 신성한 단결을 이루고자 하였다. 그는 각 개인이 진정으로 사려 깊은 생각을 하고 또 동시에 타인의 의견을 존중할 줄 아는 인격을 갖춘다면 여론의 형성은 자연도태와 적자생존의 원리에 의해 자연스럽게 이루어질 것이라고 보았다.

수신 제가 치국 평천하와 같은 발상 즉 건전인격―건전사회―건전국가―건전세계를 꿈꾼 것이다. 2천만 모두가 주권자인 민주주의 사회로서의 대한민국은 그러면 어떤 매개체로서 엮어지는가. 도산의 대국민 언론 행위는 독립협회 가입과 만민공동회 관서지부를 창립함으로써 시작되었다. 봉건사회로부터 시민사회로의 전환의 시기에 행한 것으로 폐쇄적 봉건적 커뮤니케이션 형태에 개방적인 커뮤니케이션 행위를 도입한 여론 형성 행위였다. 유명한 쾌재정 연설은 사실을 알리고 그것을 통해 민중들의 자발적인 의견 형성을 유도하였으며, 그러한 힘을 외세에 저항하는 정치적 힘으로 전환시키도록 노력하였던 것이다.

(3) 근대국가론

안창호는 대한제국이라는 구국가에 대한 전면적 부정 위에서 당시로서는 가장 선진적인 민주공화제의 근대국민국가 건설을 지향하였다. 우리나라에서 군주제의 완전한 폐지를 전제로 한 민주공화국 건설의 주장은 1898년 독립협회운동이 가장 고조되었던 때 이미 한 차례 제기된 바 있었다. 그러나 당시는 아직 전제군주국 체제가 엄연히 그 기틀을 유지하고 있던 상황이었을 뿐 아니라, 독립협회의 지도부를 비롯한 회원 다수의 생각은 충군애국을 내세우며 입헌군주제로의 개혁을 목표로 하였다. 반면 공화제 주장은 단지 급진적인 소수 청년층의 견해에 그치고 있었다.

1905년의 을사조약 이후에도 이 같은 정치사상적 상황은 크게 다를 바 없었다. 대한자강회 등 신민회 결성 이전의 신지식인층의 계몽운동은 여전히 충군애국에 바탕을 둔 입헌군주제 실현을 지향하였던 것이다.

따라서 안창호가 귀국하여 비밀리에 신민회를 결성하면서 군주제 국가의 개혁이 아닌 완전 폐지를 그 공식 목표로 제안한 것은 획기적인 일이었으며 동시에 그것은 대한제국이 이미 일제의 보호국으로 전락해 거의 무력화된 당시 시점에서 보면 매우 시의적절한 제안이었다고 볼 수 있다. 그리하여 출신 신분으로나 또는 경력 면에서 대부분 대한제국에 상당한 친화감을 갖고 있었던 국내 활동가들에게 처음에는 적잖은 충격이 되었겠지만 곧 그의 제안에 동의하게 되었던 것으로 여겨진다.

안창호가 언제 어떤 계기로 민주공화국가의 건설을 정치 목표로 갖게 되었는지는 정확히 말하기는 어렵다. 그러나 늦어도 그가 국내에서의 활동을 위해 신민회 결성의 구상을 품고 귀국을 결심했을 때는 민주공화국가 건설을 확고히 지향하고 있었음이 분명하다.

역사적으로 보면 이런 그의 민주공화국가 건설이라는 정치 목표는 한말 신민회운동을 통해서는 결국 실현되지 못하였다. 그러나 1910년대에는 미국에서 그가 주도한 대한인국민회를 통해 민주공화국 건설의 정신은 계속되었고, 이어 1919년 3·1운동 후 상해에서 수립된 대한민국임시정부를 통해 불완전하게나마 실현되었다고 볼 수 있다.

안중근의 이등박문총살사건 직후 그 배후 인물로 지목받아 일제 경찰에 체포당 한 후 5개월 만에 풀려난 그는 대한제국의 멸망이 눈앞에 다가오자 국외 망명의 길에 나섰다. 처음 만주와 연해주의 원동에서 독립운동 기지 개척에 매진하려던 계획이 동지들 간의 이견으로 차질을 빚게 되자 그는 가족과 든든한 지지기반이 있는 미국으로 가게 되었다.

그는 미국에서 대한인국민회 중앙총회를 결성하고 총회장에 취임하였는데 대한인국민회 중앙총회는 스스로를 해외 한인들을 대표하는 임시정부로 자임하였다.

그는 대한인국민회를 무형의 정부로 자이하면서 자치제도를 실시하여 일반 동포가 그 안에서 자치제도의 실습을 받으면 장차 있을 독립국가의 건설에 큰 공헌이 될 것으로 여겼다. 국민회는 중앙총회 아래 북미, 하와이, 시베리아, 만주의 4개 지방 총회를 두고 또 그 아래 116개의 지방회를 두는 체제로 짜여져 있었다. 회원의 권리와 의무는 민주국가의 국민과 같이 모두 평등하였으며, 입법과 행정의 권리를 나누어 지방회는 일반회원으로 구성된 대의회가, 지방총회와 중앙총회는 각 지방회에서 선출된 대표회가 각기 의결권을 갖는 입법기관이었고, 중앙총회와 지방총회, 지방회 등은 행정권을 행사하였다. 이를 한말 신민회의 본래 구상과 연관시켜 보면 국내를 제외한 해외 한인의 통일연합으로 세운 신단체요, 정신적으로는 신국가인 셈이었다.

또 1919년 3·1운동 후 국민회의 원동 파견 대표 자격으로 상해에 간 그는 6월 28일 임정의 각료로 추대된 지도자급 인물들 가운데 유일하게 내무총장에 취임하였다. 그는 취임 연설을 통해 이제 항구적 세계평화에의 기여라는 데까지 그 지평을 확장시킨 가운데 '모범적 공화국'의 건설을 거듭 다짐하고 있었다.

한말 신민회 결성 과정에서 안창호가 공식 제안하여 1910년대의 대한인국민회 중앙총회를 거쳐 상해임정의 수립으로 극히 불완전하게나마 실현된 민주공화제 신국 가의 정치사상적 성격은 물론 서구, 특히 미국을 모델로 한 자유민주주의 국가였다.

특히 1919년 9월 그의 주도 아래 상해임정, 노령국민의회, 한성정부의 3개 임정이 하나로 통합되어 만들어진 대한민국임시정부의 헌법에는 사유재산의 보유와 영업 활동의 자유 및 언론, 집회, 결사, 출판의 자유 등 국민들에 대한 제반 시민적 자유의 보장이 명시되어 있었다.

즉, 한말에서 1920년대 전반에 걸쳐 안창호가 추구한 근대국가는 자본주의 체제 의 바탕 위에서 각종의 시민적 자유가 보장되는 자유민주주의 국가였던 것이다.

4. 자유민족주의의 변용과 신민족주의 지향

1) 좌우합작의 대독립당운동 전개

3·1운동을 계기로 본격화된 민족독립운동은 곧 내부적으로 방법론과 이념상의 분열 대립에 직면하게 되었다. 독립운동의 방법론을 두고서는 독립전쟁론을 비롯하여 외교독립론, 실력양성론, 의열투쟁론, 민중운동론 등 다양한 주장이 제기되고 있 었다. 여기에 독립 이후의 국가건설 문제를 놓고 자본주의 체제와 사회주의 체제를 지향하는 이념적 분화마저 새로 생겨났다. 이러한 대립과 갈등은 항일독립운동의 효율적인 전개를 저해하는 것은 물론이고 무엇보다도 먼저 독립운동 과정에서부터 민족의 분열 가능성을 내포하게 된다는 문제점을 안고 있었다. 따라서 이의 해결을 위한 노력, 즉 독립운동 세력의 단합을 위한 대동단결운동 혹은 통일운동이 지속적으로 주장되었고 이를 뒷받침할 이론의 모색 또한 필수적으로 요청되었다.

1920년대 중, 후반에 접어들면서 국내외에 걸친 우리 독립운동계에는 좌우익 간의 협력을 중심으로 전 민족적 대동단결을 이룩하려는 움직임이 활발히 일어났다. 민족유일당운동 혹은 대독립당운동 등으로 일컬어지던 이러한 노력은 국내에서는 1927년 2월 신간회 결성으로 그 결실이 나타났고 이를 전후한 시기에 중국본토와 만주 지역에서도 좌우합작을 위한 노력이 활발히 전개되었다. 그런데 이때 시기적으로 국내에서의 신간회 출현에 한발 앞서 시작되었던 중국 본토에서의 대독립당운동과 그에 뒤이은 만주에서의 민족유일당운동을 산발적인 논의의 단계로부터 실천의 단계로 이끌어간 인물이 바로 안창호였다.

3·1운동 직후 중국에 건너와 임시정부와 국민대표회 등에서 활동했던 그는 1924년 말 일단 미국으로 돌아갔다 1년여 체류한 다음 1926년 5월 다시 상해로 돌아왔다.

그는 7월 8일 3·1당에서 140여 명이 참석한 가운데 〈우리 혁명운동과 임시정부 문제에 대하여〉라는 제목으로 두 시간에 걸쳐 연설하였는데 이것이 곧 상해에서의 대독립당운동 전개를 알리는 공식 선언이 되었다. 여기서 그는, 우리의 당면 과제는 일제의 식민통치를 파괴하고 자주독립의 신국가를 건설하려는 것으로 이는 어느 특정 계급만의 과제가 아닌 전 민족적 과제로서 어디까지나 민족혁명이라는 점을 먼저 강조하였다. 따라서 독립 이후의 문제인 정체政體와 주의主義를 놓고 미리 싸울 것이 아니라 전 민족이 독립을 쟁취하는 데 우선 협력하자고 역설하였다. 동시에 그는 우리의 독립운동이 점진적 개조의 방법으로서가 아니라 무력에 의한 혁명으로서만 가능하다고 주장하면서 당시 국내 일각에서 주장되고

263

있던 자치론이나 실력양성론이 현실적 조건에 비추어 적합하지 못하다고 비판하였다. 이 같은 전제 위에서 그는 일본과의 투쟁을 효과적으로 추진 하기 위해서는 전 민족적 대혁명 당의 조직이 필요하다고 제안하였다.

상해에서 대독립당운동의 여론을 크게 환기시킨 안창호는 곧이어 북 경과 만주지 역으로 가 유일당운동의 추진에 박차를 가했다. 그리하여 마 침내 10월 하순 북경에서 유일독립당북경촉성회가 결성되었다.[16]

이어 그는 같은 해 1926년 늦가을부터는 북경에서 무정부주의자로 활 동해 왔던 유기석을 수행원으로 대동하고 만주의 길림으로 갔다. 만주행 의 목적 또한 대독립당운동을 촉성하기 위한 것이었다. 1926년 말에서 1927년 초에 걸쳐 그가 적극적으로 활동한 결과 만주 지역에서도 대독립 당 결성의 분위기가 무르익어 마침내 4월 15일에는 이 지역 최대의 단체 인 정의부의 주도 아래 각 단체들의 통합을 논의하는 회의가 신안둔에서 열리게 되었다. 안창호도 참석했던 신안둔회의 이후 만주 지역 유일당운 동은 약 3년 동안 계속되었다.

이 시점에 이르러 유일당운동은 독립운동계의 움직일 수 없는 대세 가 되었고 가장 핵심적인 과제가 되어 있었다. 이보다 두 달 앞선 2월에 는 국내에서 이미 신간회가 결성되어 회세의 급속한 확대를 보고 있었 고, 중국 지역에서도 북경촉성회에 이어 상해에서도 유일독립당상해촉성 회가 조직되었다.(1927.4.) 또 광동(1927.5.), 무한, 남경(1927.9.)에서도 차례로 지역 단위의 유일당촉성회가 조직되었다. 나아가 이들 5개 지역

---

16 조선총독부경무국, 『고등경찰요사』, pp.109~110.

단위 촉성회들의 연합체로서 한국독립당관내촉성회연합회가 결성되어
(1927.11.) 대독립당주비회의 조직을 논의하기에 이르렀다.

즉 중국 본토에서의 유일당운동은 ① 지역 단위 촉성회 조직, ② 연합회
결성, ③ 대독립당주비회 조직, ④ 대독립당 조직의 4단계를 상정하면서
추진되었던 것인데 1926년 7월 상해에서 시작된 대독립당운동이 일 년
여 동안에 이제 그 두 번째 단계를 거쳐 세 번째 단계에 들어서려 하고 있
었던 것이다.

이 같은 대독립당운동의 진전은 물론 좌우 쌍방의 이해가 합치된 결과였
다. 우익의 경우 당시의 사상적 조류에 따라 청년층으로부터 외면당해 날로
쇠퇴를 면치 못하는 위기감이 작용하고 있었다. 한편 좌익의 경우 활동가
들 내부의 정세 판단과 운동 노선의 변화도 있었지만 특히 코민테른의 민족
협동전선론이 보다 큰 영향을 미쳤다고 볼 수 있다. 러시아혁명을 성공시킨
레닌이 소비에트연방 수호와 세계혁명의 완수를 위한 반제투쟁 전략으로
제시한 이 이론은 대규모의 한국대표단이 참가했던 1922년의 극동피압
박민족대회 등을 통해 널리 알려져 있었다. 뒤이어 1924년의 중국 국공
합작은 그 성공적인 모델로 여겨져 왔다. 따라서 1920년대 후반의 대독
립당운동 혹은 민족유일당운동은 민족주의자들의 주도로 본격화되었지
만 그 성패는 코민테른의 방침과 사회주의자들의 태도에 따라 결정적으
로 영향받지 않을 수 없었다.

난항을 겪으면서도 우리 독립운동계에 일시 큰 활력을 불어 넣었던 대
독립당운동은 중국 본토의 경우 결국 1927년 말에서 1928년 초를 고비
로 실패에 돌아가게 된다. 그 직접적인 계기는 1927년 7월에 있었던 장

개석의 반공쿠데타로 인한 중국 국공합작의 붕괴와 11월에 일어난 중국 공산당의 지도에 의한 광동봉기였다. 국공합작의 파탄을 보면서 코민테른에서는 민족주의자들과의 통일전선전술을 수정하기 시작하였다. 또 많은 한국인 청년들이 참가하였던 광동봉기가 실패하면서 그들 가운데 다수가 상해로 피신해 왔는데 이들의 대거 유입은 그렇지 않아도 공산계 청년회원이 다수를 점하고 있던 상해촉성회의 좌우 세력 균형을 완전히 무너뜨리게 되었다. 중국공산당의 직접 지도를 받고 있던 한인 공산주의 청년회원들은 이제 유일당촉성회와 그 청년 전위 조직인 중국본부한인청년동맹을 완전히 장악하였을 뿐 아니라, 임정과 기타 단체들마저를 모두 흡수하여 공산주의에 입각한 통일적 대단체의 건설을 기도하기에 이르렀던 것이다.

이런 상황은 자연히 민족주의진영의 인사들 사이에 심각한 위기의식을 불러일으켰을 것으로 보인다. 1928년에 접어들면서 중국 내 한인독립운동의 중심지라 할 상해에서의 유일당운동은 공산주의 세력이 완전히 득세하고 상대적으로 민족주의자들이 극도로 위축된 가운데 정돈 상태에 빠지고 말았다.

돌이켜 보면, 전 민족적 대동단결을 표방한 유일당운동은 그 당위적 요청에도 불구하고 처음부터 성공을 기대하기는 어려웠다. 우선, 각 개인과 단체 간의 주도권 다툼을 피할 수 없었다. 어떤 개인이나 단체도 확고한 주도권을 인정받지 못하고 있던 조건 속에서 대의명분만으로 무조건 단합할 수 있는 일은 아니었다. 갖가지 이유와 명분의 분파적 요소가 잠재되어 있다가 약간의 계기에 의해서도 그대로 표출될 수밖에 없는 취약성을 내포하고 있었던 것이다. 더욱이 궁극적으로 추구하는 목표에 차이가 있는 좌우익이 한시적 협력을 넘어 단일조직체 속에서 진정한 결합을 이룬다는 것은 불가능한 일이라 하지 않을 수 없다. 결과적으로 볼 때 유일당운동은 좌우합작의 절실한 필요성에도 불구하고 조직 노선상의 착오를 면하지 못했던 것이라 볼 수 있다. 중국에서의 경우 현지의 정세 변화와 그에 파생된 독립운동계의 좌우 세력 균형 파탄을 계기로 유일당운동은 그 한계에 직면한 것이다.

그 결과 상해의 한인 독립운동계는 크게 좌우익의 두 단체로 갈라지게 되었다. 민족주의자들의 모임인 한국독립당과 사회주의자들의 결집체인 유호留滬한국독립운동자동맹이 그것이었다.

상해에서 조직된 초창기의 한국독립당은 민족주의자들이 처했던 당시의 열악한 상황에 제약되어 처음 비공식적 비밀조직으로 만들어질 수밖에 없었다. 따라서 창립 경위와 조직 구성 및 활동 내용을 자세히 알기 어렵다. 우선 그 창립 시기에서부터 1928년설, 1929년 3월 1일설, 1929년 말설, 1930년 1월설 등 각기 다른 주장이 제기되어 있다.[17] 그러나 이 같은 이설들은 각기 당시 상황의 일면을 말하는 것으로 오히려 당연한 일로 보인다. 즉, 1928년 초에는 민족주의자들이 극도로 위축된 가운데 좌익 측의 공세적 임정 장악 기도에 맞서 그 수호를 위한 자구 노력의 일환으로 비공식적이나마 어떤 형태로든 결집이 이루어졌을 것으로 생각되는데

---

17 이들 주장의 사료적 근거는, 조범래, 「한국독립당연구」, 『한국민족운동사연구』2, 1988, p.174 참조.

그 경우 명칭은 한국독립당이 될 수밖에 없었을 것이다. 1928년 창당설은 이를 말하는 것으로 해석된다.

그러나 동시에 1928년의 중국 정세는 장개석이 이끄는 국민당군의 북벌 사업이 진전되고 있어 민족진영에게는 점차 유리한 상황으로 변화되어가고 있었다. 특히 북벌이 완료된 가운데 맞은 1929년 3월 1일의 3·1운동 10주년 기념일은 민족주의자들이 보다 적극적으로 정당 발전 문제를 논의하는 하나의 계기가 되었을 것으로 짐작된다.

이 같은 중국의 정세 변화와 더불어 그해 말에는 두 가지 요소가 민족주의자들의 정당운동을 촉진하게 된다. 먼저, 좌익 측에서 10월 26일 유호한국독립운동자동맹을 만들고 이어 11월에 들어와 한국유일독립당상해촉성회의 해체를 발표함으로써 좌우합작운동의 공식적인 폐기를 먼저 선언한 것이다. 이는 민족주의자들만의 정당 결성이 이제 명분상으로 아무 문제가 되지 않게 됨을 뜻하였다. 다른 하나는 11월 3일부터 국내에서 일어난 광주학생운동으로서 그 소식은 상해의 민족주의 독립운동자들을 크게 고무시켰다. 이런 요인들이 합쳐져 민족주의자들의 정당운동은 그해 말부터 본격화되는데, 특히 주목되는 것은 이 시점에서부터는 안창호가 적극적으로 가담하기 시작했다는 점이다.[18]

안창호계(서북파, 홍사단계)와 이동녕(기호파, 임정계)의 합작을 주축으로 한 범민족진영의 한국독립당 창당작업은 발기인 선정과 강령의 작성 등을 거치며 1929년 말에서 이듬해 초까지 계속되었던 것으로 보인다. 이때 당의 黨義와 당강 黨綱을 만든 강령 기초위원은 이동녕, 안창호, 이유필, 김두봉, 안공근, 조완구, 조소앙의 7인이었으며,[19] 실무 기초자는 조소앙이었다.

그리하여 1930년 1월 25일 28명의 발기인[20] 전원회의가 열려 당의와 당강의 강령을 채택함으로써 이전의 그것과는 확연히 다른 모습을 갖춘 한국독립당이 만들어진 것이라 보아진다.[21]

이렇게 보면 대독립당운동은 좌우합작의 전 민족적 유일당 결성이라는 원래의 취지에 비추어 보면 결국 단기간에 그친 실패한 운동으로 평가될 것이다. 그러나 침체되어 있던 20년대 중반의 독립운동계에 한때나마 큰 활력을 불러일으켰다는 점 외에, 적어도 두 가지 의미를 갖고 있다고 할 수 있다.

---

18 1944년 중국국민당에 보고된 「韓國黨派之調查與分析」이라는 문서에는 다음과 같은 내용이 있다.
　"舊韓國獨立黨創立於1928年,當時被認爲係朝鮮, 惟一之獨立黨, 迨組織破製後, 旋由安昌浩爲領首起來, 聯合民族主義各幹部組織, 具有現代政網政策之革命政黨, 此與1928年創立之獨立黨完全大異其趣."(추헌수, 『자료한국독립운동』2, p.68.)
　이는 1928년에 처음 만들어진 한국독립당과 안창호가 주도적으로 참여한 후의 한국독립당이 특히 강령의 내용과 성격에서 큰 차이가 있었다는 점을 강조하고 있는데 이 경우 초창기 1·2년간의 한국독립당은 순수민족주의를 강조하는 임정계가 중심이었고 상대적으로 좌우합작을 중시하던 안창호의 흥사단계는 형식적인 참여에 그치고 있었던 것으로 보여진다. 안창호가 적극적으로 참여한 시점이 1929년 말경으로 여겨지는 것은 위에서 본 요인들 외에 일제 측의 정보문서에서도 사실로 확인되기 때문이다. 국회도서관, 앞의 책, pp.729~730 참조.
19 고등법원검사국사상부, 『사상휘보』7호, 1936.6, p.23.
20 발기인 28명 가운데 안창호의 직계라 할 수 있는 흥사단원이 12명이었으며, 평안도 출신이 15명이었다고 한다. 조동걸, 「민족운동가로서의 도산」, 『안도산전서』하, 1993, p.45.
21 이때 공식적인 당명은 한국국민당이었으나 통상 한국독립당으로 불렸던 것 같다. 국회도서관, 앞의 책, pp.644~657.

첫째는, 전 민족적 유일당 결성에는 비록 실패하고 말았지만 이때의 경험을 바탕으로 이후에는 연합전선 방식의 좌우합작을 꾸준히 추진함으로써 상당한 성공을 보게 된다는 점이다.

둘째로는, 독립운동에 있어서 이론의 중요성에 대한 인식을 깊게 했다는 점이다. 이는 특히 민족주의진영에 해당되는데, 조직과 이론에 강한 공산주의 세력과의 접촉 과정에서 독립운동의 전략 전술과 독립국가의 건설이념에 대한 관심이 제고되고 이의 합의에 기초한 당적 결합을 중시하게 되었으리라 생각되기 때문이다.

2) 사회민주주의적 대공주의 정립

안창호가 대공주의라는 용어를 처음 쓰기 시작한 것은 1927년으로 알려져 있는데, 이때는 그가 앞장서 추진하고 있던 대독립당운동이 한창 고조되고 있던 시기였으며 당시 그의 나이는 50세에 이르고 있었다. 한말에서부터 평생을 민족운동에 헌신해 온 경력과 국내외에 걸친 광범한 영향력 등으로 그는 민족주의 독립운동의 최고지도자 가운데 한 사람이었다. 평소 우리 독립운동이 장기적 전망 아래 치밀한 계획과 통일적 조직을 갖고 전개되어야 한다고 강조해 왔던 그가 이론적 측면에서도 한국민족운동의 공통적 표어를 마련하려 했다는 앞서 주요한의 지적은 쉽게 수긍되는 말이라 할 수 있다. 예컨대 중국의 손문이 삼민주의를 내걸고 중국혁명을 이끌었듯이 그도 한국민족운동의 독자적인 지도이념을 제시하려 했던 것이라 하겠다. 특히 시기적으로 볼 때 1926년 7월부터 시작된 좌우합작의 대독립당운동을 이론적으로 뒷받침하기 위해서 정립되고 주창되었던 것으로 생각된다.

주지하듯이 한말·일제하 독립운동 세력은 다양한 분파를 이루고 있었는데 분파 형성의 요인은 주로 출신지에 따른 지연과 운동 노선 및 방법의 차이에서 왔다. 안창호 등이 주장했던 전 민족적 대동단결을 위해서는 지연에 따른 분파의 극복은 물론 사상적 차이에 따른 다양한 정파의 규합이 불가피했는데 특히 3·1운동 이후에는 급속히 세력이 커진 좌파 세력과의 제휴가 필수적이었다. 이에는 각 세력 간의 이해 조정뿐만 아니라 좌우가 합작할 수 있는 이론적 바탕의 마련이 또한 불가피했던 것이다.

그 같은 배경에서 안창호에 의해 독립국가의 미래상으로 정립되고 주창된 대공주 의의 구체적 내용에 대해서는 몇 가지 단편적인 해석만이 있을 뿐 안창호 자신의 설명은 전해지고 있지 않다. 따라서 여기서는 그의 삼三평등사상이 곧바로 반영되었다는 한국독립당의 강령 분석을 통해 간접적으로 접근해 보려고 한다.

1928년 만들어진 한국독립당이 비로소 정당으로서의 기본 요건인 강령을 마련한 것은 1929년 말에 이르러서였다. 7인 기초위원 가운데 한 사람으로서 그 직접 기초자였던 조소앙에 의하면 제정 당시 한국독립당의 강령은 당의와 당강으로 구성되었는데, 그 핵심적인 내용을 추출해 보면 크게 다음의 세 가지로 집약된다.

첫째, 독립운동의 방법으로서 민중적 반항과 무력적 파괴라는 방안이 제시되어 있었다.

둘째, 독립국가건설의 방향으로서 정치, 경제, 교육의 평등에 기초한 신민주국 건설을 지향하고 있었다.

셋째, 독립운동 과정에서의 연대와 협조를 기대하면서 민족 간, 국가 간 완전평등에 기초한 평화적 국제질서를 희망하고 있었다.

앞에서도 밝혔듯이 이 같은 한국독립당의 강령 제정에는 이동령, 안창호, 이유필, 김두봉, 안공근, 조완구, 조소앙의 7인이 기초위원으로 참여하였다. 그러나 한국독립당의 강령 내용을 실질적으로 결정한 사람은 안창호였다. 다음과 같은 몇 가지 근거가 이를 말한다.

먼저 1930년 8월에 작성된 일제 측의 한 정보문서에 의하면, 1929년 11월의 광주학생운동 소식에 접한 안창호와 이동령 등 28명의 민족주의 독립운동자들이 극비리에 회합하고 안창호의 주창하에 대체로 중국국민당의 주의 정신을 본받아 한국 국민의 혁명 완성을 꾀할 목적으로 한국국민당을 조직한 것 같다고 추측하였다.[22] 그런데 1923년 중국으로 망명해 해방 때까지 그곳에서 활동했던 김성숙도 한국독립당이 창당될 때 삼민주의의 영향을 받은 안창호가 삼균주의를 들고 나왔고 역시 안창호가 주창해서 삼균주의를 한국독립당의 사상으로 만들었으며 뒤에 조소앙이 삼균주의를 말하고 나왔다고 회고하고 있어,[23] 비슷한 내용을 전하고 있다.

한편 강령의 직접 기초자인 조소앙도 1938년 안창호가 국내에서 타계한 소식에 접하자 한국독립당동인韓國獨立黨同人의 이름으로 애도하면서 그가 당의와 당강을 수립한 공로樹我黨義 立我黨網를 아울러 거론하

---

22 국회도서관, 앞의 책, pp.644~646.
23 김학준, 『혁명가들의 항일회상』, 1988, p.60.

고 있음을 보게 된다.[24]

또 일제 패망을 눈앞에 두고 한국독립운동에도 깊은 관심을 갖고 있던 중국국민당에서 파악한 바에 의하면, 한국독립당의 강령은 안창호에 의해 만들어졌는데 그 기본정신은 반일反一과 민주民主에 있다고 하였다. 뿐만 아니라 한국독립당 이후의 각 민족주의 단체의 투쟁 강령은 거의가 그 뜻을 이어받았다고 말하고 있다.[25] 이상의 자료들을 종합해 보면 한국독립당의 강령은 안창호의 주도로 그 내용이 결정되고 조소앙이 이를 문장화했었다는 것을 알 수 있다.

그러면 이제 다시 한국독립당 이래 모든 민족주의 한인 단체의 기본정신이 되었다는 안창호의 반일, 민주 정신에 대해 알아보기로 하자.

이미 앞에서 살펴본대로 안창호는 대독립당운동의 전개를 공개적으로 역설한 1926년 7월 8일의 삼일당 연설에서 민족독립이라는 목표와 혁명적 투쟁방법론을 강조하였다. 대신 독립 이후의 문제인 정체政體와 주의主義에 대해서는 일단 논쟁을 유보하자는 제의를 한 바 있었다. 즉 그는 일제로부터의 독립달성이라는 일차적 과제와 독립 이후의 국가건설 문제를 일단 분리시킴으로써 좌우합작의 기반을 마련하려 했던 것으로 보인다. 민족의 독립이라는 당면 목표와 그것을 획득하기 위한 방법으로서 타협적 자치론이나 국내 현실에 맞지 않는 실력양성론을 배격하고 비타협

---

24 "獨立大業 非薰不彰 風 風夜廉遠 樹我薰義 立我薰網 基本確立 旗織堂堂, 公入獄後 薰失倚扶 離合隨勢 是非成章 人散力竭 統一無望." 三均學會, 『素昂先生文集』下, pp.148∼149.

25 "但此網領係由 已故之安昌浩所手創 基本精神卽在反日與民主 現在韓國各民族主義團體所有 之鬪爭網領 多半承其衣鉢." , 추헌수, 『자료한국독립운동』2, p.69.

적 반일투쟁론을 우선 강조함으로써 좌우가 합작할 수 있는 공통분모를 찾아내려 한 것이다.

이처럼 유일당운동의 제창 시점에서 안창호는 반일反日이라는 비타협적 독립운동방법론을 강조함으로써 좌우 쌍방의 공감대를 부각시키는 대신, 서로 의견이 맞서게 되는 독립 이후의 국가건설 방향에 대해서는 장차의 문제로 일단 유보하자는 입장이었던 것이다. 그러나 그가 이 문제에 대해 정말로 아무런 견해를 갖고 있지 않았다고는 생각할 수 없다. 독립국가의 건설 문제에 대해서도 나름대로 확고한 구상이 있었을 것인데 이를 집약한 말이 민주民主였던 것이다.[26]

그런데 이때 민주주의라는 보편적 개념 속에 담긴 안창호의 진정한 뜻이 어떤 것인지는 보다 깊이 따져볼 필요가 있다. 그것은 한국독립당 창당 후의 그의 행적에도 비추어 찾아져야 한다고 본다. 대독립당운동이 실패한 뒤 그가 일단 민족진영 만의 정당 활동을 결심했다고 하여 좌우합작을 완전히 포기한 것으로는 볼 수 없기 때문이다. 그는 경험을 통해 이념이 다른 세력들이 하나의 단일조직체 속에서 결합하는 것은 어렵지만 각기 별도의 조직을 가지면서 공동의 목표를 놓고 잠정적으로 협력하는 것은 가능하다고 본 것이다. 즉 이제 유일당 방식이 아닌 연합전선 방식의 좌우합작을 모색하였던 것이다. 주의 주장을 같이하는 세력들이 먼저 각

---

26 김성숙에 의하면 반일독립反日獨立과 민주건국民主建國은 3·1운동 이래 우리 민족주의 독립운동의 두 가지 원칙이었다고 하였다. 반일독립은 이 두 개념을 합친 말로 생각된다. 김학준, 앞의 책, pp.115~116 참조.

기 자체 조직을 정비한 다음 서로 이를 인정하면서 민족의 독립을 위한 반일투쟁에 공동 협력하자는 구상이었다.[27]

이 경우 상해 지역의 민족주의자가 결속하여 조직한 한국독립당은 이같은 큰 구상 속에서 보면 현재는 하나의 지역 단위 조직에 불과하지만 장차 민족진영 전체를 묶어 탄생시킬 대독립당의 기초가 되어야함은 물론, 공산주의 무정부주의 등 다른 이념을 가진 단체들과도 연합하여 조직될 반일독립운동의 지도기관의 주도체가 될 것을 목표로 했다고 볼 수 있다.말하자면 대독립당의 개념이 좌우망라의 유일 정당에서 이제는 좌익과의 연합전선 형성을 전제로 한 민족진영의 총결집체로 조정된 것이라 볼 수 있다. 이를 위해서도 한국독립당의 강령은 민족진영의 가장 근본적인 요구라 할 민족자주국가 수립이라는 큰 틀 내에서라면 좌익 측의 주장까지도 최대한 수용할 수 있는 내용이어야 했다고 볼 수 있다. 이것이 결국 민주라는 용어로 표현되면서도 앞서의 당의 당강에서 보듯 실제적으로는 평등이 특히 강조되었던 가장 큰 이유라 하겠다.

민주주의가 본래는 자유와 평등을 동시에 포함한 개념이었지만 역사적으로는 그 것이 주로 부르주아 계급의 정치적 자유를 보장하는 데 치우친 한계를 보였기 때문에 이때 신국가 혹은 신민주국의 건설이라는 전제 아래 전체 민족 구성원을 대상으로 정치적 자유는 물론 경제적 사회적 평등의 실현까지를 특별히 강조하게 되었던 것이다.

---

27 박만규, 「삼균주의 정립의 민족운동사적 배경 고찰」, 『변태섭박사화갑기념 사학논총』, 1985, pp.1091~1093 참조.

이렇게 보면 안창호의 독립국가 건설의 설계였다고 말해지는 대공주
의는 그의 이른바 반일독립과 민주건국의 정신 가운데 특히 민주주의 독
립국가건설론을 가리키는 바, 그 구체적 내용은 정치적으로 보통선거제
와 경제적으로 토지 및 대생산기관의 국유제 그리고 교육에서의 국비의
무제를 통해 전 민족적 평등을 실현한다는 것이 핵심적 구상이었다. 이같
이 내부적으로 정치적 자유가 보장되는 속에서 특히 사회경제적 평등이
강조된 자주독립의 신민주주의 민족국가를 건설하고 이를 바탕으로 밖으
로는 민족 간, 국가 간 평등에 기초한 평화세계를 지향한다는 것이었다.

5. 맺음말

한국 근대 민족운동의 지도자 가운데 한 사람이었던 안창호의 사상사
적 위치는 대개 자본주의 수용과 시민사회 형성기의 계몽운동가로 규정
되며 따라서 그의 민족주의의 사상적 성격도 자유주의와 자본주의를 지
향했던 것으로 파악되고 있다.[28] 이들 연구는 주로 이광수와 주요한이 쓴

---

28 다음 글들이 대표적이다.

신일철, 「민족성개혁의 선구자」, 『사상계』, 1962년 3월호.

박명규, 「도산 안창호의 사회사상」, 신용하 편, 『한국현대사회사상』, 1984.

서중석, 「한말 일제 침략하의 자본주의 근대화론의 성격-도산 안창호사상을 중심으로」, 『한
국근현대의 민족문제 연구』, 지식산업사, 1989.

전기에 기초하고 있으며 시기적으로는 대체로 1920년대 전반까지의 안창호의 언행을 바탕으로 하였는데 일단은 정확한 파악이라 할 수 있다. 즉 안창호는 1920년대 전반까지는 명백히 자유주의에 입각한 민족주의자였던 것이다.

안창호는 청소년기에 기독교와 독립협회의 사상을 수용하여 당시로서는 선각적인 신지식인의 한 사람으로 성장하였다. 이때 그는 독립협회 수준의 자유주의 근대 사상을 갖고 있었으며 충군애국론에 입각한 입헌군주제 개혁론을 갖고 있었다고 보아진다.

그가 이론과 실천의 양면에서 한국 근대 민족운동의 핵심적 위치에 서게 된 것은 한말 신민회운동을 통해서였다. 그는 비밀결사인 신민회를 만들면서 민주공화국 건설과 독립전쟁준비론을 제안하여 한국 근대민족주의를 완성하였으며 1920년대 전반까지는 이를 견지하면서 그 실천을 주도했던 것이다. 이 시기의 그는 명백히 자유주의적 민족주의자였다. 그는 개인의 자유의사에 기초한 사회와 국가를 역설하였고 민족운동의 전개에 있어서도 공론에 입각한 민주적 단결을 강조하였다.

그러나 1920년대 중후반에 접어들면서 그는 좌우합작의 대독립당운동을 주도하게 되었으며, 이를 이론적으로 뒷받침하기 위해 좌우를 절충한 중도적 성격의 신민족주의로서 대공주의를 모색하게 되었다. 사회주의의 최대 주장인 평등 가치를 대폭 수용함으로써 먼저 좌우합작의 이론적 기반을 마련하는 한편 독립 후의 이상적인 국가건설 방안을 구상한 것이었다. 그리하여 기왕의 자유주의적 민족주의는 평등주의적 신민족주의로 큰 변용을 보이게 되었다.

IV. 안창호의 대공주의에 관한 두 가지 쟁점

1. 머리말

필자는 일찍이 도산 안창호의 대공주의에 관한 논문을 발표한 바 있었다.[1] 그동안 극히 단편적으로만 알려져 왔던 대공주의에 대해 그 성립 배경과 내용 그리고 사상적 성격을 처음으로 밝힌 글이었다. 그 후 상당한 시간이 흐르면서 당시에는 미처 알지 못해 활용하지 못한 자료들이 발견되기도 하였고,[2] 무엇보다 그동안 대공주의에 관해 몇 가지 쟁점들이 제기되었다. 이에 필자의 견해를 다시 밝힐 필요가 있다고 생각되어 이 글

---

[1] 박만규, 「도산 안창호의 대공주의에 대한 일고찰」, 『한국사론』26, 서울대국사학과, 1991.

[2] 1931년 11월 6일에 안창호가 미국에 있는 흥사단 동지 홍언에게 보낸 회람 요청 문건과, 차리석이 1942년에 쓴 「한국독립당 당의의 이론체계 초안」은 대공주의와 관련하여 중요한 자료인데 당시 필자는 이를 알지 못했다.

을 쓰게 되었다.

필자의 글을 계기로 대공주의에 관심을 갖게 된 논자들은 대체로 필자의 견해의 연장선상에서 논지를 전개했으나 몇몇 분들에 의해서는 조금씩 다른 견해가 표명되기도 하였다. 그 다른 견해들을 종합하면 다음 두 가지로 요약되는 듯하다.

첫째는, 우선 대공주의의 개념에 대해 이견이 있었다.

둘째는, 안창호의 대공주의와 조소앙의 삼균주의의 관계에 대해서도 다른 견해가 제기되었다.

이제 이 두 가지 사항에 대한 다른 견해들을 먼저 살펴보고 그에 관한 필자의 생각도 밝히려고 한다. 이 과정을 통해 안창호의 대공주의에 대한 이해가 좀 더 깊어지기를 기대한다.

2. 대공주의의 개념 논란

필자는 앞서의 논문에서 여기저기 산발적으로 흩어져 있던 자료들을 모으고 종합하여 대공주의에 관해 먼저 다음과 같은 몇 가지 전제를 수립할 수 있었다.

"첫째, 대공주의는 안창호 만년의 인생론과 경세론을 집약한 사상 체계였다.

둘째, 그 가운데 특히 경세론 혹은 정치사회 사상으로서의 대공주의는

1920년대 중·후반 독립운동자들 간의 이념적 분열을 극복하기 위한 민족주의 지도자 안창호의 노력과 직결되어 있는데, 구체적으로는 당시 급속히 세력이 커진 사회주의자들과의 제휴 내지는 이들을 적극적으로 포용해 내려는 의도에서 정립되고 주장되었다.

셋째, 그리하여 대공주의는 민족주의자들이 추구하던 궁극적 목표인 '민족독립국가의 건설'이라는 틀 속에서 사회주의의 최대 주장인 평등 가치를 적극 수용하여, 안으로는 이를 정치·경제·교육의 세 부문에서 실천해 평등사회를 실현하고, 밖으로는 민족과 국가 간의 평등에 기초한 평화와 공영의 세계 질서 수립을 지향했다.

넷째, 그러한 대공주의는 단지 안창호 개인의 사상적 모색에 그치지 않고 1920년대 말 1930년대 초에 이르러 상해의 민족주의자들의 결집체인 한국독립당의 강령으로 수용되어 정착되었으며, 그 후에는 주로 조소앙을 통해 삼균주의로 발전되어 갔다."[3]

이런 사실들을 전제로 하고 1920년대 중후반 이후 중국에서 좌우합작을 위한 민족유일당운동과 민족연합전선운동 속에서 이를 연역적으로 확인해 대공주의의 경세론적 성격을 다음과 같이 정리해 밝혔다.

"안창호의 '독립국가 건설의 설계'였다고 말해지는 대공주의는 그의 이른바 반일독립反日獨立과 민주건국民主建國의 두 가지 원칙 가운데 특히

---

3   박만규, 「도산 안창호의 대공주의에 대한 일고찰」, p.211.

현대적 민주주의의 독립국가건설론을 가리키는 바, 그 구체적 내용은 정치
적으로 보통선거제와 경제적으로 토지 및 대생산기관의 국유제 그리고 교
육에서의 국비의무제를 통해 전 민족적 평등을 실현한다는 것이었다. 이같이
내부적으로 정치적 자유를 보장하는 속에서 특히 사회경제적 평등이 강조된
자주독립의 민족국가(신민주국가)를 건설하고, 아울러 이를 바탕으로 밖으로
는 민족 간 국가 간 평등에 기초한 평화와 공영의 세계일가를 지향한다."⁴

즉 필자는 대공주의를 정치사회 사상으로서는 사회민주주의적 독립국
가건설론으로 파악했던 것이다. 그런데 이와 같은 필자의 견해에 대해 몇
몇 연구자가 그동안 약간씩 다른 의견을 피력하였다.
먼저 그 견해들에 대해 좀 더 구체적으로 살펴보기로 하자.
안창호에 관한 자료를 누구보다도 가장 폭넓게 섭렵하였으며 이를 바
탕으로 통일 노선에 입각한 그의 독립운동 전모를 정리해 『도산 안창호의
독립운동과 통일노선』을 출간한 이명화는 대공주의에 대해 먼저 다음과
밝혔다.

"안창호는 좌·우파 세력 분립과 사상 분파에 대응할 제3의 노선을 통해 우
리 민족문제를 해결하고자 했으며, 이를 '대공주의'로 규정화한 것이다."⁵

---

4   박만규, 「도산 안창호의 대공주의에 대한 일고찰」, p.229.
5   이명화, 『도산 안창호의 독립운동과 통일노선』, 경인문화사, 2002, p.290.

"대공주의는 자본주의와 평등주의라는 대립될 것 같은 개념을 통합시켰
다. 그 사상 체계는 좌·우익 모두가 민족 해방 후에 지향해 나아갈 새로운
민족독립국가 수립과 발전을 구상하면서 그 어떤 계파만의 독재와 독주를
부인하고, 사회주의·민족주의 국가론을 통합한 사상 체계로서 '사회민주주
의 체제'가 심도 있게 탐구된 정치사상인 것이다."[6]

이는 필자와 같은 결론을 제시한 것이라 할 수 있다. 그러면서도 또 한
편으로는 조금 다른 의미를 말하고 있기도 한다.

"이처럼 대공주의 사상의 출현 배경은 1920년대 내내 한국의 독립운동의
진행을 가로막던 고질적인 사상분화를 극복하고 중도적 입장으로 민족통합
을 이루고자 했던 시도에서 시작되었다. 그리하여 대공주의는 동족 간에 호
애상조하고 민족독립의 대의를 위해 희생할 각오를 그 어떤 사상 이데올로
기에 우선하는 '절대주의'로 하자는 것이다."[7]

즉 그는 대공주의를 좌우 분립과 사상분파에 대응할 제3의 노선으로
서 사회민주주의적 체제를 지향한 정치사상으로 규정하면서도, 동시에
또 한편으로는 동족 간의 사랑과 독립의 대의에 희생할 각오를 그 어떤
사상 이데올로기보다 우선하는 정신적 자세나 태도라고도 말하고 있는

---

6   이명화, 『도산 안창호의 독립운동과 통일노선』, 경인문화사, 2002, p.292.

7   이명화, 『도산 안창호의 독립운동과 통일노선』, 경인문화사, 2002, p.290.

것이다.

그런데 필자의 대공주의론에 정면으로 비판적인 입장을 개진한 이는 강영현이었다. 그는 '21세기 도산 안창호와의 대화'를 부제로 한 『무실과 역행을 넘어서』라는 저서에서 안창호가 우리에게 남긴 유산의 하나로 대공주의를 다루었다. 그는, 대공주의는 통합사상이라고 전제하면서 다음과 같이 설명하였다.

즉, "도산의 대공주의가 나온 것은 대혁명당운동 때문이다. 대공주의의 1차 목적은 유일당으로의 통합이다. 이런 의미에서 국가건설에 앞선 유일당 통합을 위한 단계에서는 대공주의는 조직, 통합윤리 또는 실천기준"[8]이라고 규정하면서 다음과 같이 좀 더 구체적으로 설명하였다.

"1. 도산의 대공사상은 조직 및 구성원에 선공후사를 제시한 조직구성원의 윤리기준을 포함하고 있다. 흥사단 약법에 대공이 있는데 이 '대공'은 수정자본주의도 아니며 민족주의도 아니며 이때의 대공은 선공후사에서의 공이며 나아가 조직 우선 혹은 민족 우선을 뜻한다.

2. 대공주의는 조직 통합을 위한 선대사후소사의 실천기준을 포함하고 있다. 일의 대소를 따져 큰 일이 있으면 이 일을 우선적으로 하고 나머지 일은 후에 도모하자는 뜻이 도산의 대공사상에 들어 있다. 즉 대공사상은 공동체 입장에서 보아 큰 일을 먼저하고 작은 일을 그 뒤에 하자는 조직(공동체)

---

8 강영현, 『무실과 역행을 넘어서』, 경인문화사, 2003, p.328.

의 실천사상이다.

3. 대공주의는 조직통합우선사상을 포함하고 있다. 대공사상은 도산이 추구해 온 통합우선의 의지를 포함하고 있다. 한국독립당의 강령에 대공주의사상이 반영되었다고 하지만 우리가 유의해야 하는 것은 한국독립당 강령의 정치평등, 경제평등, 교육평등의 3평등주의를 마치 대공사상인 것으로 해석하는 것은 잘못된 것이다. 도산은 당시 좌우로 분열된 민족진영을 통합하는 수단으로 3평등을 수용하려한 것이다. 그런데 만약 상황을 파악한 결과 4평등 5평등이 조직 통합을 위해 더 적합하다고 보면 도산은 4평등, 5평등을 수용했을 것이다. 즉 3평등, 4평등 등은 통합을 이끌어 내는 방편이지 대공사상 그 자체는 아니다. 도산의 대공사상은 조직의 통합을 성사시키는 사상이다. 도산이 보인 수정자본주의나 사회민주주의 경향도 통합을 이끌어 내는 방편이지 대공사상 그 자체는 아니다. 대독립당운동을 펼친 것도 도산의 민족진영의 통합우선 의지가 작용한 것이다."[9]

강영현은 대공주의를 선공후사, 선대사후소사, 조직통합우선사상으로 이해하면서 필자가 말한 '한국독립당 강령의 정치평등·경제평등·교육평등의 3평등을 마치 대공사상인 것처럼 해석하는 것은 잘못된 것'이라고 단정적으로 비판하였다. 그는 대공주의는 안창호의 통합의지 자체라고 파악하면서 특정한 사상 체계가 아니라고 말하고 있는 것이다. 그리하여 필자가 말한 사회민주주의 사상이라는 규정 자체를 반대하는 데서 더

---

9   강영현, 『무실과 역행을 넘어서』, 경인문화사, 2003, pp.329~330.

나아가 잘못된 것이라고 말하고 있다. 요컨대 그의 주지는 대공주의를 통합의 의지로 보면서 그것을 어떤 특정 이데올로기의 틀 속에 묶어서는 안된다고 주장하였다.

한국독립운동사에 관해 폭넓은 지식을 갖고 있는 장석흥도 비슷한 맥락에서 대공주의를 안창호의 통합의 의지라는 측면에서 파악하고 있다. 그는 도산의 최측근 동지였던 동암 차리석이 쓴 『한국독립당 당의의 이론적 체계 초안』을 주로 분석하여 대공주의를 검토하였다.[10]

그에 따르면 『이론체계 초안』은 1940년대 통합한국독립당의 당의로 삼균주의를 내세우려는 주장에 대하여 그 논리적 모순과 본질의 위배성을 지적하는 내용으로 구성되어 있는데 그 요지는 삼균주의를 한국독립당의 당의로 삼고, 주의가 동질한 세력을 중심으로 한국독립당을 구성해야 한다는 주장에 맞서, 주의와 노선을 따지기 전에 조국광복을 염원하는 세력이면 가리지 않고 한국독립당으로 포용하여 대동단결을 이루자는 것이었다. 그리고 주의와 노선은 독립을 달성한 뒤에 조국 발전을 위해 펼치자는 논리를 내세우고 있었다. 그런데 이 같은 차리석의 주장은 1920년대 중반 도산이 외치던 민족대당의 정신과 같은 것이라고 하였다.

장석흥은 이를 다시 강조하여 다음과 같이 말하였다.

---

10 장석흥, 「차리석의 '한국독립당 당의의 이론체계 초안(1942)'과 안창호의 대공주의」, 『한국독립운동사연구』49, 한국독립운동사연구소, 2014, 『한국독립운동의 혁명 영수 안창호』, 역사공간, 2017, pp.137~151.

"사회주의자가 되었든지 무정부주의자가 되었든지 도산은 가리지 않고 민족대당 건설을 위해 그야말로 매진했다. 그런 바탕 위에서 한국 독립운동 사에서 새 지평을 열어간 민족대당운동의 성과를 거둘 수 있었다. 이 무렵 도산에게는 민족 세력을 통합으로 이끌어 내는 자체가 주의와 사상이었다. 그것은 대공주의의 실천이기도 했다."[11]

즉, 장석흥은 민족독립을 위한 세력이라면 사상적 차이를 넘어 폭넓게 포용하여 통합하려 하는 생각 자체가 대공주의였으며 그 실천이었다고 말하고 있는 것이다.

요컨대 강영현이나 장석흥의 논지는 대공주의가 특정 이데올로기나 사상이 아니라는 것이었다. 독립운동에 있어서 오직 대동단결과 통합을 제일의 가치로 했던 안창호가 특정 이념을 내세운다는 것은 또 다른 분란 과 분쟁을 조장하는 일로서 그답지 않은 일이었다고 생각하는 것이다. 오 히려 안창호는 사상과 이념의 차이를 떠나 대동단결하자는 것 자체를 강 조했고 그것이 곧 대공주의라고 이해하였다. 그러므로 대공주의는 통합 의 정신을 말한다는 것이었다.

한편 안창호의 대공주의와 조소앙의 삼균주의를 비교 고찰한 김기승 은 또 다른 각도에서 대공주의의 정치사회 사상적 의미 자체에 대해 회의 적인 입장을 표명하였다.

---

[11] 장석흥, 『한국독립운동의 혁명 영수 안창호』, p.151.

"1930년대 이후 삼균이나 삼균주의라는 용어는 조소앙이 작성한 문건에서 지속적으로 나타나는데 그 내용은 한국독립당의 강령을 기초로 하고 있다. 그에 비해 흥사단에서 나타나는 대공의 용어들에서는 평등이나 균등이라는 함의를 찾기 어렵다. 흥사단에서 사용된 대공의 용어는 주로 도덕적이고 윤리적인 규범으로 사용되고 있다. 이 점에서 대공주의는 윤리적 인생관을 표현하는 데 중점을 둔 용어라고 할 수 있다.

대공 혹은 대공주의가 경세론이나 정치사상의 의미를 함축하는 것으로 해석되기 위해서는 안창호의 말과 글 자체에서 대공이 공동소유나 평등을 뜻하는 경우가 있는지를 조사해야 할 것이다."[12]

김기승은 기본적으로 대공주의의 경세론이나 정치사상으로서의 의미 자체에 대해 회의적인 입장인 셈이다. 오히려 흥사단 약법에서 보듯 도덕적 윤리적 규범으로서 인생관의 의미를 갖고 있는 것이라 보았다. 왜냐하면 경세론적 대공주의에 대해서는 안창호 자신의 직접적인 언급이 없는 채 단지 주변인들의 후일의 회고적 증언만 있기 때문이라고 하였다. 당대의 문헌 기록으로는 한국독립당의 당의와 당강 뿐인데 거기에는 대공 혹은 대공주의라는 용어가 보이지 않고 대공이라는 용어는 오히려 흥사단 약헌에서만 발견된다고 하였다. 즉 문헌 기록상으로 보면 대공이라는 용어와 개념은 흥사단 약헌에서 '대공의 정신으로 민중의 행복을 기한다'

12 김기승, 「도산 안창호의 대공주의와 조소앙의 삼균주의 비교 연구」, 『도산학연구』14·15, 2015, pp.31~32.

는 표현으로 나타난다고 하였다.

지금까지 살펴본 대공주의의 개념에 관한 이론들은 왜 나왔을까. 필자는 이런 주장들이 무엇을 말하는지 충분히 이해하고 있다. 왜냐하면 다 나름대로 타당한 근거 위에서 말하고 있기 때문이다. 그러므로 이제 필자의 견해를 밝히려고 한다.

먼저, 대공주의를 주로 애국애족의 윤리적 측면에서는 잘 보았지만 대신 경세론적으로는 그 존재 자체에 회의적인 김기승의 의문은 쉽게 해명될 수 있다. 비록 짧지만 이에 관한 안창호 자신의 직접적인 언급이 있기 때문이다. 그는 미국의 흥사단 동지 홍언에게 보낸 1931년 11월 6일 자 서한에서 다음과 같이 간략하게 대공주의를 말하였다.

"혁명이론, 혁명원칙에 있어서는, 1은 우리는 피압박 민족인 동시에 피압박 계급임으로 민족적 해방과 계급적 해방을 아울러 얻기 위하여 싸우자. 싸움의 대상물은 오직 일본제국주의임을 인식하여야 할 것, 2는 우리의 일체 압박을 해방하기 위하여 싸우는 수단은 대중의 소극적 반항운동과 특별한 조직으로 적극적 폭력 파괴를 중심으로 하여 선전, 조직, 훈련 등을 실행하며 실제 투쟁을 간단없이 할 것. 3에는 일본제국주의 압박에서 해방된 뒤에 신국가를 건설함에는 경제와 정치와 교육을 아울러 평등히 하는 기본 원칙으로써 민주주의 국가를 실현시킬 것. 4는 일보를 더 나아가 전 세계 인류에 대공주의를 실현할 것."[13]

이는 정치사회 사상으로서의 대공주의에 대하여 안창호 자신이 직접 설명한 자료로서 의미가 크다. 그는 해방 후 신국가 건설의 기본 원칙으로 경제와 정치와 교육의 3평등, 그리고 나아가 국가 간, 민족 간 평등의 전 세계적 실현을 말하고 있는 것이다. 안창호는 여기서 경세론적 대공주의는 물론 한국독립당의 강령 전체를 매우 압축적으로 설명하였다.

다음, 강영현과 장석흥이 말한 대공주의가 독립운동 세력의 통합을 위한 정신과 실천이라는 주장에 대해 설명하기로 하자. 실제로 도산의 대공주의에는 그 같은 정신과 태도의 측면이 매우 크게 자리 잡고 있음을 인정해야 한다. 필자 역시 『도산 안창호』의 「서언」[14]에 유념하면서 대공주의에는 경세론과 함께 정신적 윤리적 내용을 담은 인생론의 측면이 있음을 전제로 논지를 전개하였다. 단지 필자는 앞의 논문에서 경세론의 측면에 비중을 두고 설명했다. 왜냐하면 그동안 그 부분이 제대로 드러나지 않았고 그 때문에 안창호의 진면목이 가려져 왔다고 생각됐기 때문이었다. 하지만 필자는 이미 앞의 글에서 대공주의의 인생론적 측면에 대해서도 다음과 같이 간략히 정리한 바 있다.

---

13 「안창호가 홍언 동지에게 보낸 회람 요청 문건(1931.11.6.)」, 『도산안창호전집』8, 2000, p.637.

14 주지하듯이 『도산 안창호』는 해방 직후인 1947년 춘원 이광수가 도산안창호선생기념사업회의 위촉으로 집필한 국내 최초의 안창호 전기이다. 크게 「투쟁생애편」과 「국민훈련편」으로 구성되어 안창호의 생애와 사상을 서술하였다. 그런데 그 앞에 비교적 짧은 분량의 「서언緒言」이 붙어 있는데 여기에 대공주의에 관한 개략적이지만 중요한 언급이 들어 있다. 이 서언은 문체나 내용으로 보아 이광수의 글이 아님이 확실한데 현재로서는 그 필자를 분명히 특정하여 알 수 없다.

"그러한 안창호의 대공주의는 크게 두 측면을 포함하고 있었다.

먼저, 민족운동의 가장 근본적인 전제로서 한국 민족 성원들이 가져야 할 애국애족적 인생관을 제시한 부분이었다. 그 같은 필요성은 당시 안창호를 비롯한 민족주의 지도자들이 느꼈을 민족의 장래에 대한 심각한 우려를 미루어 짐작해보면 쉽게 이해되는 일이라 할 수 있다.

그들의 위기감은 두 갈래 방향에서 왔다고 볼 수 있다. 일제의 지배가 장기화되면서 상대적으로 민족의 상층 부분인 유산층 및 유식층 가운데는 식민통치에 순응하여 이기적 소아적 사익의 추구에 빠져드는 경향이 높아가고 있었다.

동시에 대다수의 민중층에 강한 영향력을 갖고 있던 일부 극단적 사회주의자들은 계급주의와 국제주의를 지나치게 강조함으로써 결과적으로 이념을 앞세워 민족적 가치를 약화시키는 경우가 많았다. 따라서 안창호는 애국애족적 인생관의 확립을 민족운동의 가장 선결되어야 할 과제로 보았던 것이다. 그리하여 특별히 대공이라는 개념을 새로 정립하여 이른바 국가제일 민족지상의 애국애족적 인생관을 강조했던 것으로 생각된다."[15]

그런데 이제 여기서는 안창호의 정신적 윤리적 내용을 담은 대공주의의 이른바 인생론적 측면에 대해 한걸음 더 들어가 상술할 필요가 있다고 생각된다. 즉 인생론적 측면을 이룬다고 말한 정신적 내용과 윤리적 내용이 각기 무엇을 말하는지 보다 더 상세히 설명하려고 한다.

---

15 박만규, 「도산 안창호의 대공주의에 대한 일고찰」, p. 222~223.

위에서 말한 것처럼 대공주의의 윤리적 내용이란 전 민족구성원의 애국애족적 인생관을 요청한 부분이라 할 수 있다. 그런데 단지 민족의 일원으로서 애국애족적 인생관을 갖는 데서 한걸음 더 나아가 민족운동에 투신한 애국운동자들도 있었다. 한데 독립운동 전선에까지 직접 나선 애국운동자들이라 하더라도 항일투쟁의 관점에서 보면 또 하나의 덕목이 절실히 더 요구되었다. 그것은 작은 차이들을 넘어 대동단결하려는 정신적 자세나 태도가 그것이었다.

독립운동을 전개함에 있어서 지연이나 종교 등에 따른 인간적 친소관계는 물론이고 운동 방법론상의 차이와 사상에 따른 이념적 차이를 뛰어넘어 강력한 일제와의 항일투쟁 전선에서는 통일단합이 무엇보다도 먼저 요구되었던 것이다. 안창호는 누구보다도 이를 중요시하여 언제 어디서나 간절히 호소하면서 이를 위해 헌신 노력해 온 지도자였다. 그래서 '안창호의 통일독립'이라는 말까지 있을 정도였다.

즉 대공주의의 인생론적 측면이란 민족구성원 전체의 애국애족적 인생관은 물론이고, 적극적으로 항일투쟁에 나선 독립운동자들이 모든 소아적 편견과 아집을 버리고 대국적 견지에서 함께 힘을 합하는 대동통일을 중요시 여기는 두 가지 의미가 담겨 있었다. 『도산 안창호』「서언」의 필자는 이를 대공주의의 인생론적 측면이라고 말하면서 정신적 윤리적 내용을 담고 있다고 말했던 것이다.

이처럼 대공주의에는 경세론적 사상 체계로서의 사회민주주의적 정치사회 사상과 더불어 인생론적 측면에서의 애국애족의 민족주의적 가치관과 대동통합의 통일 독립사상이 함께 포함되어 있었다. 이를 시간적으로 보면 국권광복을 위한 독립운동기에는 특히 인생론적 측면이 강조되어야 했다. 반면 경세론적 측면의 대공주의는 독립 이후의 미래 설계로서 독립국가의 사회상으로 정립된 것이었다.

1920년대 중·후반에 대공주의를 정립하고 주창한 당시 안창호에게 굳이 그 경중을 묻는다면 당연히 인생론적 측면이 더 일차적이고 중요하다고 답했을 것으로 보인다. 왜냐하면 우선 강력한 일제로부터의 독립을 위해서는 무엇보다 전 민족의 애국심과 더불어 애국운동 세력의 통일단합이 반듯이 선결되어야 하기 때문이었다. 따라서 전체 민족의 운명을 바꾸기 위한 민족혁명을 위해서는 애국심과 통일단합이야말로 안창호에게는 가장 중요한 가치였다고 볼 수 있다. 안창호의 언행에서 이 점을 가장 두드러진 특징으로 본 강영현과 장석흥의 주장은 그래서 충분히 이해된다. 그들은 안창호의 대공주의에서 인생론적 측면을 더 크게 인식했고 그것을 잘 표현한 것이라 할 수 있다.

그러나 좀 더 생각해 보면 인생론적 측면과 경세론적 측면이 이처럼 기계적으로 분리되는 것은 아니었다. 특히 사상적 차이를 두고 좌우가 첨예하게 대립하는 상황에서 좌우합작의 단합과 통일을 위해서는 최소한의 공통된 이념이 필수적으로 요구되었다. 독립 이후의 지향이 엄연히 다른 좌우파가 그 차이를 전적으로 독립 이후의 문제로만 치부하고 무조건 단합할 수는 없는 일이었기 때문이다.

독립 이후의 국가상에 대해 공통된 비전이 반드시 필요했다. 따라서 대공주의의 경세론적 측면 곧 정치사회 사상으로서의 대공주의가 동시에 필수적으로 요청되었다. 그 경우 좌우가 최대한 접근할 수 있는 중도적 사상 체계가 요구되는 것은 당연하였다. 그의 사회민주주의적 독립국가 건설론이 나오게 된 절실한 민족운동사적 상황 배경이었다. 이명화는 안창호에게서 통합의 정신과 함께 이 점도 같이 보았던 것이다.

3. 삼균주의와의 관계에 관한 이견

필자는 1930년 초 한국독립당의 강령으로 정착된 안창호의 대공주의가 1932년 윤봉길의거의 여파로 그가 국내로 압송당해 부재한 상황에서 주로 조소앙에 의해 삼균주의로 계승 발전되었다고 했다. 그런데 이에 대해서도 다른 견해가 나왔다.

김기승은 삼균주의를 가장 종합적으로 그리고 정밀하게 연구한 업적을 내놓은 학자이다. 그는 상당량에 이르는 조소앙의 저작들을 세밀하게 읽고 상세하게 분석 정리하여 단행본으로 출간하였다.[16] 그리하여 조소앙의 생애와 삼균주의 자체를 가장 잘 이해하였다. 그러나 스스로 밝혔듯이 안창호의 대공주의와의 관련성에 큰 관심을 갖거나 나아가 독립운동계 전반의 정세 속에서 조감하지는 못한 아쉬움이 있다.

돌이켜 보면 조소앙의 삼균주의는 1975년 홍선희에 의해 처음 그 내용이 체계적으로 정리되어 알려지게 되었다. 그는 길지 않은 분량의 글 속에 조소앙의 생애, 그 사상적 배경, 삼균주의의 이론 체계 등을 요령 있게

---

16 김기승, 『조소앙이 꿈꾼 세계: 육성교에서 삼균주의까지』, 지영사, 2003.

잘 정리하였고 그것이 우리 독립운동사에서 차지하는 의미에 대해서도 나름대로 설명하였다.[17] 그리하여 뒤이은 학자들의 삼균주의에 대한 이해도 크게는 홍선희의 인식의 틀 속에서 이를 약간씩 더 부연 확장한 것으로 볼 수 있다.

몇 년 후 1979년에는 삼균학회 명의로 『소앙선생문집』(상.하)이 발간되어 오랫동안 개인적인 저술로 보관되어온 조소앙의 저작들이 세상에 직접 알려지는 계기가 되었다.[18]

그러나 조소앙의 삼균주의가 학계에서 주목받게 된 것은 1980년대에 이르러서였다. 당시 한국근현대사의 명망 있는 중견학자였던 강만길이 이를 우리 민족운동사 속에 위치시켜 본격적으로 논의하고,[19] 이를 계기로 몇몇 신진학자들이 조소앙 및 삼균주의와 관련된 글을 연이어 발표하였다.[20] 또한 이 과정에서 당시 유수한 신흥 출판사이던 한길사가 홍선희의 『조소앙사상』을 재발간하고,[21] 한국근대사상가선집 시리즈의 하나로 조소앙 편을 선정해 그의 글들을 번역해 보급한 힘이 컸다.[22] 무엇보다

---

17 홍선희, 『조소앙사상』, 태극출판사, 1975. 그러나 이 책은 비매 · 한정판으로 소수만이 그 내용을 접할 수 있었다고 한다.

18 삼균학회, 『소앙선생문집』상 · 하, 1979.

19 강만길, 「민족운동 · 삼균주의 · 조소앙」, 『조소앙』, 한길사, 1982. 이에 앞서 김용신, 「조소앙삼균주의의 역사적 위치」, 『사총』23, 1979이 발표된 바 있으나 홍선희의 글을 축약한 내용이었다.

20 정학섭, 「조소앙의 삼균주의」, 『한국현대사회사상』, 지식산업사, 1984.
한시준, 「조소앙연구」, 『사학지』18, 1984.

21 홍선희, 『조소앙의 삼균주의연구』, 한길사, 1982.

조소앙의 가문에서 적극 후원한 '삼균학회'에서는 여러 학술 행사들과 함께 1983년부터 매년 『삼균주의연구논집』을 발간함으로써 학계를 넘어 사회 대중들에게까지도 삼균주의를 적극 홍보하였다.

조소앙과 삼균주의를 알리는 데 결정적으로 기여한 홍선희와 강만길이 각기 엄혹한 유신 시기와 신군부 집권 초기에 삼균주의를 발굴하고 우리 독립운동사 속에 위치시킨 것은 큰 의의를 갖는 것이었다. 난폭한 반공주의를 앞세운 독재정권기에 상대적으로 진보적인 사회민주주의 사상의 삼균주의를 들고 나온 것은 적지 않은 용기를 필요로 하는 일이었다. 어쨌든 이 같은 초기 과정을 거쳐 1980년대 후반부터 현재에 이르는 동안 삼균주의는 1930~1940년대 중국 지역 우리 독립운동의 이념적 바탕으로 널리 인식되게 되었고 아울러 조소앙 자신도 독립운동계의 핵심 인물 가운데 하나로 크게 부각되었다.[23]

그러나 이런 인식이 역사적 실제와 부합하는지는 차분한 검토가 필요하다.[24] 조소앙이 중요한 독립운동가의 한 사람이었던 것은 분명하다. 그

---

22 강만길, 『조소앙』, 한길사, 1982.

23 이런 분위기의 연장선에서 1988년에는 김규식과 함께 마지막으로 현재 내국인이 모두 25명뿐인 독립유공자 서훈 1등급인 건국훈장 대한민국장을 받기도 했다.

24 일찍이 필자는 중국 내 독립운동에서 안창호의 역할에 주목하면서 이의 문제점을 지적한 바 있었다. 박만규, 「삼균주의 정립의 민족운동사적 배경 고찰」, 『변태섭박사화갑기념사학논총』, 1985. 그러나 당시는 필자 역시 아직 안창호의 대공주의 전체에 대해서까지는 생각이 정리되지 못한 시점이었고, 또 안창호에 대한 학계의 인식이 워낙 도덕적 인격수양론자나 온건한 실력양성론자 내지 심지어는 민족개량주의자라는 데 머물고 있어서 별다른 반향을 불러일으키지 못하였다.

러나 그는 대체로 사색과 문장 및 저술에 능한 학자형, 이론가형의 인물로서 이를 바탕으로 외교활동에 기여하기는 했지만 독립운동의 실천적 조직적 지도자 그룹에까지도 포함시킬 수 있는지는 의문이 든다. 그는 범기호파의 한 사람으로 임정 초기 이승만의 충실한 지지자로 활동한 외에는 독립운동기의 중요 고비마다 정세 판단을 그르쳐 기호파 내에서도 이동령·김구 중심의 주된 흐름에 포함되지 못하였다. 주로 몇몇 가솔과 측근 동료들로 이루어진 소수파만을 대표하는 처지를 벗어나지 못하였다. 특히 윤봉길 의거 직후의 격변기에는 중국 지역 민족운동계의 양대 세력이었던 기호파 임정계와 서북파 흥사단계의 양쪽에서 다 배척당했으며, 1935년에 들어 김원봉이 주도하는 민족혁명당에 참여했지만 곧 이탈하여 소수의 재건한국독립당을 세워 근근히 유지했다. 1940년대에 들어 임시정부와 통합한국독립당에 참여하게 됐지만 그 중심인물인 김구와는 제대로 융화하지 못한 채 늘 비주류에 머물러 있었다.[25]

김기승에 의하면, 삼균주의는 3·1운동 이전의 이른 시기부터 형성되기 시작했다고 하였는데 이는 맞는 말이다. 즉 1917년의 『대동단결선언』이 그 토양이고 1919년의 『대한독립선언서』에 삼균주의가 배태되어 있다고 하였다.[26] 이는 일찍이 홍선희가, '삼균주의가 1918년대에 싹트기 시작하여 1927~8년간에 한국독립당의 당의로 성립되고, 1940년 전후에 임정의 기본정책으로 채택되었다'[27]고 하는 인식에서부터 공통적으로 언급

---

25 이상의 내용은 박만규, 「삼균주의 정립의 민족운동사적 배경 고찰」 참조.

26 김기승, 「도산 안창호의 대공주의와 조소앙의 삼균주의 비교 연구」, pp.21~22.

되고 있다.[28]

김기승은 그리하여 한국민족주의나 민주주의 발전 과정에서 3개 부문의 평등주의 요소를 채택하여 새로운 단계로 발전시킨 데에는 안창호보다 조소앙의 역할이 훨씬 컸다고 하였다. 왜냐하면 사회민주주의적 독립국가건설론은 안창호보다 조소앙이 먼저 구체화했기 때문이라고 하였다. 그의 논지를 직접 들어보기로 한다.

"말하자면 조소앙의 사회민주주의적 국가건설론은 이미 1919년 단계부터 구체화되어 나타났던 것이다… 박만규가 지적했듯이 안창호가 사회민주주의적 국가건설론을 지향하게 되는 것은 1920년대 중반 민족유일당운동을 추진하면서부터였다. 안창호의 대공주의를 사회민주주의적 국가건설론으로 해석하는 한, 대공주의가 조소앙의 사회민주주의적 국가건설 구상인 삼균주의보다 앞섰다고 볼 수는 없는 것이다. 따라서 안창호의 대공주의를 조소앙이 구체화하여 삼균주의가 확립되었다고 보는 견해는 잘못된 것이다. 오히려 조소앙의 사회민주주의적 국가건설 구상을 안창호가 수용하면서 한국독립당의 강령이 마련되었다고 보는 것이 타당할 것이다."[29]

"이러한 사실을 통해 우리는 1930년 전후 한국독립당 결성 과정에서 강

---

27 홍선희, 『조소앙의 삼균주의연구』, p.15.

28 물론 홍선희가 1927~8년간에 한국독립당의 당의로 성립되었다고 하는 것은 정확한 말은 아니다.

29 김기승, 「도산 안창호의 대공주의와 조소앙의 삼균주의 비교 연구」, p.29.

령 기초위원으로 만났을 때 두 사람의 사상은 현격한 차이가 있었다고 보아야 한다. 따라서 그들이 강령을 기초하는 과정은 특정인의 사상과 이념을 다른 사람이 따르는 관계라기보다는 민족의 독립을 위한 통일이라는 대의 아래에서 서로의 차이를 좁히면서 함께 공통분모를 찾아가는 시간이었다고 보는 것이 타당할 것이다. 말하자면 빈민 중심의 급진적 혁명을 통한 무정부공산사회 실현론과 자본주의를 기초로 한 자유민주주의 국가건설론을 놓고 7명의 강령기초위원이 안창호와 조소앙의 입장을 조율하면서 타협점을 모색했다고 보여 진다. 그 결과 정치적으로는 민주공화제를 사회경제적으로는 정치, 경제, 교육의 균등정책을 실현하는 사회민주주의적 국가건설론으로 합의를 보게 되었고 이를 조소앙이 문장으로 만들어 정리했던 것으로 생각된다."[30]

"대공주의와 삼균주의의 내용을 이해하는 데 공통적으로 사용되고 있는 자료는 1930년대 초반 한국독립당의 당의와 당강이다. 이것은 안창호와 조소앙 등 7인의 강령 기초위원 공동으로 작업한 것이며 문안 작성의 실무 책임은 조소앙이 맡았다는 사실에 대해서는 모두가 동의하고 있다. 1930년대 초 한국독립당의 당의와 당강을 삼균주의 혹은 대공주의 자체로 동일시 하기는 어렵다. 그것은 7인 나아가 당시 민족주의적 독립운동자들의 집단적 노력의 산물로 이해함이 타당하다고 생각된다."[31]

---

30 김기승, 「도산 안창호의 대공주의와 조소앙의 삼균주의 비교 연구」, p.30.

31 김기승, 「도산 안창호의 대공주의와 조소앙의 삼균주의 비교 연구」, p.31.

위에서 본 김기승의 주장의 요점은 두 가지로 요약된다.

첫째는, 조소앙의 사회민주주의적 사상이 형성되기 시작한 것은 3·1운동 전부터로 안창호의 대공주의가 정립된 1920년대 중엽보다 시기적으로 빠르다는 것이다.

둘째는, 한국독립당의 당의, 당강은 오히려 조소앙의 생각을 안창호가 수용한 것이라고 하였다. 더 나아가 한국독립당의 강령은 크게 보면 강령기초위원 7인의 작품이며 더 넓게 보면 당시 민족주의 독립운동계 전체의 공통된 의사로 보아야지 안창호의 대공주의가 반영되고 뒤에 조소앙이 이를 발전시켜 삼균주의가 되었다는 것은 사실에 맞지 않다는 것이었다.

김기승의 첫 번째 지적은 맞다. 조소앙이 일찍부터 사회민주주의적 사상의 성향을 보이고 있었던 것은 분명한 사실이다. 필자 역시 조소앙이 일찍부터 훗날의 삼균주의의 편린을 보이고 있다는 점을 지적한 바 있다.[32] 그러나 필자가 말하려던 것은 두 사람의 사회민주주의사상 형성의 시간적 선후가 아니라 그것이 우리 독립운동사 상에서 갖는 의미를 기준으로 말한 것이다.

그 경우 우리나라에서의 사회민주주의 사상은 한국독립당의 강령에

---

32 박만규, 「삼균주의 정립의 민족운동사적 배경 고찰」, 『변태섭박사화갑기념사학논총』, 1985, p.1110. "그러나 흔히 알려지고 있듯이 삼균주의가 그(조소앙)의 개인적인 창안에 의해 먼저 정립되고 이후 독립운동계에 수용되었던 것은 아니다. 그가 후일의 삼균주의와 관련시킬 수 있는 여러 사상적 배경을 갖고 있었고 또 일찍부터 삼균주의를 연상하게 하는 사상적 편린들을 보여주기도 하였지만 그것은 어디까지나 아직 그의 개인적인 차원의 것이었다."

반영됨으로써 비로소 의미를 갖게 된다고 말할 수 있는데, 한국독립당의 강령 결정 과정에서는 주로 안창호의 대공주의가 반영된 것이고 조소앙이 뒤에 이를 삼균주의로 명명하면서 계승 발전시켰다는 사실을 지적한 것이었다.

이어, 김기승의 두 번째 지적과도 관련되므로 장석흥의 다음 견해를 들어보기로 하자. 장석흥은 그의 『한국독립운동의 혁명영수 안창호』에서 다음과 같이 말하고 있다.

"도산의 대공주의는 소앙의 삼균주의와 닮기도 했지만 다른 점도 있었다. 동암의 〈한국독립당 당의의 이론체계 초안〉에 의하면, 1942년 당시 삼균주의가 한국독립당의 근본정신을 위배한 것이라 비판했다. 그러면서 1930년 한국독립당 당의와 당강을 준수할 것을 강력히 주장했다. 그렇게 볼 때 1930년 한국독립당의 당의와 당강은 삼균주의 보다 오히려 대공주의에 충실한 것이었다고 할 수 있다."[33]

그는 차리석의 글을 분석해 한국독립당의 당의와 당강이 삼균주의 보다 오히려 대공주의에 더 충실한 것이었다고 하였다. 그러면서도, "한국독립당의 당의, 당강은 도산의 대공주의나 조소앙의 삼균주의에도 크게 어긋나지 않았다. 즉, 서로의 주의가 공유되는 접점에서 당의를 채택한 것으로 여겨진다."[34]고 하여 안창호와 조소앙 양인의 생각이 공유되는 접

---

[33] 장석흥, 『한국독립운동의 혁명 영수 안창호』, pp.139~140.

점에서 당의가 채택된 것으로 정리하고 있다. 김기승의 두 번째 주장과도 일맥상통한 이 같은 결론은 일반론적인 해석으로는 원만하고 무난하다. 그러나 당시의 정황을 정확히 전하는 것은 아니라고 본다.

3·1운동 이후 우리 사상계에 닥친 가장 큰 충격은 공산주의의 급속한 유입과 수용이었다. 1917년 러시아혁명이 성공하고 반면 거족적 3·1운동이 실패하면서 우리 사회에는 공산주의 사상이 물밀듯이 밀려 들어왔고 젊은 층을 중심으로 공산주의 세력이 강력하게 형성되었다. 이런 상황에 부딪혀 기존의 민족주의 독립운동 지도자들의 대응은 주지하듯이 각각의 성향과 처지에 따라 크게 세 갈래로 나뉘었다.

첫째, 공산주의에 반대하는 입장이었다. 이승만이나 김구 등이 그 대표적 인물이다. 김구의 경우 공산주의자들 가운데 극단적으로 계급주의와 국제주의에 기운 청년들을 혐오하였으며,[35] 이승만은 단지 사상적 반공주의자에 그치지 않고 자신의 정치적 라이벌을 빨갱이로 모함하는 등 공산주의자를 적대시하기까지 했다.

둘째는, 공산주의를 수용한 경우였다. 이동휘와 여운형[36]을 그 대표로 들 수 있다. 이들은 공산주의 사상 자체에 대한 이해나 심정적 일체감 여

---

34 장석흥, 『한국독립운동의 혁명 영수 안창호』, p.151.

35 비주체적 사회주의자들에 대한 우려와 비판의 전형을 우리는 김구의 다음과 같은 말에서 엿볼 수 있다. "오늘날로 보아도 요새 일부 청년들이 제정신을 잃고 러시아로 조국을 삼고 레닌을 국부로 삼아서 (중략) 주자님의 방귀까지 향기롭게 여기던 부류들 모양으로 레닌의 똥까지 달다고 하는 청년들을 보게 되니 한심한 일이다." 김구, 『백범일지』, 우성문화사, 1984, p.197.

부는 개인차가 있으므로 일단 차지하더라도 공산혁명에 성공한 소비에트 러시아와 손잡고 이를 우리 독립운동에 적극 활용하려는 의도를 갖고 있었다.

셋째는, 우리 독립운동계가 이제 이념적으로도 좌우로 나뉘는 상황을 목도하면서 이를 조정 통합해야 한다는 관점에서 사상적으로도 그것을 접합하려는 입장이었다. 안창호가 대표적인 인물이었다. 3·1운동 이전부터 이미 사회민주주의적 성향을 가졌던 조소앙도 당연히 이 부류에 속하였으며 같은 시기 국내에서는 안재홍이 그러하였다.[37]

그러나 냉정히 말하면 안창호가 1926년 7월부터 민족유일당운동을 본격화하기 전까지 조소앙은 이승만이 임정에서 영향력을 잃은 후 독립운동계에서 소외된 채 정치적 입지가 없는 상태였다. 따라서 그의 사회민주주의적 사상 성향도 단지 그의 개인적 차원에 그치는 것이었다.[38]

한편 안창호가 선도한 좌우합작운동은 침체에 빠져 있던 독립운동계에 한때 다시 활력을 불어넣으며 신국면을 열어가고 있었으나 중국 내의 정세 변화와 코민테른의 전술 변경으로 민족유일당운동은 결국 실패하고 말았다. 그 결과 기호파 임정계를 중심으로 한 민족진영 인사들 간에는

---

36 여운형은 그 활동 폭이 그랬듯이 사상적 스펙트럼도 넓어서 특정 사상의 소유자라고 규정하기는 어렵다. 그러나 우리나라 초기 공산주의 수용 과정에서 빼 놓을 수 없는 인물이다.

37 그는 신민족주의와 신민주주의라는 이름으로 중도적 사상 체계를 구성해 가고 있었다.

38 물론 그가 임시정부 수립 직후 유럽으로 가 스위스에서 열린 만국사회당대회(1919.8.1.~9.)에 참석하여 한국 독립을 승인 받은 것은 주목할 만한 업적이었다. 정용대, 「조소앙의 유럽 외교활동 연구」, 『삼균주의논선』, 삼균학회, 1990 참조. 하지만 그것은 일회적인 일로 사상사적으로 우리 독립운동계에 별다른 의미를 주지 못하였다.

세력의 열세에 따른 위기감이 커지고 그에 비례하여 좌파 세력에 대한 반
감이 증폭되었다. 그런 속에서도 서북파 홍사단계의 영수인 안창호는 여
전히 좌파에 대한 포용과 협력의 뜻을 포기하지 않았다.

그리하여 광주학생운동을 계기로 민족진영 전체가 지금까지의 수세적
결집을 재정비해 만든 한국독립당의 당의 당강에는 안창호의 반일 독립
과 민주 건국의 의지가 그대로 반영되었다.[39] 그래서 당시 현장에 있었던
김성숙[40]이나 구익균[41]이 후일 이구동성으로 안창호의 3평등주의를 후
일 조소앙이 삼균주의로 계승하였다고 기억하는 것이다. 또 중국국민당
에서도 안창호가 (사회민주주의를 내용으로 하는-필자) 후기 한국민족주의의
창시자라고 평가하고 있다.[42]

특히 조소앙 스스로도 안창호가 한국독립당의 당의, 당강을 수립했음
을 인정하고 있다.[43] 비록 고인을 기리는 추도사의 특성을 감안한다 하더
라도 실은 조소앙으로서는 가장 자신의 업적으로 하고 싶은 이 부분만큼
은 양보하기 힘든 일이었을 것이다. 이 같은 사실들을 종합해 볼 때 한국

---

39 해방 직전 중국국민당에서 파악한 바로는, "但此(한국독립당=필자) 綱領係由已故之安昌浩
所手創 基本精神卽在反日與民主 現在韓國各民族主義團體所有鬪爭綱領 多半承其衣鉢." 추
헌수, 『자료한국독립운동』2, p.69. 그런데 1923년 중국으로 망명해 해방 때까지 그곳에서
활동했던 김성숙에 의하면, 반일독립과 민주건국은 3·1운동 이래 우리 민족주의 독립운동
의 두 가지 원칙이었다고 했다. 김학준 편, 『혁명가들의 항일회상』, 1988, pp.115~116. 한
국독립당 강령의 기본정신으로 말해지는 안창호의 반일독립은 이 두 개념을 합친 말로 생
각된다.

40 김성숙은, '한국독립당이 창당될 때 삼민주의의 영향을 받은 안창호가 삼균주의를 들고 나
왔고 안창호가 주창해서 삼균주의를 한국독립당의 사상으로 만들었는데, 후에 조소앙이 다
시 이를 말하고 나왔다'고 회고하였다. 김학준 편, 『혁명가들의 항일회상』, 1988, p.60.

독립당의 강령 채택 당시 안창호와 조소앙의 생각과 역할을 대등한 비중으로 병렬적으로 파악할 수는 없는 것이다.

현재 학계에서는 1941년 임정의 건국강령으로 집약된 1930년대 한인각 정당들의 강령이 조소앙의 삼균주의에 입각해 있다고 알고 있다. 그러나 이런 인식은 당대의 사실과 일치하는 것이 아니다. 앞서 말했듯이 우리가 당연한 것처럼 알고 있는 삼균주의의 존재는 사실 당대인들에게는 생소한 것이었다. 조소앙 자신이 삼균주의라는 말을 만든 것이 1936년에 들어와서였고 그나마 공적으로는 거의 쓰일 기회가 없었다. 1940년 김구

41 흥사단 원동위원부 회원의 한 사람으로 1929년부터 1932년 안창호가 일제에 체포될 때까지 상해에서 그를 가까이 접하며 민족운동 이론 및 사상 문제에 대해 많은 토론을 가졌었다는 구익균은 후일, "도산은 임정을 비롯한 해외 독립운동가들이 민족주의와 사회주의로 분열될 위험을 막기 위해서 독립이라는 공동 목적을 위해 화합하도록 힘썼다."라고 말하고, "도산 자신은 어디까지나 민족주의자였으나 사회주의를 잘 이해했었고 또 그 사상 중에서 취할 점도 잘 알고 있어서 (중략) 도산은 사회주의의 합리성을 활용할 의도에서 대공주의라는 독특한 신어로 표현했다."라고 하고, 그 내용에 대해서는 "민주주의를 구현하기 위한 정치평등·경제평등·교육평등의 3대 평등 강령을 그 내용으로 했다."라고 전한다. 또 그는 "도산의 3평등주의는 곧 1928년(1930년의 착오로 보인다=필자) 상해에서 결성된 한국독립당의 강령에 삽입되었고 후에 조소앙이 이를 발전시켜 3평균주의라고 칭하게 되었다."라고 하였다. 흥사단의 기관지인 『기러기』에 실린 다음 세 편의 글에서 발췌 정리하였다. 「도산 선생의 대공주의사상」, 1980.6, 「상해에서 해방을 맞으며」, 1980.7.8, 「상해에서의 도산」, 1989.11.

42 "但此(한국독립당—필자) 綱領係由已故之安昌浩所手創 基本精神卽在反日與民主 現在韓國各民族主義團體所有鬪爭綱領 多半承其衣鉢." 추헌수, 『자료한국독립운동』2, p.69

43 "獨立大業 非黨不彰 百日風雪 夙夜斸遑 樹我黨義 立我黨綱 基本確立 旗幟堂堂 自公入獄 黨失薏扶 難合逐勢 是非成章 人散力竭 統一渺茫." 삼균학회, 「悼 安島山」, 『素昻先生文集』 下, pp.148~149.

의 한국국민당을 중심으로 통합한국독립당이 만들어지면서 거기에 조소
앙도 참여하게 되면서 비로소 삼균주의라는 말이 독립운동계에 공개적으
로 사용될 수 있는 계기가 되었을 것으로 보인다.

초기에는 오히려 다 안창호의 3평등주의나 4평등주의로 이해되었던
것이다. 그렇기에 민족진영 내에서 평등사상이 계파를 가리지 않고 대세
로 수용될 수 있었다. 안창호의 생각과 주장이 아니었다면 상대적으로 보
수적인 기호파 원로이자 중심이었던 이동령이나 나름대로 그 기호파의
이론가였던 조완구가 있는 7인 강령기초위원들 속에서 어떻게 조소앙의
주장이 수용될 수 있었겠는가.

하지만 미처 대공주의라는 용어가 독립운동가들에게 널리 수용되기
전에 곧바로 1932년 안창호가 국내로 압송되어 감으로써 안창호의 생각
은 그 내용은 독립운동계에 광범위하게 수용되었지만 대공주의라는 이름
으로 정착되지는 못하였다. 그 이유는 장석홍의 다음 말이 적절한 설명으
로 생각된다.

"도산은 이 무렵 대공주의란 독립운동 사상을 형성하고 있었다. 대공주의
의 핵심은 독립운동의 통합을 지향한 것이었다. 그러나 도산은 대공주의를
대외적으로 표명하지 않았다. 통합을 추구한다면서 새로운 주의를 내세우
면 그것이 또 다른 분파로 이어질 것을 우려한 때문이었다."[44]

---

44 장석홍, 『한국독립운동의 혁명 영수 안창호』, p.139.

대공주의 자체에 대한 장석흥의 견해는 이견이 있을 수 있지만 안창호가 대공주의를 적극적으로 내세우지 않았던 이유는 잘 설명되고 있다고 본다.

안창호가 부재한 속에서 지도자로서 보다는 이론가로서 특징을 가진 조소앙은 그 자신의 평소 생각의 바탕 위에 한국독립당의 강령을 더 발전시켜 갔다. 그중에서도 특히 독립국가 구상의 이론 부문을 발전시켜 1936년에는 이를 삼균주의로 명명했다. 그러나 오늘날 널리 알려져 있듯이 당시의 독립운동가들은 이를 조소앙의 사상으로 보면서 수용한 것은 아니었다.

예를 들면, 윤봉길의거 후 상해를 떠나 이합집산하던 독립운동진영이 1935년에 들어 김원봉이 주도하는 민족혁명당과 김구가 주도하는 한국국민당으로 재편될 때 이 두 당의 강령은 한국독립당의 강령 거의 그대로였다. 민족혁명당의 강령에는 김원봉 김규식과 함께 조소앙이 3인 기초위원의 한 사람으로 참여했으므로 그럴 수 있다 치더라도 한국국민당의 강령은 어떻게 설명될 수 있을까? 더욱이 그때 조소앙은 김구와 심각한 갈등상태에 있는 처지였다.[45] 이런 부분들은 조소앙의 삼균주의가 바탕이 되었다는 현재의 인식이 실제 사실과는 맞지 않음을 말하고 있다. 굳이 안창호나 조소앙의 개인적 영향력을 말하려 한다면 당시 민족혁명당이나 한국국민당에는 다 안창호계 혹은 흥사단계 인물들이 고루 참여하고 있었음을 오히려 더 주목해야 할 것이다.

---

[45] 박만규, 「삼균주의 정립의 민족운동사적 배경 고찰」 참조.

이 점에서 필자는 한국독립당의 강령은 안창호의 대공주의 곧 반일독립이라는 정신적 측면과 민주건국이라는 경세론적 측면이 반영된 것이며 그것을 후일 조소앙이 주로 경세론적 이론적 측면을 발전시키며 이를 삼균주의라고 명명하고 정착시키려 했다고 지적했던 것이다.

4. 안창호의 대공주의와 그 역사적 의의

민족운동 지도자 안창호의 대공주의에 관해서는 지금까지 대략 두 가지 점에서 논란이 있어 왔다. 대공주의의 개념에 대한 이견과 삼균주의와의 관계에 대한 이견들이 그것이다.

안창호의 대공주의는 분명히 하나의 정치사회 사상이면서도 다른 정치사회 사상들과 비교해 볼 때 확연히 다른 면을 아울러 갖고 있다는 점에서 구별된다. 즉 크게 보면 경세론적 측면과 인생론적 측면을 아울러 갖고 있는데, 그 가운데 인생론적 측면은 다시 윤리적 내용과 정신적 내용으로 구분되어 진다. 즉 대공주의는 세 가지 측면의 내용을 함께 포함하고 있는 점이 그 가장 큰 특징인 것이다. 애국애족적 가치관을 강조하는 윤리적 측면과, 통일단합적 태도를 요청하는 정신적 측면과, 사회민주주의적 사회상을 말하는 경세적 측면이 그것이었다.

비유해서 말하자면 대공주의는 수평적으로 보면 세 개의 측면을 가진 삼각뿔과 같고 수직적으로 보면 삼단으로 이루어진 삼층탑과 같은 구조로 되어 있다고 말할 수 있다.

삼각뿔로 보면, 그 한 면은 애국애족의 민족주의적 가치관이다. 일본제국주의에 의해 식민지배의 고통을 당하고 있는 약소민족으로서 민족공동체를 향한 애정과 헌신을 강조하였다. 그러나 그것은 국가주의나 전체주의와는 달리 어디까지나 개개인의 주인의식을 바탕으로 하는 자발적이고 주체적인 애국심이었다. 또 다른 한 면은 대동단합의 정신과 태도이다. 애국애족의 가치관을 간직하고 있고 나아가 적극적으로 항일투쟁에 나선 애국자라 하더라도 대동통합의 정신이 절실히 요청되었다. 민족독립이 최우선의 가치였으므로 지연이나 종교 또는 독립운동의 이념과 방법론 등 모든 면에서 자신의 생각만을 옳다고 고집하여 다른 사람을 배척하거나 적대시하는 태도는 극복되어야 했다. 세 번째 면은 사회민주주의 사상이다. 애국애족의 가치관과 대동통합의 정신에도 불구하고 공고한 단합과 통일을 위해서는 역시 독립운동의 지향과 목표에서도 최소한의 공감대가 필요하였다. 일제에 대한 비타협적 투쟁의 원칙과 함께 독립 이후의 미래 국가상에 대한 공통의 합의가 요구되었던 것이다.

삼층탑으로 보면 안창호의 대공주의는 가장 아래층은 애국애족적 가치관을 요청하는 윤리적 내용이고 가운데층은 민족독립의 대의 앞에 독립운동자들이 통일단합하자는 정신적 내용이며 가장 위의 세 번째 층에는 독립 이후의 사회상에 대한 사상적 내용으로 이루어진 복합적 사상 체계인 것이다.

그런데 여기서 경세론적 대공주의, 즉 사회민주주의적 독립국가건설론과 관련하여 특히 두 가지 점을 지적해 두려고 한다.

우선, 안창호가 단지 좌우단합을 위한 이념적 필요성 때문에 한갓 편

의적 수단으로서 중도적 정치사회 사상을 정립한 것은 아니었다는 사실
이다. 그는 독립 이후 우리의 바람직한 미래상에 대해 일찍부터 진정으로
심사숙고했고 그 결과로서 정치평등, 경제평등, 교육평등의 평등주의 사
회사상을 정립했다고 보기 때문이다. 일찍이 한말 때부터 민주공화국가
수립을 위해 노력해 왔던 그는 이제 대공주의를 통해 자유와 평등이 조화
된 새로운(신) 민주국가 또는 진정한(진) 민주국가 수립을 주장하기에 이
른 것이다.

또 하나, 동시에 주목되는 점은 그가 이미 우리 한민족의 범위를 넘어
전 인류적 차원에서의 사상적 모색을 전개했다는 사실이다. 그는 일찍
이 1919년 임시정부 내무총장 취임사를 통해 한민족의 독립과 한반도의
평화가 동아시아의 평화와 세계평화로 이어진다는 인식을 밝힌 바 있었
다.[46] 거의 같은 시기 상해에서 〈개조〉라는 제목의 연설을 통해 전 인류
의 완전한 행복이야말로 동서고금 모든 사람들의 간절한 바람이라고 밝
히고도 있었다.[47] 즉 늦어도 40대 이후 그의 사고는 한민족의 범위를 넘
어 전 세계의 평화와 전 인류의 행복으로까지 확장되어 있었던 것이다.
이 같은 문제의식의 연장선에서는 당연히 그 실현 조건에 대해서도 생각
하게 되었을 것이다.

---

46 "우리가 신공화국을 건설하는 날이 동양평화가 견고하여 지는 날이요, 동양평화가 있어야
세계평화가 있겠소." 주요한, 『증보판 안도산전서』, 흥사단출판부, 1999, p.628

47 "우리 전 인류가 다 같이 절망하고 또 최종의 목적으로 하는 바가 무엇이오? 나는 이것을
'전 인류의 완전한 행복'이라 하오. 이것은 고금동서 남녀노소를 물론하고 다 동일한 대답
이 될 것이오." 주요한, 『증보판 안도산전서』, p.642.

안창호에게 행복의 조건은 문명이었다.[48] 구체적으로 그것은 한말 이래 일찍부터 그가 추구해 온 자유독립과 문명 부강한 민주공화국가였다. 그런데 이제 정치적 민주주의와 공화주의가 곧바로 모든 구성원들의 행복을 보장하는 것이 아니라는 사실이 점차 분명히 드러났다. 특히 1917년 러시아혁명 이후 자본주의 비판이 이론적 차원을 넘어 현실 체제로 실현되면서 심각한 재고를 요청하였다. 러시아에 공산주의 소비에트혁명이 성공하고 이에 영향을 받은 공산주의 세력이 한국 독립운동계에서도 새롭게 큰 세력을 형성하여 기존의 민족운동 세력과 대치하는 형세가 조성되었던 것이다.

그 결과 안창호는 한반도에 모범적인 자유민주주의 공화국을 세운다는 데서 한걸음 더 나아가 자유와 평등이 어우러지는 사회민주주의 공화국을 건설하자는 데로 발전하였고 그 대답으로 나온 것이 대공주의였다. 즉 대공주의는 일부 유식유산층만이 아니라 전 구성원이 행복한 새로운 민주국가, 진정한 민주국가 실현의 설계도였던 것이다. 대공주의는 한민족과 한반도의 범위를 넘어 세계 전체와 전 인류로 확장된 안창호의 그런 과제까지에 대한 총체적 답이기도 했다. 그는 일제로부터 해방된 한반도에 정치, 경제, 교육의 평등이라는 대내적 3평등주의 원칙으로 진정한 민

---

48 "그러면 이 '완전한 행복'은 어디서 얻을 것이오? 나는 이 행복의 어머니를 '문명'이라 하오. 그 문명은 어디서 얻을 것이오? 문명의 어머니는 '노력'이오. 무슨 일에나 노력함으로써 문명을 얻을 수 있소. 곧 개조하는 일에 노력함으로써 문명을 얻을 수 있소. 그러므로 내가 말하기를 '우리 사람이 일생에 힘써 할 일은 개조하는 일'이라 하였소." 주요한, 『증보판 안도산전서』, p.642.

311

주주의 국가 즉 신민주국을 건설하고, 나아가 이를 민족·국가 간 평등의 대외적 평등주의 원칙에 입각해 전 세계적 전 인류적으로 확장해 가야한다고 생각했다.

대공주의는 비록 민족독립이라는 당면의 과제에서 비롯되었지만 단지 한민족에 한정되는 순수 민족주의의 범주를 넘어 이제 전 세계의 평화와 전 인류의 행복을 위한 보편 사상으로 승화된 것이었다. 이처럼 안창호에게 대공주의는 결코 방편적 사상이 아니었다. 청년시절부터 약소민족의 해방운동에 헌신해 온 그가 50세 무렵 만년에 도달한 사상 체계의 종합이고 총 결론이었다. 거기에는 바람직한 가치관과 운동가의 품성과 사상적 지향이 함께 어우러져 있었다. 때문에 대공주의는 바라보는 사람들의 시각에 따라 각기 어느 한 측면 혹은 한 부분만이 보이거나 또는 두드러져 부각될 수 있었다. 지금까지 안창호의 대공주의에 대한 개념을 두고 약간씩 다른 의견이 나왔던 것도 이런 이유에서였다.

또, 안창호의 대공주의와 조소앙의 삼균주의의 관계를 두고 드러난 다른 이해는 그 기준의 차이 때문으로 볼 수 있다. 사회민주주의 사상의 형성 시점을 기준으로 말하면 그것은 분명히 조소앙이 앞섰다. 그는 3·1운동 이전에 이미 사회민주주의적 사상을 배태하고 있었고 개인적으로 그것을 발전시켜 가고 있었다. 그러나 한국민족운동사에서 사회민주주의가 비로소 의미를 갖게 된 것은 1930년 초 한국독립당이 강령을 채택하면서부터였다. 그런데 한국독립당의 강령은 안창호의 '반일독립'과 '민주건국'의 원칙, 즉 대공주의가 직접 반영된 것이었다. 이는 조소앙 자신을 포함한 당시의 독립운동가들은 물론 중국국민당에서까지도 공통적으로 인정하는 사실이었다.

이 같은 안창호의 생각은 그의 직계 인물들에게는 '대공정신'과 함께 '대공주의'가 동시에 적극 강조되었지만,[49] 아직 그 범위 밖으로까지 널리 선전되지는 않았다. 이는 물론 그의 본의와 달리 여전히 그를 서북파 혹은 흥사단계라는 한 분파의 수장으로만 보려는 사람들의 반감을 의식했기 때문이었을 것이다. 하지만 그가 국내로 끌려갔다가 옥고 끝에 타계하여 부재한 상황 속에서도 그의 정신과 사상은 중국 내 민족주의 각 정당들과 임정을 포함한 우리 독립운동계에 공통으로 수용되고 계승되었다.

그 과정에서 조소앙은 특히 정치사회 사상적 이론 부분을 집중적으로 발전시켜 이를 삼균주의로 명명하는 등 크게 기여하였다. 그는 나아가 삼균주의를 한국독립당의 당의로까지 격상시켜 규정하려고 시도했지만 그 때문에 안창호 직계의 차리석에 의해서는 강한 비판과 견제를 받기도 했다.[50]

---

[49] 그래서 정치사회 사상으로서는 대당운동의 혁명이론으로, 인생론으로서는 1934년에 개정된 흥사단의 약법 속에 대공의 정신 혹은 사회대공 등의 말로 반영되었다.

[50] 장석흥이 지적한 것처럼 차리석이 본래의 한국독립당 당의를 그토록 고수하려 한 것은 무엇보다 안창호의 정신을 폭넓게 온전히 계승하려 한 것으로 보인다.(『한국독립운동의 혁명 영수 안창호』, pp.143~147 참조) 즉 대공주의에 내포된 인생론적 측면과 경세론적 측면 가운데 인생론적 측면을 제외하려는 데 대해, 그리고 경세론적 측면마저도 아마도 그것을 안창호가 사용하지 않은 삼균주의라는 이름으로 변경하려는 데 대해 강력히 반대한 것이 아닌가 생각된다.

5. 맺음말

민족운동 지도자 안창호의 대공주의에 관해서는 지금까지 그 개념과 삼균주의와의 관계를 두고 약간의 이견이 있어 왔다.

먼저 대공주의의 개념에 관해서는, 일찍이 필자가 사회민주주의 독립 국가건설론이라고 말한 데 대해 대다수 사람들은 공감하였으나 몇몇 다른 이견도 있었다. 우선 안창호의 대공주의는 특정 이데올로기가 아니고 독립운동가들이 통일단합하자는 생각과 주장 그 자체라는 의견이 있었다. 또 하나 다른 견해는 대공주의는 정치사회 사상이라기보다 도덕적 윤리적 규범으로서 애국애족의 윤리적 인생관을 의미한다고 보았다. 그런데 이처럼 대공주의의 개념을 두고 이견이 나오게 된 것은 그것이 갖는 복합적 특성에 연유하였다.

안창호의 대공주의는 하나의 정치사회 사상이면서도 다른 정치사회 사상들과 비교해 볼 때 매우 다른 면을 갖고 있기 때문이었다. 즉 크게 보면 경세론적 측면과 인생론적 측면을 아울러 갖고 있다는 점이 큰 특징이다. 그런데 인생론적 측면도 윤리적 내용과 정신적 내용으로 다시 구분해 볼 수 있다. 즉 대공주의에는 세 가지 측면의 내용이 함께 포함되어 있다는 점이 가장 큰 특징인 것이다. 곧 애국애족적 가치관을 강조하는 윤리적 측면과 독립운동가들의 통일단합적 태도를 요청하는 정신적 측면과 사회민주주의적 사회상을 말하는 경세적 측면이 그것이었다.

이 같은 복합적 혹은 중층적 특성을 갖고 있기 때문에 대공주의를 바라보는 사람들의 관점과 시각에 따라 각기 어느 한 측면 또는 부분만이 보이거나 또는 두드러져 부각될 수 있었다. 지금까지 안창호의 대공주의에 대한 개념을 두고 약간씩 다른 의견이 제기될 수 있었던 이유였다. 즉, 대공주의의 개념에 관한 이견과 논란은 어느 견해는 맞고 다른 견해는 틀린 그런 문제가 아니라 거기에 내포된 의미 전체를 이해하면 저절로 해소되는 논란이라고 할 수 있다.

다음으로, 안창호의 대공주의와 조소앙의 삼균주의의 관계를 두고서도 다른 입장이 표출되었다. 필자는 안창호의 대공주의가 사회민주주의를 내용으로 하는 후기 한국민족주의의 원류이며 조소앙이 이를 계승 발전시켜 삼균주의로 명명했다고 하였다. 그런데 우리나라에서 사회민주주의적 사상을 갖게 된 것은 조소앙이 먼저이며 안창호가 조소앙의 생각을 수용하여 한국독립당의 강령이 채택되었다는 반론이 제기되었다. 또는 한국독립당의 강령은 안창호와 조소앙 등 당시 독립운동가들의 공동의 생각이 공유된 결과라는 절충적인 해석도 나왔다.

그런데 안창호의 대공주의와 조소앙의 삼균주의의 관계를 두고 드러난 다른 인식은 그 기준의 차이 때문으로 볼 수 있다. 사회민주주의 사상의 형성 시점을 기준으로 말하면 그것은 분명히 조소앙이 앞섰다. 조소앙은 3·1운동 이전에 이미 사회민주주의적 사상을 배태하고 있었고 나름대로 그것을 발전시켜 가고 있었다.

그러나 역사적으로 보면 형성된 시점보다 그것이 우리 사상사에서 차지하는 의미가 더 중요하다고 볼 수 있다. 한국민족운동사에서 사회민주주의가 의미를 갖게 된 것은 1930년 초 비로소 중국내 민족주의 독립운동가들이 한국독립당을 만들고 강령을 채택하면서 부터였다. 그런데 한국독립당의 당의, 당강은 안창호의 반일독립과 민주건국의 정신, 즉 대공주의가 직접 반영된 것이었다. 이는 조소앙을 포함한 당시의 독립운동가들이나 중국국민당 측이 다 함께 인정하는 사실이었다. 전 민족적 항일투쟁 노선과 사회민주주의적 독립국가건설론이 포함된 이 같은 안창호의 생각은 그 후 민족주의 각 정당들과 임정을 포함한 우리 독립운동계에 공통으로 계승되고 발전되었다.

그 과정에서 조소앙은 이론적 사상적으로 크게 기여하였다. 그는 1930년대에는 비록 정치적으로는 고립되어 있었지만 주로 자신의 본래 생각과 합치되는 안창호의 독립 이후 국가건설의 방향과 내용을 구체화하여 1936년에는 이를 삼균주의라고 스스로 명명하였다. 그리고 1940년에 김구 주도의 통합한국독립당에 합류하게 되면서 점차 삼균주의를 후기 한국민족주의의 본류로 규정하려고 시도했다. 하지만 차리석처럼 안창호의 생각을 온전히 계승하려는 사람들에 의해 강한 비판과 견제를 받기도 했다.

크게 보면 3·1운동 이후 우리 사회에 공산주의가 급속히 수용되고 그에 따라 분열된 좌우의 이념적 통합 필요성에서 우리 사상계에는 불가피하게 사회민주주의가 대두하게 되었다. 이를 선도해 간 지도자가 안창호였다. 그는 1926년 후반부터 일제에게 체포당한 1932년 초까지 중국에서 좌우합작운동을 주도하면서 사상적으로는 반일독립과 민주건국의 정신을 내포한 대공주의를 정립했다. 계파를 초월한 모든 독립운동자들의 대동단합을 감안해 비록 자신이 명명한 대공주의라는 말을 적극적으로 표방하지는 않았으나 그의 사회민주주의 사상은 1930~1940년대의 후기 한국민족주의의 원류이자 본류가 되었던 것이다.

참고문헌

1.   도산안창호선생전집편찬위원회, 『도산안창호전』1-14,

  도산기념사업회, 2000.

2.   강만길, 『조소앙』, 한길사, 1982.

3.   강영현, 『무실과 역행을 넘어서: 21세기 도산 안창호와의 대화』,

  경인문화사, 2003.

4.   김기승, 『조소앙이 꿈꾼 세계: 육성교에서 삼균주의까지』, 지영사, 2003.

5.   도산안창호선생기념사업회, 『도산 안창호』, 태극출판사, 1947.

6.   이명화, 『도산 안창호의 독립운동과 통일노선』, 경인문화사, 2002.

7.   장석흥, 『한국독립운동의 혁명영수 안창』, 역사공간, 2016.

8.   주요한, 『증보판 안도산전서』, 흥사단출판부, 1999.

9.   홍선희, 『조소앙 연구』, 태극문화사, 1975.

10.   『조소앙의 삼균주의 연구』, 한길사, 1982.

11.   김기승, 「도산 안창호의 대공주의와 조소앙의 삼균주의 비교 연구」,

  『도산학연구』14·15, 2015.

12.   장석흥, 「차리석의 '한국독립당 당의의 이론체계 초안(1942)'과 안창호의

  대공주의」, 『한국독립운동사연구』49, 한국독립운동사연구소, 2014.

13.   정학섭, 「조소앙의 삼균주의」, 『한국현대사회사상』, 지식산업사, 1984.

14.   「일제하 해외민족운동의 좌우합작과 삼균주의」,

  『한국의 근대국가형성과 민족문제』, 문학과 지성사, 1986.

15.   박만규, 「삼균주의 정립의 민족운동사적 배경고찰」,

『변태섭교수화갑기념사학논총』, 1985.

16. 「도산 안창호의 대공주의에 대한 일고찰」, 『한국사론』26,

서울대국사학과, 1991.

17. 한시준, 「조소앙연구」, 『사학지』18, 1984.

18. 「조소앙의 역사의식」, 『한국사연구』50, 1986.

19. 「조소앙의 삼균주의」, 『한국사시민강좌』10, 1992.

3부 | 도산에 드리운 춘원의 그림자

I. 도산 안창호와 춘원 이광수의 관계

1. 머리말

도산 안창호(1878~1938)와 춘원 이광수(1892~1950)는 1919년 5월 말경 처음 만난 후부터 1938년 3월 도산이 타계할 때까지 근 20여 년간 긴밀한 관계를 유지하였다. 이 기간 중에도 비록 공간적으로는 떨어져 있었던 시간이 많았으나 공사 간에 두 사람의 깊은 유대는 지속되었다. 나아가 도산 타계 후 10년 만에 춘원은 도산의 전기를 써서 그를 세상에 널리 알리는 역할을 수행하였다.

여기서는 춘원과 도산의 관계를 시간에 따라 세 부분으로 나누어 살펴보려고 한다.

첫째는, 두 사람이 상해에서 처음 만나 1년 반가량 동고동락하며 완벽한 동지적 관계를 이루었던 시기(1919. 5. ~ 1921. 2.)이다. 이때 도산은 상해임시정부의 실질적인 최고지도자였으며 동시에 흥사단 원동임시위원부의 설립자이자 지도자였다. 한편 춘원은 도산의 전폭적인 지지 아래 임시정부의 기관지 발행 책임자로 활동하였으며 흥사단 원동위원부에서는 도산으로부터 가장 총애받는 수제자였다.

둘째는, 일제총독부와 내통한 춘원이 상해를 이탈하여 국내로 들어와 한편으로는 도산과의 부단한 연계 아래 흥사단 국내 조직(수양동맹회, 수양동우회, 동우회)을 만들고 그 활동을 주도함으로써 사회 유지로서의 명성을 더할 수 있었던 시기(1921. 4. ~ 1932. 4.)이다. 반면 도산은 춘원을 통해 국내에 흥사단 조직을 만들려던 염원을 이루었으나 그 때문에 춘원과 동일시되면서 사실과는 달리 국내 대중들로부터 민족개량주의자 내지는 자치운동자로 낙인찍히는 불명예를 안게 되었다.

셋째는, 1937년 6월 이른바 '동우회사건'이 시작되면서 일제 경찰에 체포당한 도산은 심한 옥고 끝에 이듬해 1938년 3월 파란만장한 애국지

사의 삶을 마감하였다. 춘원 역시 동우회의 주도자로 체포되었으나 도산
서거 후 일제에게 전향을 약속한 다음 최종 무죄 판결을 받았으며 이후
해방 때까지 반민족 친일의 길을 치닫게 되었다.

2. 상해에서의 아름다운 동행(1919.5.~1921.3.)

1) 도산과 춘원의 만남

도산과 춘원이 처음 만난 것은 3·1운동 직후인 1919년 5월 말경으로
상해의 적십자병원에서였다. 춘원은 해방 후 다음과 같이 도산과의 첫 만
남을 회고한 바 있다.[1]

"안창호가 상해에 온 것은 4월 하순이었던가 한다. 그는 상해에 오는 길
로 홍십자회 병원에 입원하였다. 그의 동서 김창세 의사가 그 병원에 근무하
고 있던 인연이었는가 한다. 그가 상해에 온지 4, 5일 후에 나는 도산을 병원
으로 찾았다. 그는 그때 41세의 중년 신사로 매우 점잖고 또 사람을 접함이
극히 온공하였다. 나는 그가 미국에서 처음 환국하였을 때 잠시 본 일이 있
었으나 인사도 없었으니 직접 면회하는 것은 이때가 처음이었고, 또 그에 대
해서는 아는 것이 별로 없었다."

---

1   이광수, 『나의 고백』.

물론 여기서는 만난 시점에 대해 약간의 착오가 있음을 본다. 도산이 상해 적십자병원에서 춘원을 처음 만난 것은 5월 말경이기 때문이다. 대한인국민회 중앙총회장으로 있던 도산이 미국에서 국내의 3·1운동 소식에 접한 후 원동파견원 자격으로 상해에 도착한 것은 5월 25일이었다. 그는 이튿날 26일 저녁 영국 조계 내 북경로의 중국인 교회에서 열린 상해 교민회 주최 환영회에서 일장 연설을 행했다. 이른바 〈북경로예배당 연설〉이다. 28일에는 청년단 주최의 환영회에서도 연설하였다. 이때 도산은 적십자병원에 입원해 장기간 항해에 따른 여독을 풀면서 여러 사람들을 만나 이야기를 듣고 있었다. 춘원이 도산을 찾아가 만난 것도 이 무렵이었던 것으로 보인다.

앞의 회고에서 보듯 춘원은 처음 대면한 도산에 대해 깊은 인상을 받고 큰 호감을 갖게 되었다. 비록 춘원은 도산과 이때 처음으로 정식 대면하였으나 그에 대한 이야기는 이미 많이 들어 알고 있었을 것으로 생각된다. 한말 도산이 구국운동을 위해 귀국할 때 동경의 태극학회 연설회에서 멀리 그를 본 적이 있었으며, 1913년 목릉에서 투병 중인 이갑을 만났을 때는 그로부터 도산의 극진한 우정에 대해 들은 바도 있었다.[2] 무엇보다 도산과 춘원은 평안도의 동향 출신이기도 했다. 오산학교 교사로 재직한

2　"도산이 미주에 건너가는 길로 돈 미화 500원이 있어서 내 병 치료비로 적지 아니한 돈을 보냈는가 하고 매우 받기가 거북한 것을. 동지의 정성을 거절하는 것도 도리가 아니어서 받았지요. 했더니 그 뒤에 알아보니까 도산이 본국에 돌아와 있는 동안 부인이 남의 빨래를 해주고 벌어서 저축한 돈이라고요. 그리고 도산은 어느 운하를 파는데 역부 노릇을 하고 일공을 받아서 생계를 보탠다고요." 「서백리아의 이갑」.

바 있는 춘원은 그곳에서도 도산에 관한 이야기를 많이 들었을 것이다.

첫 만남을 통해 도산 또한 춘원에 대해 남다른 특별한 호감을 가졌을 것으로 짐작된다. 아마도 도산 역시 이미 시와 소설과 논설로 국내에서 문명을 날린 바 있던 춘원에 대해서는 어느 정도 들어서 알고 있었으리라 보인다. 미국에서 대한인국민회가 기관지인 『신한민보』의 기자로 춘원을 초청한 일 역시 도산의 동의 아래 이루어진 일로 보아야 할 것이다. 평소 누구보다도 청년 인재들에 대한 애정이 극진하였던 도산은 동경에서 2·8독립선언서를 직접 쓰고 상해에 와서 이를 외신에 홍보해 왔으며 3·1운동 후에는 임시정부의 조직을 위한 회의에도 참여한 춘원의 활약을 듣고 그의 재능과 열정에 대해 무한한 기대를 갖게 되었으리라는 것은 짐작하기 어렵지 않다. 이때 춘원은 도산보다 14세 아래인 27세의 한창 때 청년이었다.

어쨌든 1919년 5월 말경 상해에서 당시 독립운동의 최고지도자였던 41세의 도산과 청년지식인 가운데서도 가장 명성을 날리던 춘원의 아름다운 만남이 이루어진 것이다. 그리고 두 사람의 동지적 관계는 임시정부와 홍사단원동임시위원부를 무대로 1년 반 동안 지속되었다.

2) 임시정부의 기관지 발간

먼저, 임시정부에서 도산과 춘원의 관계를 간략히 살펴보기로 하자.

도산은 상해 도착 후 여러 사람들로부터 폭넓게 이야기를 들으며 독립운동계 전반의 상황을 파악한 다음 한 달여 만인 6월 28일 대한민국임시정부의 내무총장 겸 국무총리 대리로 취임하였다. 그는 대한인국민회에서 가져온 25,000달러로 정부청사를 마련하고 직원을 채용하였으며 각종 법령을 정비함으로써 초기 임정의 실체를 갖추어 가게 되었다.[3]

한편, 이에 앞서 임시정부 조직을 위한 독립운동가들의 회의에 참여한 바 있는 춘원은 직접 임정 내의 직책을 맡는 대신 기자가 되기를 희망하였다. 이는 춘원이 자신의 적성을 감안하여 내린 결론이기도 하겠지만 동시에 이미 의기투합한 도산과의 긴밀한 상의 아래 나온 결정으로 보아야 할 것이다. 잘 알다시피 도산은 언론과 홍보를 매우 중요시하였다. 그는 언제 어디서나 조직을 만들고 운영할 때마다 선전 매체를 중요시하고 이를 적극 활용하였다.[4] 그리하여 도산과 춘원은 임정의 기관지로 신문을 발간하기로 하고 춘원이 이를 맡게 되었다고 여겨지는 것이다.

임정의 기관지 발행은 1919년 8월 21일 『독립』이라는 제호로 시작되었다. 타블로이드판 4쪽짜리로 주 3회(화, 목, 토) 발간 예정이었다. 창간 당시 독립신문사의 인적 구성은 사장 겸 편집국장에 이광수, 기자는 조동호, 차리석, 주요한, 경리에는 이영열이었다. 그러나 춘원의 회고에 의하면 처음에는 조동우와 단둘이서 시작하였다가 그가 곧 그만두어서 주요한과 함께 발행하게 되었다고 기억했다. 이는 아마도 신문사 운영 전반에 대한 이야기가 아니라 주로 기사 작성과 관련한 역할을 말한 게 아닌가

---

3   박만규, 「초기 임정의 체제정비와 안창호」, 『도산사상연구』4, 1997.

4   일찍이 미주에서 공립신보와 신한민보를 발행했고 국내에서는 한말에 대한매일신보와 황성신문을, 그리고 일제 강점시기에는 동아일보와 동광 잡지 등을 적극 활용하였다.

싶다. 실제로 논설을 비롯한 대부분의 기사는 춘원의 손으로 집필되었으며 송아지라는 필명을 쓰던 주요한이 일부를 담당하였다.

그러나 당시 여건에서 정기적인 신문 발행은 고전의 연속이었다. 기사의 작성은 춘원의 탁월한 재능으로 어떻게든 꾸려간다 하더라도 일제의 압박과 재정난이라는 다음 두 가지 어려움은 춘원의 힘만으로는 해결이 불가능하였다.

첫째는, 기관지 발간 즉시 손을 뻗쳐 온 일제의 탄압이었다. 임정의 동향을 예의 감시해 오던 상해 주재 일본총영사관에서는 신문 발행에 대해서도 촉각을 곤두세웠다. 프랑스 조계를 관장하는 프랑스영사관 측에 강력히 항의하였고 이 때문에 프랑스영사는 임시정부의 해산과 『독립』신문의 발행 금지를 명하였다. 이런 문제는 결국 도산이 나서서 외교적으로 해결할 수밖에 없었다. 그리하여 『독립』은 불과 두 달 만에 21호 (1919.10.16.)로 일단 마감하고 22호(1919.10.25.)부터는 제호를 『독립신문』으로 바꿔야만 했다. 그러나 프랑스영사관을 상대로 한 일제의 집요한 압력은 계속되어 『독립신문』은 이듬해 1920년 6월 24일 제86호를 발간한 다음 결국 폐쇄되고 말았다. 이때도 도산이 앞장선 임정의 외교적 노력 끝에 6개월 후인 1920년 12월 18일 87호로 간신히 복간하게 되었다.

둘째로, 만성적인 재정난은 더욱 큰 어려움이었다. 『독립신문』에는 거의 매 호마다 독자들에게 신문 대금의 선불을 간곡히 요청하는 광고가 게재되고 있어 심각한 재정난을 엿볼 수 있다. 본래 주 3회 발간 예정이었으나 제대로 지켜지지 못한 경우가 많았는데 이는 역시 주로 재정난 때문이었다. 이 문제도 당시 상황에서는 결국 도산이 나서서 해결할 수밖에

없었을 것으로 보인다. 안창호일기에 의하면, (1920년 1월 14일) 독립신문
사장 이광수가 래방하여 '공인工人 부족과 지물紙物까지 구입할 수 없어
정간할 경우'라 함으로 1월 16일 '비서장 김립 군에게 독립신문보조금청
구서를 독촉하야 유상규 군으로 하여금 이영렬 군에게 송하다.'라는 기록
이 보이니 그 단적인 예라 하겠다.

어쨌든 여러 어려움에도 불구하고 도산의 전폭적인 지지와 지원 아래
춘원은 초기의 임시정부 기관지 발행을 책임지고 계속했다. 그가 『독립신
문』에서 손을 떼기로 결심한 것은 상해를 떠나 국내로 돌아갈 것을 결심
한 1921년 2월 중순경으로 보인다. 임시정부 기관지는 해방 때까지 숱한
곤경 속에서 우여곡절을 겪으며 총 205호까지 발행되었는데 그중에 초기
의 대략 100여 호까지가 그의 손에 의해 만들어진 것으로 보인다. 이 시
기 『독립신문』은 논설과 보도기사 등을 통해 우리 독립운동사 전체를 말
해주고 있어 중요할 뿐만 아니라 특히 도산의 행적과 사상을 상세히 전하
고 있는 주요 자료이기도 하다.

3) 흥사단원동임시위원부

다음으로는, 흥사단원동위원부에서의 도산과 춘원에 대해 살펴보기로
하자.

초기 상해임정의 유일한 각료로서 최고 책임자의 지위에 있던 도산은
무엇보다 먼저 명의상의 임시정부를 명실상부한 민족대표 정권으로 만드
는 일에 전념하여야 했다. 우선 상해임정이 청사 건물과 인물 및 조직 제

도 등을 갖추어 최소한의 기반을 갖도록 하면서 동시에 노령의 대한국민의회와 국내의 한성정부를 아우르는 통합작업에 열과 성을 다하였다. 그리하여 마침내 9월 중순 통합작업을 완료하였다.

이제는 각지에 산재한 각료들을 상해로 모아 통합임정의 틀 속에 채우는 일이 다음 과제로 대두되었다. 이 역시 우여곡절 끝에 국무총리 이동휘를 비롯하여 내무총장 이동령과 재무총장 이시영 그리고 법무총장 신규식을 초치함으로써 노동국총판인 자신까지 합하여 일단 5인 내각을 이루기에 이르렀다. 학무총장 김규식은 유럽에서 외교활동 중이었으며 노백린은 군무총장의 자격으로 미국을 순행 중이었다. 교통총장 문창범과 외무총장 박용만은 상해임정에의 참여를 아예 거부하고 있었다. 그러나 무엇보다도 문제되는 것은 대통령 이승만이 대미 외교를 핑계로 미국 체재를 고집하고 있다는 점이었다. 임정은 아직 그 명의에 부응하는 내실을 갖추고 있지 못했던 것이다.

그러나 어쨌든 임정이 대통령과 국무총리를 포함한 11인 최고지도부 가운데 5인으로나마 내각을 이루어 최소한의 외형을 갖추게 되자 도산은 이제 상해에서 흥사단 조직에도 착수하기 시작했다. 애초 중국에 올 때부터 그는 원동에서 흥사단운동을 펼치는 것을 중요한 목적의 하나로 생각하고 있었다. 그리하여 기회가 되는대로 유망한 청년들에게 흥사단을 소개하는 소책자를 내보이고 취지를 설명하였다. 그러나 이런 일을 처음부터 공개적으로 추진할 수는 없었다. 임정의 내실화가 급선무인 예민한 상해 정국에서 사사로이 편당을 짓는다는 오해가 따를 것이었기 때문이다. 1919년 말까지 임정의 기반이 어느 정도 갖추어지면서 도산은 흥사단 조직에도 본격적으로 나서게 된 것이다.

미주에서 상해로 온 단우 박선제, 김항주와 함께 1920년 1월 영국 조계 모이명로에 셋집을 얻어 아담한 단소를 만들고 입단문답과 매주 예회 등에 사람을 모았다. 도산으로부터 흥사단의 취지를 듣고 함께 토론한 청년들은 대부분 그의 민족운동 구상에 공감을 표하였다. 가장 먼저 입단한 사람은 이광수, 주요한, 박현환, 김여제 등이었다. 이후 손정도, 이규서, 차리석, 이유필, 조상섭, 송병조, 선우혁, 김철 등이 정식 단우가 되었으며 김구는 특별단우로 입단하였다.

그러나 원동 흥사단이 정식으로 결성되기 전까지 이들의 입단 사실은 일단 비밀에 부쳐졌다. 도산을 따르는 사당이라는 비난을 피하려 했기 때문이었다. 그러나 언제까지나 비밀에 부칠 수는 없는 일이었다. 그리하여 1920년 9월 20일 정식으로 흥사단원동임시위원부를 결성하였다. 원동임시위원부는 미주 흥사단본부의 지부 조직으로서 중국을 비롯해 연해주와 일본 그리고 국내 지역을 관할구역으로 하였다. 이어 그해 말 1920년 12월 29일 상해에서 개최된 흥사단 제7회 원동대회는 원동 흥사단의 존재를 널리 드러내고 본격적인 활동을 알리는 시작이었다.

그러면 도산이 조직한 원동흥사단에서 춘원의 위치와 역할은 어떤 것이었을까?

춘원은 원동에서 도산이 입단시킨 첫 번째 단우였다. 안창호일기 1920년 1월 29일 자에 의하면, "저녁 늦게 단소에 와서 이광수 군의 문답례를 행할 새 '극히 만족한 문답이 되다.'"라고 적혀 있다. 이때의 문답 내용은 해방 후 춘원이 『도산 안창호』에 상세히 기록하고 있다. 물론 실제 문답으로부터 오랜 시간이 흘렀고 춘원의 그동안 행적과 생각이 투영되어 상당한 윤색이 있었을 것으로 보이지만 흥사단 취지의 일면을 인상적으로 잘 드러낸 내용이었다. 어쨌든 춘원은 당시 상해에 모인 제제다사의 수많은 청년들 중에서 도산이 처음으로 친히 문답을 행하고 원동에서 첫 단우로 입단시킨 인물이었다.

이 무렵 도산일기에는 흥사단과 춘원 관련 내용이 자주 나오는데 몇 가지만 발췌하면 다음과 같다.[5]

2월 16일 　"이광수 군과 흥사단원 모집 진행 방침으로 토의하다."

2월 26일 　"단소에 나와서 6사람의 입단식을 행하고 이광수 군의 강연하는 자리에 참석하였다가 연설이 끝나 여러 단우와 같이 사회주의에 관한 바를 토론하다."

2월 27일 　"김형균이 찾아와 내가 말하기를 이광수 군에게 여하한 말을 질문하였나 함에 이광수 말하기를 흥사단의 취지를 묻고 입단코자 배정하였노라 하는지라 그러한즉 돌아가서 흥사단을 잘 연구한 후에 재회하고자 하다. 이광수 군이 내방하다."

3월 11일 　"단소에 왕하야 … 단우회가 열리니 이는 동방에서 처음으로 개최되는 지방회라. 이광수 군의 강연이 유하니 그 제목은 '흥사단이란 무엇인가'라."

4월 29일 　"8시경에 단소에 왕하야 이광수 군의 서약식이 유하다 이어 강

5　안창호, 『도산일기』.

연회가 개함에 김창세 군이 안식교의 역사로 강설하다."

"단소에 왕하야 이광수, 박선제 양군에게 차균상 군 입단문답하는 것
을 위임하다."

이로 보면 춘원은 원동 흥사단의 1호 예비단우 입단자로서 단우 모임
에서 흥사단에 대한 교육을 하고 있으며 입단 후 3개월여 만에 통상단우
가 되어 도산을 대리해 입단 지원자에 대한 문답을 행하는 위치에 있었
다. 자신보다 훨씬 연상이거나 혹은 독립운동계에서 대선배 격의 단우들
이 많았음에도 불구하고 원동흥사단 내에서는 춘원이 명실공히 도산 다
음의 제2인자였던 것이다.[6]

3. 동상이몽의 〈국내흥사단〉 운동(1921.4.~1937.5.)

1) 춘원의 상해 탈출과 귀국

도산과 춘원이 상해에서 임정의 최고지도자와 그 대변인 격의 선전홍
보 책임자로, 또 흥사단원동임시위원부의 지도자와 수제자로 굳건한 동

---

6   이를 춘원에 대해 상세히 연구한 김윤식 교수는, "춘원과 도산의 관계는 분리될 수 없음을
알게 된다. 임정에서는 책임자와 비서의 관계이며, 그 임정을 떠나면 흥사단 단주와 수제자
의 관계였다. 다시 말해 철저한 사제관계이기도 하였다."라고 말하였다. 김윤식, 『이광수와
그의 시대』2, p.665.

지적 결속을 지속하던 상황에 갑작스런 변화가 오게 되었다. 먼저 1921년 2월 16일 자와 18일 자 도산일기를 보기로 하자.

　"이광수 군이 와서 말하기를, 경성으로부터 허영숙이가 온다하며 출영하러 간다고 하다."

　"이광수, 허영숙 군을 방문하다. 2인이 같이 본국으로 갈 뜻을 말하는지라, 내가 말하기를, 지금 압록강을 건너는 것은 적에게 항서를 바치는 것이니 절대 불가오, 군 등 양인 전도에 대과를 짓는 것이라. 속단적으로 행치 말고 냉정한 태도로 양심의 지배를 받아 행하라 하다."

그런데 이 시기 도산은 임정의 전도와 자신의 진로를 놓고 번민을 거듭할 때였다. 통합임정 출범 후 실로 1년이 훨씬 지나 마지못해 상해에 온 대통령 이승만은 무성의한 태도로 일관하였고 그에 반발하는 국무총리 이동휘의 불만은 날로 높아가고 있었다. 그는 이승만과 이동휘 그리고 자신의 3인이 굳게 결속하여 장기전이 될 독립운동을 이끌어 가야 한다고 생각하였으나 현실은 전혀 달랐던 것이다.

이런 상황에서 상해에 불쑥 나타난 허영숙과 함께 춘원이 국내로 들어가겠다고 나선 것이다. 도산은 반대 의사를 분명히 밝혔으나 이미 춘원의 마음을 돌릴 수는 없었다. 그러면 왜 춘원은 자신의 가장 강력한 후원자라 할 도산이 있는 상해를 떠나 국내로 가겠다고 하였을까? 다음 두 가지 추정이 가능하다.

가장 먼저는, 독립운동에 대한 실망과 독립의 가능성에 대한 신념의 상

실 때문이었다. 춘원의 전 생애를 놓고 볼 때 그가 동경에서 2·8독립선언
서를 작성한 일 자체가 매우 돌출적이고 충동적인 사건이었다고 말해지고
있다. 곧바로 상해로 탈출해 온 춘원은 영어로 번역한 〈2·8독립선언서〉를
들고 외신에 이를 알리는 일을 하였다. 이어 3·1운동이 발발한 다음에는
임시정부의 조직을 위한 모임에 참여하였다. 1919년 4월 10~12일에 걸
친 회합을 통해 이승만을 국무총리로 하는 대한민국임시정부를 구성하는
데 일원으로 참여하였던 것이다. 그러나 춘원은 상해임정의 조직 과정에
는 참여했으나 정부 요원으로 직접 참여하지는 않았다. 대신 5월 말경 곧
임정의 실질적 지도자가 될 도산을 만나 의기투합한 끝에 기관지 발간의
책임을 맡은 것이다.

독립신문사 사장 겸 편집국장으로서 그는 임정을 중심으로 한 상해 독
립운동계의 현상과 독립운동가들의 실상을 생생히 접하였다. 그 과정에
서 그는 도저히 독립에 대한 가능성을 발견할 수 없었다. 또 후일 그가 상
해 시절에 만난 인물들에 대해 쓴 글들을 보면 도산을 제외하고는 이승
만, 이동휘 등을 비롯하여 당대의 이른바 수령급 인물들 누구에게서도 희
망을 발견하지 못하였음을 알 수 있다. 반면 과거의 일본 유학 경험으로
보나 1차 대전 후 날로 상승하는 일본의 국제적 지위로 볼 때 적어도 상
당한 기간 독립이 불가능함을 재삼 확인할 뿐이었다.

다음은, 그 자신의 개인적 특성 때문이었다. 춘원은 심신이 다 섬약한
체질로 애초부터 험난한 독립운동과는 맞지 않는 타입이었다. 신변의 위
험과 궁핍한 생활을 장기간 의연히 감내할 수 있는 체질이 아니었던 것이
다. 그는 안정된 생활 속에서 대중들의 환호를 받으며 그가 가진 문필의

재능을 마음껏 발휘할 때라야 빛을 발할 수 있는 인물이었다. 또 어려서 불우한 환경에서 자란 그는 애정에 굶주려 있었다. 상당 기간의 격절에도 불구하고 엘리트 신여성 허영숙에게 깊숙이 빠져 있었던 것이다. 그의 약혼녀 허영숙이 상해에 와 춘원을 만난 것은 2월 16일이었고 이틀 뒤 도산에게 함께 귀국하겠다고 말한 것이다. 허영숙을 먼저 2월 22일 국내로 보내고, 춘원은 다음 달 3월 말경 천진과 봉천을 거쳐 압록강을 건넜다. 선천 근처에서 경찰에 잡혀 신의주로 연행되어 갔다가 총독부 경무국 고등경찰 과장의 직접 지시로 석방되어 서울로 왔다. 4월 4일 자 조선일보에는 춘원의 귀국 사실이 처음으로 보도되었다.

2) 도산과 춘원의 〈국내흥사단〉 조직

춘원의 귀국에는 아직 몇 가지 의문이 따른다.

우선, 그가 귀국하기까지 일제 당국과는 누구를 매개로 어느 정도 내통하고 있었는가 하는 점이다. 물론 그 진상을 명확히 밝힐 길은 없다. 그러나 결과적으로 〈2·8독립선언서〉를 작성하고 임시정부에서 기관지 발간의 책임자였던 그가 일제로부터 아무런 처벌도 없이 국내에 안착한 것을 보면 상당한 정도로 사전 교섭이 있었고 신변 안전과 생활 보장에 대한 약속이 있었을 것임은 미루어 짐작하기 어렵지 않다.

다음 무엇보다, 이때 도산의 춘원에 대한 태도와 입장이 무엇이었는가 하는 점도 궁금하다. 앞에서 보았듯이 도산은 춘원의 귀국 의사를 듣고 저들에 대한 투항이라고까지 단정하며 강력히 반대하였다. 그러나 그 후 도산은 '일제에 투항한' 춘원과 단절하기는커녕 오히려 국내 흥사단 조직의 중심인물로 인정하였다. 이를 어떻게 보아야 할 것인가?

우선 다음과 같은 춘원의 말을 들어 보자.

"나는 (중략) 그 신문사(『독립신문』)에서 손을 떼고 국내로 뛰어 들어오기로 결심하였다. 나는 이 뜻을 안도산에게 고하였으나 그는 반대하고 나더러 미국으로 가라고 하였다. 도산은 내가 국내에 들어가는 것이 민족운동자로서의 명성을 떨어뜨리는 길이라고 말하였다. 명성을 돌아볼 것이 아니라 명성이 떨어지면 민중이 따르지 아니하므로 일을 할 수 없으니, 그러므로 명성을 아낄 것이라고 간곡하게 말하였다.

그러나 나는 내 명성이라는 것을 그다지 대단한 것으로 생각지 아니하였고, 조그마한 내 명성을 아낀다는 것도 한 사특한 생각이라고 결론짓고, 도산 모르게 귀국할 결심을 하였다. 이렇게 작정하고 나는 귀국할 기회와 노자를 생각하고 있을 때에 내 약혼자 허영숙이 상해에 왔다. 그는 자기가 의사이기 때문에 상해에서 개업을 하고 살 생각이었고, 안도산도 그러기를 권하였으나 나는 내가 귀국할 뜻을 말하고 나를 따라 상해에 와 있던 이성태와 함께 먼저 본국으로 돌려 보내었다."[7]

춘원의 말은 결국 다음과 같이 요약된다. 즉, 춘원은 허영숙이 상해에 오기 전부터 이미 귀국을 결심하고 있었고 도산에게도 그 결심을 말한 바

7　이광수 『나의 고백』, p.265.

있으나 도산은 반대하고 대신 그에게 미국으로 가라고 권하였다. 그러나 국내로 갈 것을 결심한 춘원은 도산 몰래라도 귀국할 작정이었다. 마침 허영숙이 상해로 와 상해에서 함께 살 수 있다고도 했으나 춘원 자신이 국내로 갈 것을 주장했다는 것이다.

그렇다면 또 춘원은 왜 도산의 강한 반대와 허영숙의 상해 거주 제안을 거부하면서까지 국내로 갈 것을 고집했을까? 그의 말을 그대로 믿는다면, 결국 '안락한 삶에 대한 희구'와 '잘못된 명예욕' 때문으로 볼 수밖에 없을 듯하다.

우선 가난하고 따라서 불결하기 십상인 생활은 춘원이 오래 감내할 수 있는 삶의 양식이 아니었다. 당시 상해에서의 삶, 곧 독립운동가의 삶이란 필연적으로 가난과 동행할 수밖에 없었다. 춘원은 이미 어린 시절 일본에서 질서 있고 청결한 문명적 삶을 엿본 바 있었다. 춘원은 더 이상 미개와 가난을 견딜 수 없었다.

또, 비상한 천재였으나 어린 시절 내내 불우하였던 춘원에게는 타인들로부터의 인정과 그에 따르는 명예가 필요하였다. 이미 국내에서 『무정』의 작가로 또 여러 계몽적 논설의 작자로 대중적 인기를 누린 바 있는 춘원에게는 상해나 미주의 기껏해야 수백 혹은 수천으로 헤아리는 교민사회는 너무 협소하게 여겨졌을 것이다. 적어도 국내의 수십, 수백만의 더 많은 대중들로부터 다시 환호받고 싶었던 것이 아닌가 생각된다. 물론 당시에는 그것이 불과 한 세대도 못 가서 장차 영원히 반민족 친일파의 대표자로 낙인찍힐 헛된 욕망의 첫걸음이 되리라는 것을 예견하지 못하였을 터이다.

어쨌든 도산은 춘원의 귀국 의향에 대해 강력히 반대하고 또 대신 미국으로 가라며 간곡히 만류하기도 했다. 그러나 결국 춘원은 1921년 상해를 탈출해 귀국하고 말았다. 귀국한 춘원이 곧바로 일제총독부에 〈유랑조선청년 구제의 건〉을 제출하고, 그해 11월 자치론을 기조로 하는 사이비 민족운동론인 『민족개조론』을 집필하였으며(발표는 이듬해 5월), 이듬해 2월 11일 총독부의 양해 아래 수양동맹회를 조직한 사실은 이미 잘 알려져 있다. 춘원의 이 같은 거침없는 폭주에 대해 도산은 어떤 태도를 보였는가?

상식적으로 생각하면 도산은 그 자신의 명예를 위해서나 흥사단의 명예를 지키기 위해서도 춘원에 대해 단호한 조치를 취하고 절연해야 마땅했다. 실제로 도산은 공식적으로는 흥사단원동임시위원부 위원장 자격으로 미주 본부에 춘원의 무기정권 처분을 요청하기도 했다.[8]

그러나 실질적으로는 춘원의 국내 흥사단 조직을 인정하고 지원하였다. 나아가 도산은 평양에서 동우구락부가 결성되자 두 단체의 합동을 적극 권유했다.[9] 두 단체의 통합은 춘원의 수양동맹회가 동우구락부를 흡수하는 방식으로 진행되었고 따라서 통합 단체인 수양동우회의 주도권역시 사회적 명망성까지 갖춘 춘원에게 있었다. 이를 도산은 그대로 수용하고 용인하였던 것이다.

우리는 이를 어떻게 해석할 수 있을까? 두 가지 추론이 가능하다.

---

8 단우처벌에 관한 의견서, 원동발 제6호, 1922.7.11.

9 1923년 3월 이광수를 비밀리에 북경으로 불러들여, "평양의 동우구락부는 수양동맹회와 같이 흥사단과 동일한 주의, 목적의 결사이므로 합동하여 결사의 확대·강화를 도모하라." 라고 하였다. 「동우회사건 검거에 관한 건」, 『도산안창호자료집』1, p.338).

첫째는, 도산에 대해 일부 비판적인 연구자들이 말하는 것처럼 그가 춘원을 매개로 일제 통치 당국과 내통하여 자치운동을 전개하려 했다는 해석이 있을 수 있다. 예를 들면 강동진은, "안창호로 대표되는 점진주의자들은 타협적인 경향을 짙게 하면서 당국의 사전 양해 아래 중국에 몰래 들어간 이광수와 두 번이나 만나기도 하며 국내에 흥사단을 만들었다."라고 보았다. 구체적으로는 춘원이 1922년 1월 상해에서 비밀리에 도산을 만나 흥사단 지부 조직의 사명을 받고 귀국했으며, 또 이듬해 1923년 10월에도 북경에서 도산을 면담했다고 하였다.[10] 이 같은 견해는 나름대로 일제 정보문서를 근거로 사실에 입각해 있으나 도산의 사상과 활동의 전체에 비추어 볼 때 매우 일면적이고 편향적인 해석으로 볼 수밖에 없다.

다음은, 도산이 이미 귀국을 감행해 버린 춘원을 나름대로 활용하여 국내에 흥사단 조직을 만들려고 한 것으로 볼 수 있을 것이다. 즉 춘원이 비록 일제와의 협의 아래 자기식으로 '시사에 절대 간섭하지 않는 순수 수양을 표방하는' 수양동맹회를 세우려 한다 하더라도,[11] 일단 이를 용인하면서 궁극적으로는 자신의 흥사단 사상을 국내에도 전파하자는 것이 아니었을까 판단된다. 그가 후일 수양동우회 내에서 약법개정 논란이 제기되자, 흥사단은 어디까지나 '혁명투사 양성을 위한 훈련기관'임을 강조하였던 사실에 비추어 보면 변절한 춘원을 용인했던 그의 진의가 무엇이

10 강동진, 『한국침략정책사』, 한길사, 1980.

11 수양동맹회는 규약의 전문에서 '자기 수양과 문화 사업으로 조선인에게 고상한 덕과 필요한 지식과 건강과 부를 향수享受시키는 것을 목적으로 하고 절대로 시사 또는 정치에 간여하지 않는 것이 주의'라고 하여 엄격히 비정치적 단체로 규정하였다.

있는지 분명해지는 것이다. 즉 결과적으로 춘원의 귀국을 계기로 수양동 맹회(1922)―수양동우회(1925)―동우회(1929)로 이어지는 국내 흥사단 운동이 전개되었던 것은 사실이었다.

이를 종합해 말하면, 춘원은 도산의 흥사단 사상과 운동을 이용하여 자신의 귀순과 투항을 합리화하고 나아가 국내에서 계속 사회적 유지로서의 지위와 명성을 유지하려 했고, 도산은 또 그 나름대로 춘원의 귀국을 활용하여 자신의 흥사단 이념을 국내에도 전파하려 했던 것으로 볼 수 있다. 말하자면 국내흥사단 운동을 두고 도산과 춘원은 서로를 활용하였던 것으로 짐작된다.

4. 동우회사건, 영광과 추락의 갈림길(1937.6.~)

1) 동우회사건

1932년 4월 29일 상해의 홍구공원에서 일어난 윤봉길의거의 여파로 도산이 일제 군경에 검거되어 국내로 압송당했다. 3년 가까운 수감 생활 끝에 1935년 2월 가출옥한 그는 정세를 관망하며 칩거하였다. 당시 도산은 조선의 장래 운명, 곧 독립은 어쩔 수 없이 국제 정세에 따라 결정될 것이므로 그때를 대비하여 당분간은 동우회를 중심으로 자아혁신을 위한 수양운동에 진력하자고 하였다. 그러면서 직업학교와 모범농촌의 건설, 출판물 간행, 체육장려, 조선인 관리의 포섭 등을 통해 실력을 양성하자

고 주장하였다.[12]

그러나 도산은 이 같은 구상은 무산되고 말았다. 이른바 동우회사건이 터졌기 때문이었다. 중일전쟁의 도발에 앞서 일제는 동우회를 비롯하여 청구구락부, 흥업구락부 등 민족주의 단체들을 일체 해산시키기로 결정하였다. 가장 먼저 1937년 6월 7일부터 동우회 회원들에 대한 총검거가 전국 각처에서 진행되었다. 처음 연행된 사람은 춘원을 비롯한 11명의 서울 거주 단우들이었다.

일제 경찰은 이때 압수한 회원 명부를 근거로 6월 28일에는 김동원 등 25명의 평양 지역 단우들을 연행하였다. 송태산장에 있던 도산도 이날 다시 검거되어 서울로 압송되었다. 일제는 동우회 회원들을 모두 검거한 후 간부들에게 동우회의 해산을 강요하였다. 동시에 동우회의 자산 일체를 압류하고 몰수하였으며 현금과 사무실 집기는 매각 처분하여 이른바 국방헌금으로 빼앗아 갔다.

당시 연행된 동우회 회원들은 일제 경찰로부터 갖가지 가혹한 고문을 당했다. 그리하여 최윤호처럼 악랄한 고문 끝에 생명을 빼앗긴 사람도 있었고 김성업처럼 불치의 병자가 된 이도 있었다. 도산 역시 수감 생활 3년 만에 위장병에 걸려 나온 뒤 2년 후 또다시 동우회사건에 걸려들어 결국 타계하게 되었던 것이다.

전국의 동우회 회원들을 검거한 일제 경찰은 모두 181명을 치안유지법 위반이라는 죄명으로 검사국에 송치하였다. 이를 받아 검사국에서 기

---

12 국회도서관, 「안창호의 운동방침 발표」, 『도산안창호자료집』 1, 1998, pp. 363~366.

소 처분한 단우는 춘원을 비롯하여 총 42명이었다. 이들에 대한 1심 공판은 1939년 10월 3일부터 두 달여 동안 진행되었다. 춘원의 7년을 최고로 하여 5년 내지 2년의 징역형이 구형되었으나 최종적으로는 증거 불충분으로 41명 전원에게 무죄가 선고되었다.

검사국에서는 이에 불복하여 공소를 제기하였다. 이듬해 1940년 7월 1일부터 2심 공판이 시작되었는데, 8월 21일 선고 공판에서는 춘원의 최장 5년을 비롯해 기소자 전원에게 유죄 판결이 내려졌다.

2심 유죄 판결에 대해 36명의 피고가 불복하고 상고를 하였다. 최윤호는 이미 타계하였고, 집행유예 선고자들 중 5명이 상고를 포기하여 총 42명 가운데 36명이 상고한 것이다. 동우회 사건 3심 공판은 1941년 5월 22일에 시작되었는데 7월 21일 재판부는 제2심 판결의 파기를 선언하고 사실 심리를 다시 하라고 판결하였다.

10월 2일 경성고등법원에서는 다시 공판이 열렸다. 11월 17일의 최종심 선고 공판에서는 피고인 36명 전원에게 무죄가 선고되었다. 만 4년 반을 끌어온 이른바 동우회사건은 이렇게 전원 무죄로 일단락되고 말았다. 실로 요란하게 휩쓸고 지나간 일진광풍에 다름이 아니었다.

2) 도산 서거

평양 지역 동우회원들과 함께 1937년 6월 28일 검거된 도산은 곧바로 서울 종로경찰서로 압송되었다가 11월 1일 검사국에 송치된 다음 서대문 형무소로 이감되었다. 여기서 그는 늑막염과 복막염에다 폐결핵 증세가

3부 | 도산에 드리운 춘원의 그림자

악화되어 12월 24일 병보석으로 풀려나 재판소가 지정한 경성제국대학 병원에 입원하였다.

병세 악화로 임종을 앞둔 도산은 죽음은 두렵지 않으나 고통을 당하는 동포들 때문에 미안하다고 했다. 그리고 '일본은 감내하지 못할 전쟁을 치르고 있기 때문에 멀지 않아 패망할 것'이라고 예언하며 '절망하지 말라'고 최후의 당부 겸 유언을 남겼다. 평생을 조국 독립에 바친 애국애족의 화신 도산은 끝내 두 차례의 옥고 끝에 1938년 3월 10일 서거하였다. 회갑을 8개월 앞둔 나이였다.

국내에서는 쓸쓸한 장례 외에 아무런 추도 행사도 할 수 없었다. 묘소를 찾는 사람은 일제 경찰이 감시하여 접근을 막았다. 미국에 있는 유족에게도 전보로 부고를 보내면서 아무도 오지 말라고 하였다.

국내에서는 일제의 혹독한 통제로 장례식조차 제대로 치루지 못하였으나 도산의 타계 소식이 전해지면서 국외에서는 큰 반향이 일었다. 성대한 추도회들이 도처에서 개최되었다. 중국에서는 임시정부가 1938년 3월 20일 자로 『대한민국임시정부 공보』의 호외를 발행하여 도산의 서거를 보도하고 국무회의를 개최하여 미주에 있는 유족에게 전보로 애도를 표하고 추도의식의 개최와 그의 사적을 간행하는 등의 '애전哀典에 관한 결의'를 하였다. 아울러 국무위원 명의로 '도사悼辭'를 발표하였다. 한국국민당 기관지인 『한민韓民』도 「안도산선생 서세逝世와 도의 悼儀」 및 차리석의 〈안도산 선생의 약력〉을 게재하여 애도의 뜻을 표하였다. 4월 15일에는 당시 임시정부가 있던 장사에서 추도대회가 개최되었다. 또 이틀 뒤인 4월 17일에는 중경에서도 이유필 김홍서 윤기섭 등에 의하여 도대회가 개최되었다. 좌익 세력이 발행하던 『조선민족전선』에도 김성숙이 「애도안도산선생」이라는 추도사를 발표하였다. 독립운동계의 좌우 세력이 모두 도산의 서거에 깊은 조의를 표하며 그 유지를 받들겠다는 뜻을 밝혔던 것이다. 그리고 이러한 한인들의 움직임은 중국 신문들에도 크게 보도되었다.

미주에서도 추도 모임이 줄을 이었다. 먼저 교민 단체인 대한인국민회에서 추도식을 거행하였다. 1938년 3월 13일 하와이 호놀룰루에서 가장 먼저 추도식이 열렸으며, 3월 20일에는 국민회 총회의 소재지인 로스앤젤레스에서 국민회 중앙상무부가 전례를 맡아 추도회를 거행하였다. 같은 날 샌프란시스코, 중가주, 오클랜드, 몬타나, 베라쿠르스 지방회 등에서도 각기 추도회가 열렸다.

흥사단에서도 각 지역별로 추도회를 개최하였다. 『흥사단보』 1938년 3~5월호에 의하면 1938년 3월 22일 로스앤젤레스에서는 흥사단 이사부가 주최한 추도회가 열렸다. 이사부장 김성권의 사회로 진행된 이 행사에는 도산의 부인 이혜련 여사와 5자녀를 비롯하여 유족 및 단우 70여 명이 참석하였다. 도산이 지은 거국가가 불려졌고 송종익의 추도사와 이사부의 추도문 낭독이 진행되었다. 같은 날 델라노 지방단우회에서도 반장인 강익두의 사회로 추도식이 거행되었다. 이후에도 소상과 대상 그리고 탄신일과 서거일에 기념행사를 빠뜨리지 않았다.

신문 중에 『신한민보』는 1938년 3월 17일 자를 '고 도산 안창호선생 추도 특별호'로 발행하였으며 이후 5월까지 지속적으로 도산 관련 기사를 게재하였다. 특히 그의 서거 이후의 조전, 추도문, 만장, 부의 등을 5회에 걸쳐 게재하였다. 홍언은 도산의 전기를 쓰고 그중 서문과 순국실기를 떼어 「안도산 선생의 영애록을 편찬한 후에」로 보고하였다. 이영수는 「팔천동포에게 고함」에서 역사편찬과 기념각 및 동상 건립을 제의하고 나섰다.[13]

그 밖에 도산의 서거에 접해 서재필은 『신한민보』에 애도의 글을 썼고, 이승만은 만장을 보내왔다. 조소앙과 정인보는 한시로 조사를 지었으며 김창숙도 도산을 회고하며 몇 편의 한시를 썼다.

3) 춘원의 추락

반면 국내 흥사단운동을 대표하고 상징하던 춘원은 최소한의 지조를 지키지 못하고 훼절하였다. 도산 서거 후 8개월이 지나 1938년 11월 3일 보석으로 풀려난 춘원은 주요한과 함께 동우회사건 보석출소자의 사상전 향회의를 소집해 동우회 회원 전체의 이름으로 전향서를 발표하였다. 여기에서 춘원을 비롯한 동우회 회원들은 천황에 대한 충성과 황군의 전쟁수행에 정신적 물질적으로 협력하겠다고 다짐하였다. 이에 따라 춘원은 국방헌금을 내고 중국에서 싸우는 일본군을 위문하기 위한 문인들의 황군위문단 파견에 앞장서 나섰다. 이제 노골적으로 친일 활동에 나선 춘원은 1940년에는 일제의 황민화정책의 하나인 창씨개명 시행에 솔선 호응하여 향산광랑香山光郞으로 창씨개명을 하였다. 더욱 기막힌 것은 매일

---

13 『도산안창호전집』13, 2000, pp.515~520.

신보에 실린 다음과 같은 그의 창씨개명의 변이었다.

"지금부터 2천 6백년 전 신무천황께옵서 즉위하신 곳에 있는 산이 향구산香久山입니다. 뜻깊은 이 산 이름을 씨로 삼아 '향산'이라고 하고 그 밑에 광수의 '광光'자를 붙이고 '수'자는 내지 식의 '랑郎'으로 한 것이 향산광랑香山光郎입니다. … 조선민족의 장래를 고려한 끝에 가야마미츠오로 개명하는 것이 좀 더 천황의 신민답다고 믿었기 때문 … 나아가 일본식 씨를 조선인 전부가 달았다고 하면 그것은 조선인 2천 4백만이 진실로 황민화 각오에 철저했다는 중대한 증거가 되어 조선의 행복에 기여할 것이므로 창씨개명은 일종의 정치적 운동이다."

사람들을 그를 향산광랑香山狂郎이라 칭하며 '미친놈'이라고 매도하였다.

춘원은 1943년 10월 20일 일제가 육군특별지원병임시채용규칙을 발표하면서 '조선 학생의 징병 유예' 조항을 폐지하자, 「징병제의 감격과 용의」, 「학도여」 등의 글과 시를 발표하여 학병을 권유했다. 1943년 12월에는 동경에까지 가서 재일유학생들의 출진을 격려하는 연설을 하였다. 명실공히 친일매국 인사들 중에서도 손꼽히는 인물로 추락해 있었던 것이다.

이 같은 춘원의 질주는 단지 상황에 따라 불가피해서 나온 소극적 대응이 아니라는데 심각성이 있었다. 자발적 적극적으로 친일 논리를 개진하고 있었던 것이다. 그의 반민족적 친일 언행은 '진실로 완전한 일본인이 되자'는 내선일체론과, '조선인이 내지 일본인과 완전히 같아져 함께 황국신민으로 되는 것이 민족 보존의 길'이라는 나름대로의 민족보존론을 바탕에 깔고 있었다.

"나는 일찍 조선인의 동화는 일본 신민이 되기에 넉넉한 정도면 그만이라는 생각을 가진 일이 있었다. 그러나 나는 지금에 와서는 이러한 신념을 가진다. 즉 조선인은 전혀 조선인인 것을 잊어야 한다고, 아주 피와 살과 뼈가 일본인이 되어버려야 한다고, 이것에 진정으로 조선인이 영원히 살 수 있는 길이 있다고."

그러면 일세의 천재로 일컬어지던 춘원이 왜 이 지경에까지 이르렀을까? 몇 가지 요인을 지적해 볼 수 있을 것이다.

첫째, 청소년기의 유학 체험을 통해 그에게 깊게 잠재된 일본 선망 의식 때문이었다. 일본은 그에게 분노와 타도의 대상이 아니라 원초적으로 선망과 학습의 대상으로 각인되어 있었던 것이다.

둘째, 앞에서도 지적했듯이 독립운동에 적응하지 못하고 실망했기 때문이었다. 허약한 지식인 체질의 그에게 2년간의 상해 체험은 오히려 독립의지를 상실케 하는 기억일 뿐이었다. 상대적으로 일제는 승승장구를 계속하고 있어서 그에게 독립의 가능성은 전혀 보이지 않았다.

거기에 일제의 회유와 압박이 더해져 한때 상해에서 독립운동에 종사하던 그는 국내로 탈출하면서 먼저 자치론자가 되었다가, 이어 동우회사건과 도산의 서거를 거치면서 철저한 동화론자로 끝없이 추락해 갔던 것이다.

5. 맺음말

도산과 춘원은 1919년 5월 말 상해에서 처음 만난 때부터 1938년 3월 도산이 타계할 때까지 20여 년간 사적으로나 공적으로 긴밀한 관계를 유지하였다. 그러나 두 사람 사이 관계의 내용이 늘 같은 것은 아니었다. 이 기간에 두 차례 큰 변화의 계기가 있었는데 1921년 3월 춘원의 귀국이 그 첫 번째였고 다른 하나는 1937~8년 동우회사건과 도산의 서거였다. 도산이 끝까지 독립운동가의 길을 걷다가 생애를 마친 데 비해 춘원은 이들 변곡점을 계기로 독립운동가에서 자치론자로 또 나아가 완전한 동화론자로 전락해 갔기 때문이었다.

먼저, 도산과 춘원이 처음 만난 1919년 5월 말부터 1921년 3월 말 춘원이 국내로 들어가기까지 두 사람은 상해에서 독립운동의 동지로 완벽히 결속되어 있었다. 도산은 임시정부의 책임자요 흥사단원동임시위원부의 지도자였으며, 춘원은 임정의 기관지인 『독립』과 『독립신문』의 발간 책임자요 원동흥사단의 2인자였다. 도산과 춘원은 비록 연령상으로나 지위와 역할로 보나 상하관계이기는 했으나 상호 존중과 신뢰 속에 참으로 아름다운 동행을 지속하였던 것이다.

다음, 그러나 도산의 반대에도 불구하고 춘원이 국내로 들어가면서 2년여 동안의 진정한 동지적 관계는 끝나게 되었다. 대신 서로 타산적인 협력의 관계로 변하였다. 춘원이 일제와의 협의 아래 국내에서도 흥사단 조직을 만들고 주도하는 과정에서 도산은 이를 용인하고 지원하였다.

그러면 도산과 춘원의 동상이몽 속에서 이루어진 국내 흥사단 조직과 운동의 결과는 어떻게 평가할 수 있을까. 냉정히 볼 때 도산에게는 득보다 실이 훨씬 컸다. 춘원이 『민족개조론』을 발표하면서 도산의 제자를 자처했을 뿐 아니라, 또 그가 국내 흥사단에서 차지하는 위상과 상징성이 매우 커서 세간에서는 도산과 흥사단과 춘원을 거의 동일시하게 되었다. 즉 국내 대중들에게는 춘원을 통해 흥사단과 도산이 투영되었던 것이다.

그러나 물론 이는 사실과는 크게 괴리가 있었다. 예를 들면 1920년대 후반 도산이 중국에서 흥사단원동위원부 단우들의 전폭적인 지지 속에 좌우합작의 민족유일당운동을 선도할 때 춘원의 국내 흥사단, 즉 수양동우회는 같은 좌우합작의 신간회운동과는 오히려 대척점에 선 자치운동 세력의 하나로 각인되어 매도당하고 있었던 것이다. 도산은 자신의 실제 정체성과는 정반대로 국내에서는 민족개량주의자 혹은 자치운동자들의 최고 배후 인물로 지목되곤 했다. 이는 주로 춘원과 동일시된 데서 온 결과인데 비단 당대에만 그랬던 것이 아니고 그의 사후에도 오랫동안 그런 선입관과 편견에서 벗어나지 못하였다.

반면 춘원은 도산과 흥사단을 적극 활용함으로써 독립운동전선으로부터의 이탈과 일제에의 귀순 투항이라는 결정적인 위기 국면을 무사히 통과해 국내에 안착할 수 있었다. 자치운동론자로 비난을 받으면서도 나름대로 사회 명사로서의 지위를 유지해 갈 수 있었던 것이다.

349

마지막으로, 1937년 6월 '동우회 사건'을 계기로 도산과 춘원은 역사 속에서 전혀 다른 영역에 위치하게 되었다. 도산은 동우회사건으로 또다시 구속당해 거듭되는 옥고 끝에 고난에 찬 생애를 마감하였으나, 그의 업적은 이론과 실천의 양면에서 한국 근대 민족운동을 이끈 최고지도자로 또 그의 인격은 겨레의 사표로 길이 추앙받고 있다. 참으로 영광된 삶이었다.

반면 춘원 역시 동우회의 주도자로 체포되었으나 도산 서거 후 일제에게 전향을 약속한 다음 무죄 석방되었다. 불우하게 자란 그는 조숙한 천재로 한 때는 독립운동자였다가 국내로 들어가면서 자치운동자로 변하였고 동우회사건과 도산 서거를 겪으면서 또다시 극단적인 동화주의자로 변신하였다. 이후 친일 배족의 길을 질주하던 그는 해방 후 대표적인 반민족행위자로 구속되는 등 지울 수 없는 오명을 남기게 되었던 것이다.

참고문헌

1. 주요한, 『안도산전서』

2. 도산기념사업회, 『도산안창호전집』

3. 김윤식, 『이광수와 그의 시대』 1～3

4. 강동진, 『일제의 한국침략정책사』

II. 이광수의 안창호 이해와 그 문제점
―『도산 안창호』를 중심으로

1. 머리말

1947년에 처음 발간된 『도산 안창호』[1]는 도산기념사업회의 위촉을 받아 춘원 이광수(1892~1950)가 쓴 해방 후 최초의 안창호 전기로, 크게 「투쟁생애편」과 「국민훈련편」으로 이루어져 각각 그의 생애와 사상을 서술하고 있다. 도산과 도산사상을 전하는 원형으로서 지금까지 여러 차례 판을 거듭하며 널리 보급되어, 일반 대중은 물론 전문적인 지식을 가진 역사, 문학 등 각 분야의 연구자들에게도 지대한 영향을 미치고 있다.

한말·일제 시기 최고위 독립운동 지도자의 한 사람인 도산 안창호

---

1   도산안창호선생기념사업회, 『도산 안창호』, 태극서관, 1947.

(1878~1938)는 아직도 그 평가가 크게 엇갈리는 인물이다. 대부분의 경우 그를 민족을 위해 헌신하면서 우리 독립운동 전체에 큰 영향을 미친 애국적 인물로 평가한다. 그러나 학계 일부에서는 그를 타협적 민족개량주의자로 또는 자치론자들의 배후 인물로 비판하는 경우도 있다.[2] 그런데 특히 그런 부정적 인식의 요인 중에서는 춘원 이광수의 도산관이 가장 크게 영향을 미친 것으로 보인다.

당대의 천재 가운데 한 사람으로 또 대문호로 불리기도 했던 춘원은 일제 강점기에 문학과 언론, 사회 활동 등 여러 분야에서 활동과 업적이 두드러졌지만 끝내 반민족친일파로 전락해 지탄받고 있는 대표적 인물이다. 그럼에도 불구하고 도산과 춘원은 여러 면에서 긴밀한 관계를 유지하였다.

춘원은 도산의 충실한 제자를 자처하며 활동하였고 해방 직후에는 최초로 공식적인 도산의 전기를 써서 그를 세상에 널리 알리는 데 크게 기여하기도 했다. 도산 역시 임정 시기 상해에서 그를 독립운동의 측근 동지로 받아들여 극진히 아꼈으며 춘원이 자신의 만류를 뿌리치고 끝내 일제 지배하의 국내로 귀순해 들어간 뒤에도 끝까지 애정을 거두지 않았다.[3]

독립운동 지도자 도산에 대해서는 그동안 많은 관심이 기울여져 왔다.

---

2   강동진, 『일제의 한국침략정책사』, 한길사, 1980.
서중석, 「한말 일제침략하의 자본주의 근대화론의 성격-도산 안창호 사상을 중심으로」, 『한국근현대의 민족문제연구』, 지식산업사, 1989.
박찬승, 『한국근대정치사상사 연구』, 역사비평사, 1992.

3   도산과 춘원의 관계에 대해서는, 박만규, 「도산 안창호와 춘원 이광수의 관계」, 『역사학연구』57, 호남사학회, 2015 참조.

그의 생애와 사상을 다룬 전기물과 연구논저의 목록만 해도 상당한 양에
이르고 있다. 그러나 좀 더 자세히 들여다보면 지금까지의 도산에 관한
논의들은 대부분 그에 관한 최초의 전기인 춘원의 『도산 안창호』와 주요
한의 『안도산전서』[4]에 기초하여 이루어지고 있음을 알게 된다. 결국 긍정
적이든 부정적이든 우리가 갖고 있는 도산과 그의 사상에 대한 이해는 일
단 춘원과 주요한을 거쳐 형성된 것이라 말할 수 있는 것이다.

　따라서 이제 우리나라 근대화 과정, 그중에서도 특히 독립운동사에서
매우 중요한 인물인 도산과 그의 사상에 대한 정확한 이해를 위해서는 일
찍이 춘원과 주요한에 의해 규정되어 있는 도산관 및 도산사상 인식이 어
떤 것이었는지를 바로 알고 그 범위와 한계를 뛰어넘기 위한 노력이 필요
하다고 생각된다. 우선 여기서는, 먼저 춘원의 『도산 안창호』 검토를 통
해 도산에 대한 그의 인식이 어떠했는지를 알아보고 그 문제점들에 대해
서 지적해 보려고 한다.

4　1963년 주요한에 의해 전기와 자료 편을 합쳐 저술된 『안도산전서』의 전기편도 나름대로
　　의 특징은 있으나 기본적으로는 『도산 안창호』와 같은 틀에서 서술되어 도산의 독립운동의
　　전모를 제대로 담고 있지 못하여 아쉬움을 준다.

2.『도산 안창호』에서의 도산 이해의 문제점

1) 도덕적 수양운동의 일면적 강조

『도산 안창호』에 의하면, 도산은 그의 생애를 통해 정치운동이나 혁명
운동(독립운동)보다 도덕적 수양을 핵심으로 한 국민교화운동을 훨씬 중
요한 과제로 본 것 같다. 그리하여 도산은 한말에는 구국운동 단체인 신
민회를 조직하면서 별도로 청소년들의 인격훈련을 위해 청년학우회를 설
립하였으며, 일제 강점 시기에는 미국 망명 시기에 교민 단체인 대한인국
민회를 지도하면서도 청년학우회의 취지를 계승하여 흥사단을 창설하였
고, 3·1운동 후 중국에 건너가서는 임시정부 일에 종사하는 한편 중국과
국내에 흥사단운동을 전파하는 데 더욱 힘썼다고 한다. 말하자면 청년학
우회와 흥사단 운동이야말로 한말·일제 시기에 걸쳐 도산의 민족운동의
근간을 이루고 있는 셈이다.

춘원은, '청년학우회야말로 신민회나 대성학교 이상으로 도산이 심력
을 경주한 사업이요, 또 민족 향상의 가장 중요한 길이라고 보는 방편이
었다.'[5]고 하였다. 또, 다음과 같이 말하기도 했다.

"흥사단이야말로 도산 안창호의 필생의 사업이요, 그의 민족운동의 근본
이론이요 실천이다. 안창호가 이때 이 땅에 태어난 사명은 이 민족에게 흥사

---

5   흥사단, 『도산 안창호』, 2013, p.46.

단 운동을 주고자 함이었다. 이 민족을 부흥하고 완성하여 영원한 번영을 누리게 하고 인류 전체에게 영구평화의 공헌을 하는 대 사명을 달성하게 하는 길은 하나요, 오직 하나이니 그것은 곧 흥사단이라는 것이 그의 철석같은 신념이거니와 그 신념은 객관 타당성을 가진 신념이다. 흥사단운동의 운명은 한국 민족의 운명인 줄을 미구에 한족 된 자는 다 깨달을 것이다."[6]

그러면 흥사단의 창설자이면서 그 운동의 지도자인 동시에, 그 밖에도 많은 조직에 간여하며 다양한 활동을 전개한 도산에게 흥사단운동과 독립운동의 관계는 과연 어떤 것이었을까? 도산이 직접 작성한 흥사단의 창립 목적을 보면 다음과 같다.

"본단의 목적은 무실역행으로 생명을 삼는 충의 남녀를 단합하여 정의를 돈수하며 덕체지 삼육을 동맹수련하여 신성한 단체를 이루어 민족전도대업의 기초를 준비함"[7]

도산에 의하면 흥사단운동의 목적은 장차 민족운동에 헌신할 인재의 양성을 통해 민족전도대업, 곧 민족의 독립과 번영이라는 대업의 기초를 준비한다는 것이었다.

어떤 일에서건 기초는 그 바탕이고 디딤돌이 되기 때문에 특별히 중요

---

6 앞의 책, p.165.
7 흥사단, 『흥사단 100년사』, 2013, p.1027.

한 것임은 분명하다. 하지만 역시 기초는 어디까지나 기초일 따름이다. 총체적 구상과 실천 속에서 보다 높은 차원의 단계로 나아가기 위한 한 과정인 것이다. 즉, 흥사단운동은 도산의 전체 민족운동 구상과 실천 속에서 가장 기초적인 단계의 한 부분으로 보아야 한다.

따라서 한 부분 운동인 흥사단운동을 마치 그 전부인 것처럼 강조할 것이 아니라, 민족의 독립달성과 번영을 위한 도산의 총체적 구상이 무엇이었는지를 체계적으로 설명하는 가운데서 그 의미를 드러내야 할 것이다. 기초운동인 흥사단 운동을 통해 배출될 인물들이 행할 다음 단계의 활동 내용과 더 나아가 최종적으로 일본의 지배에서 벗어나 나라를 되찾고 번영을 누리기 위한 구체적 방략이 아울러 설명되어야 마땅하다고 하겠다.

도산은 역시 그가 직접 작성한 독립운동방략을 통해 기초→진행준비→완전준비→진행결과→완전결과라는 매우 체계적인 5단계 민족운동 과정을 상정해 놓고 있었다. 그리고 그 구상에 따라 다양한 실천 활동을 전개하였다.[8]

그러나 앞에서 보듯 『도산 안창호』에서는 한국 민족의 부흥과 번영, 더 나아가 인류의 영구 평화라는 최종 목표만이 제시되어 있을 뿐 중간 과정의 구체적인 방략이 잘 드러나지 않고 있다. 물론 단결과 교육 그리고 산업으로 민력과 국력을 배양한다는 이른바 실력양성론적 준비론이 몇 군데서 언급되고는 있다. 그러나 결코 그것이 도산 민족운동론의 전부라고는 생각되지 않는 것이다. 그 같은 준비단계에서 또 한 단계 더 높은 본격

---

8   앞의 책, pp.154~156.

적인 운동의 단계에 대한 설명은 잘 찾아볼 수 없다.

춘원은 이처럼 도산의 전체 구상에서 보면 가장 기초 부분인 흥사단 사상과 운동을 도산 민족운동의 근본 이론이요 실천 운동의 거의 전부인 것처럼 확대시켜 말하고 있다. 춘원은 동시에 그것을 특히 '도덕적 수양운동'이라는 측면에서 강조한다. 그는 도산이 동지들에게 보낸 편지를 통해, '흥사단의 인격 단결 수양운동이 곧 유일무이한 독립운동이요, 또 모든 정치운동의 모체라고 하였다'고 하면서, 〈수양 즉 독립〉이라는 도산의 사상은 이 서한에서 가장 분명하게 역설되었다'고 하였다.[9]

또 다른 곳에서 춘원은 도산의 독립운동의 윤리적 특징을 다음과 같이 매우 극적으로 표현하고 있다.

"〈아아 거짓이여, 너는 내 나라를 죽인 원수로구나. 군부의 원수는 불공대천이라 하였으니 내 평생에 죽어도 거짓말을 하지 아니 하리라〉, 이렇게 도산은 맹세하였다. 그리고 그는 자기 마음속에 있는 거짓을 박멸함으로써 독립운동을 삼고 조국에 대한 가장 신성한 의무를 삼았다."[10]

그러나 도산의 독립운동의 성격에 대한 이같은 춘원의 견해는 매우 자의적인 것으로 보인다. 예를 들면 위에서 춘원이 말한 도산의 편지란 1929년 2월 8일 자로 그가 상해에서 「미주에 재류하는 동지 여러분께」라

---

9 흥사단, 『도산 안창호』, 2013, p.109.
10 앞의 책, p.139.

는 제목으로 흥사단우들에게 보낸 공개서한을 말하는데, 여기서 도산이
강조한 주지는 오히려 흥사단은 일반적 의미의 평범한 수양 단체가 아니
라 한국의 혁명을 위한 투사를 양성하는 혁명훈련 단체가 되어야 한다는
것이었다.

"우리 흥사단은 건전한 인격과 신성한 단결을 육성하는 데 목표를 세우고
각 동지들이 맹약하여 이루어진 것입니다. 왜 우리들은 그 같은 목표 아래
굳게 맹약하여 모였을까요? 오로지 우리 한국의 혁명의 원기를 튼튼히 하
여 그 역량을 증진시키기 위함입니다. 그러기에 우리 흥사단은 평범한 수양
주의로 이루어진 수양 단체가 아니라, 한국 혁명을 중심으로 하고 투사의 자
격을 양성코자 하는 혁명훈련 단체입니다. … 우리들의 정신과 마음이 동시
에 문자로 표현된 것을 보아도, 제1목적이 우리 민족의 전도 대업의 기초를
준비한다고 쓰여져 있기 때문에, 그 전도 대업은 즉 구국광복을 위한 혁명의
대업인 것입니다."[11]

즉, 도산은 민족독립을 위해 헌신할 혁명투사 양성을 위해 흥사단을 만
들었다고 말하고 있다. 도산이 평소 강조한 도덕적 인격수양은 혁명투사
가 되기 위한 가장 기본적인 요소이지 결코 그 전부가 아니었다. 그런데
도 춘원은 도산이 수양 즉 독립이라고 말했다고 강변한 것이다.

춘원이 이처럼 도산의 민족운동을 주로 도덕적 수양운동이라는 관점

---

11 도산기념사업회, 『도산안창호자료집』1, 2000, p.254.

에서 보고 말하게 되었던 이유는 무엇일까? 주된 요인은 아마도 그 자신의 행적과 관련되어 설명되어질 수 있을 것이다. 즉 그가 일제와의 사전 교섭과 양해 아래 1921년 3월 상해의 독립운동 전선에서 이탈해 국내로 들어오고, 『민족개조론』을 쓴 다음 흥사단의 국내조직인 수양동맹회를 만들고 주도한 사실이 그것이다.[12] 도산이나 도산이 만든 흥사단의 본의와 달리 일제 강점 하에서 체제 순응적인 순수 수양운동을 전개한 자신의 과오를 해방 후 시점에서 소급해 합리화하려는 의도가 의식적이든 무의식적이든 반영된 도산관 이었다고 생각된다.

사실 춘원이 『도산 안창호』를 집필하던 시점은 해방 직후로서 반민족 친일파 처단에 대한 사회적 요구가 분출하고 있던 때였다. 춘원으로서는 매우 불안한 상황이 아닐 수 없었다. 이 때문에 나름대로의 변명과 최소한의 합리화 필요성이 절실했을 것이다. 그는 직접적으로는 『나의 고백』을 써서 자신의 변절을 민족 보존을 위한 친일이었다고 말하는 한편,[13] 『도산 안창호』에서도 교묘한 말로 그 죄과를 희석시키려 한 혐의를 갖게 한다. 다음과 같은 말도 당시 춘원의 처지와 겹쳐져서 읽힌다.

"우리가 지난 40년간 일본에게 받은 고초가 또한 우리의 죄값임을 잊어서는 아니 된다. 도산은 망국의 책임을 국민 각자가 질 것이라는 말로 이 뜻을 표현하였다. 그는 이렇게 말하였다. '조국을 망하게 한 것은 이완용만이

---

12 박만규, 「도산 안창호와 춘원 이광수의 관계」, 『역사학연구』57, 2015 참조.
13 김윤식, 『이광수와 그의 시대』3, 한길사, 1986, p.1100.

아니다. 나도 그 책임자다. 내가 곧 그 책임자다.'

우리는 망국의 책임을 일본에게 돌리고, 이완용에게 돌리고, 양반 계급에게 돌리고, 조상에게 돌리고, 유림에게 돌리고, 민족운동자에게 돌린다. 그리고 그 책임 아니질 자는 오직 나 하나뿐인 것같이 장담한다. 그러나 우리 민족 각 사람이 힘 있는 국민이었을진대 일본이 어찌 덤비며 이완용이 어찌 매국조약에 도장을 찍을 수 있으랴. 그러므로 우리는 이완용을 책하는 죄로 우리 자신을 죄하여야 한다.

'우리 민족이 저마다 내가 망국의 책임자인 동시에 또한 나라를 다시 찾을 책임자라고 자각할 때가 우리나라에 광복의 새 생맥이 돌 때요.' 도산은 이렇게 말하였다.[14]

도산이 평소 주인의식을 역설하고 민족에 대한 책임심을 강조한 것은 분명한 사실이었다. 그러나 춘원은 도산의 입을 빌어 망국의 책임 자체를 전 민족 공동의 것으로 전가하고 있는 것이다. 나라를 판 매국자들과 일제에 영합한 친일파나 일반 국민들이 다 같은 망국의 책임자라는 말이었다. 논리 자체가 수긍하기 어렵지만 민족 구성원 각자의 주인의식과 책임감을 강조한다는 측면에서 굳이 선의로 해석한다 해도, 이는 설사 민족수난기에 도산처럼 해방과 독립을 위해 앞장서 투쟁한 애국자가 할 수 있는 말일지언정 춘원처럼 외세지배자에게 굴종하고 영합한 친일파가 제 손으로 옮길 수 있는 말은 아니었다.

---

14 홍사단, 『도산 안창호』, 2013, p.67.

그 경위가 어쨌든 춘원이 이처럼 나름대로 규정해 단정적으로 제시한 도산의 순수 인격수양 중심의 민족운동론에 대한 인식은 결과적으로 두고두고 큰 영향을 미치고 있다. 지조 있는 언론인이자 명망 있던 지성인의 한 사람이었던 송건호의 다음 글은 그 단적인 예로 볼 수 있다.

"도산 안창호는 우리 민족이 낳은 가장 양심적이며 헌신적인 지도자임에 틀림없으나, 항일민족투쟁을 어디까지나 윤리적 측면에서 파악하고 있었다는 것이 결함이라면 결함이고 비극이라면 비극이었다."[15]

나름대로 수준 높은 지식인이었던 송건호가 이처럼 도산을 가장 양심적이며 헌신적인 지도자로 보면서도 인격수양 일변도로 흐른 점을 안타까워한 것은 전적으로 춘원의 도산 인식을 전제로 한 평가였다.

2) 독립운동 방략의 결여

그러면 도산은 춘원이 『도산 안창호』에서 말하고 있듯이 단지 윤리적인 인격수양만을 강조한 지도자였는가? 잘 알려져 있듯이 그는 한말 신민회운동을 전개하면서부터 우리 근대 민족운동의 한 가운데에 그리고 가장 선두에 위치하였다. 그리하여 그가 제시한 독립운동의 목표와 방법론은 곧바로 한국독립운동의 목표가 되고 방법론이 되었다. 그런데 『도산

---

15 송건호, 『한국현대인물사론』, 한길사, 1984, p.223.

안창호』에서는 앞에서 지적한 것처럼 홍사단운동을 중심으로 한 인격수양론만이 부각되어 있을 뿐 이런 사실이 제대로 드러나 있지 않다.

그러면 도산의 독립운동 방략, 즉 독립운동의 이념과 방법론은 과연 무엇이었는가.

그는 한말에는 신민회운동의 목표로 국민주권의 민주공화국 건설을 내세웠고 그 당면의 실현 방안으로 근대적인 무장투쟁을 전제로 한 독립전쟁의 준비를 제시해 신지식인 애국지사들의 공감을 이끌어냈다. 그리하여 생명과 재산을 담보하고서야 가입할 수 있는 엄격한 비밀조직인 신민회를 만들 수 있었다.[16]

그런데 『도산 안창호』에서는 도산이 주도한 신민회운동을 다음과 같이 서술하고 있다.

"이 모양으로 도산의 귀국은 국내에 청신한 기운을 일으켰다. 특히 주목할 것은 그의 민족운동의 이론의 체계였다. 다만 우국, 애국의 열만 아니라 구국제세의 냉철한 이지적인 계획과 필성필승必成必勝의 신념이었다. 도산의 사상과 신념은 당시의 사상계에 반향을 주고 길을 주었으니, 곧 각 개인의 자아 수양과 애국 동지의 굳은 단결로 교육과 산업 진흥에 전력을 다하는 것이었다."[17]

---

16 박만규, 「한말 신민회의 민족운동사적 위치」, 『도산학연구』13, 도산학회, 2010.
17 홍사단, 『도산 안창호』, 2013, p.30.

춘원의 말대로라면 각 개인의 자아 수양과 애국 동지의 굳은 단결로 교육과 산업 진흥에 전력을 다하자는 것이 도산의 구국제세의 냉철한 이지적인 계획이고 필성필승의 신념인데, 그런 논리를 펼친 그의 귀국이 국내에 청신한 기운을 일으켰다는 것이다.

그런데 객관적으로 보면 도산이 귀국할 당시 국내의 신지식인들은 대한자강회를 필두로, 그 밖에 출신 지역을 기반으로 한 기호흥학회, 서우학회 등 여러 계몽 단체들을 만들어 이미 교육 발달과 산업 진흥을 위해 계몽운동을 활발히 펼치고 있었다. 춘원에 의하면 도산의 주장 가운데서 굳이 새롭다면 각 개인의 자아 수양과 애국 동지의 굳은 단결을 강조하는 정도가 조금이라도 새로운 것인데 이런 주장으로 어떻게 4년 반의 공백 끝에 귀국한 도산이 일거에 여러 신지식인 계몽운동가들의 신망을 얻고 그 중심에 설 수 있었을지 의문이다.

춘원은 구체적으로 신민회의 목적이, (1) 국민에게 민족의식과 독립사상을 고취할 것, (2) 동지를 발견하고 단합하여 국민운동의 역량을 축적할 것, (3) 교육기관을 각지에 설치하여 청소년의 교육을 진흥할 것, (4) 각종 상공업 기관을 만들어 단체의 재정과 국민의 부력을 증진할 것 등[18] 이라고 하였다.

하지만 이 같은 인식은 물론 신민회운동의 이념적 선진성은 전혀 드러내지 못하고 있으며 운동 방법론 면에서도 극히 현상적이고 표피적인 일부만을 말해 줄 뿐이었다. 그래서 당시의 다른 계몽 단체들과 하등 차별

---

18 앞의 책, p.36.

성을 말해주지 못하고 있다. 20세기 초 당시의 시점에서 도산이 제시한 민주공화국 건설이라는 혁명적 목표나 독립전쟁준비론이라는 국권회복의 방략이 갖는 역사적 의미에는 전혀 미치지 못한 표면적 인식인 것이다. 그러면서 결국에는 청년학우회의 설립과 함께 민족향상운동 즉 인격수양운동 만을 극력 강조하였던 것이다.

우리 독립운동이 본격적으로 전개된 3·1운동 이후의 도산의 활동과 사상에 대한 춘원의 인식 역시 빈약하기는 마찬가지였다. 그는 상해에서 도산을 만나 비로소 그의 최측근 인물이 되었다. 초기 임시정부를 책임진 도산의 지휘 아래 그 기관지인 독립신문사 사장으로 일했으며, 흥사단 원동위원부의 2인자 격으로도 활동했다. 그는 독립신문에 도산의 여러 연설문 초록과 함께 독립운동 방침에 대한 기사도 다수 게재했다. 이때 특기할 일로 그는 도산의 구술을 직접 받아 적어 원고지 120매 분량의 독립운동방략을 쓴 바도 있었다. 그러나『도산 안창호』를 통해서 보는 임시정부는 전체적으로 파벌 싸움의 장으로만 묘사되어 있다. 실제로 그런 측면이 강했던 것도 사실이지만 독자들이 임시정부를 비롯한 독립운동 전반에 대해 매우 부정적인 인상을 가질 수밖에 없도록 서술되어 있는 것이다. 이는 2년여 만에 끝내 그곳 독립운동계를 이탈해 일제에게 투항한 자신의 전력에 따른 자격지심 때문이 아닌지 의문을 갖게 한다.

『도산 안창호』에 의하면 이 시기 도산은 임시정부 안과 밖의 온갖 파벌주의자 공산주의자 급진과격파들 속에서 오로지 대동단결을 외치는 통일독립운동의 화신으로 비쳐진다. 동시에 흥사단운동의 확산에 온 정성을 다하는 것으로 묘사된다. 그런 도산의 독립운동은 1924년 말 그가 다시 미국을 방문하는 것으로 대강 끝나고 만다.

그 결과 1년 반 동안의 미국 체류 후, 다시 중국에 와 1926년 중반부터 1932년 4월 윤봉길의거로 일제 경찰에 끌려가기까지 열정적으로 추진했던 좌우합작운동과 대독립당운동은 사라져 버리고 없다. 이는 물론 그 자신이 도산이 당시 활동하던 현장에 있지 않은 탓일 수도 있으나 기본적으로 그가 갖고 있는 강한 반공적 성향 때문이 아닌가도 추측된다. 이에 따라 도산이 전개한 좌우를 포괄하려 한 대독립당운동과 사상적으로 그것을 뒷받침하기 위해 주창한 대공주의는 전혀 언급되지 못하고 말았다.

그런데 이는 도산의 독립운동의 매우 중요한 한 부분을 누락시킨 것일 뿐만 아니고 그를 민족개량주의적인 인물로 지목하기 쉬운 여지를 주었다는 점에서 심각한 문제가 아닐 수 없었다. 신민회 시기 및 임정 시기와 더불어 이때의 대독립당운동 시기는 우리 독립운동사에서 도산의 리더십이 가장 빛을 발한 대목의 하나였다. 이때 그는 좌우를 막론하고 독립운동가들에게 민족혁명론을 고창하면서 대동단합을 요청하고 이를 위해 한국독립운동의 새로운 지도이념으로 중도적 성격의 대공주의를 정립해 주장했기 때문이다. 이는 우리나라 근대민족주의 사상의 발전 과정에서 매우 중요한 일로 기록되어야 마땅한 일이었다.

3·1운동 이후 우리 사회에는 새로운 이념인 공산주의 사상이 널리 수용되고 그에 따라 독립운동계에는 공산주의 세력이 급속히 대두하여 민족주의진영과 쌍벽을 이루게 되었다. 따라서 이 시기의 민족운동 지도자라면 이 문제에 대해 어떤 형태이건 나름대로의 입장을 가져야만 하였다. 그러나 『도산 안창호』를 통해서는 이에 대한 도산의 견해가 무엇인지 알

수 없을 뿐만 아니라 이같이 중요했던 문제의 제기 자체를 찾을 수조차 없다.

기존의 연구들에 의하면 우리 근대사에서 도산의 사상사적 위치는 자본주의 수용과 시민사회 형성기의 계몽운동가로 규정되며 따라서 그의 민족주의 이념도 자본주의 체제에 바탕을 둔 자유민주주의로 파악되고 있다.[19] 그런데 이들 연구는 주로 춘원과 주요한이 쓴 전기에 기초하고 있으며, 시기적으로는 대체로 1920년대 전반까지의 도산의 언행을 바탕으로 하고 있다.

춘원과 주요한은 각기 1921년과 1925년에 국내로 들어와 1926년 후반에서 1932년 봄 윤봉길의거로 체포당하기까지의 도산의 언행을 직접 접하지는 못하였다. 어쨌든 특히 춘원은 도산이 좌우합작을 이루기 위해 앞장서 나섰던 대독립당운동이나 한국독립당의 창당(1930.1.), 그리고 이를 뒷받침하기 위해 주장했던 사회민주주의적 대공주의에 대해서는 전혀 언급조차 하지 않고 있다.

여기서 잠시 도산의 사회주의 관이 어떠했는지를 먼저 살펴볼 필요가 있다. 그는 평소 당시 유행하던 모든 사상에 대하여 무조건 찬동하여 맹

---

[19] 신일철, 「민족성 개혁의 선구자」, 『사상계』 1962년 3월호.
박명규, 「도산 안창호의 사회사상」
신용하, 『한국현대사회사상』, 1984.
서중석, 「한말 일제침략하의 자본주의 근대화론의 성격-도산 안창호 사상을 중심으로」, 『한국근현대의 민족문제연구』, 지식산업사, 1989.

종하는 것도 반대로 무조건 배척하는 것도 옳지 않다고 하여 경계하고, 오직 과학적 태도로 이를 검토하여 그 장단점을 취사선택할 것을 주장하였다. 그리하여 사회주의에 대해서도 일단은 장점을 가려 수용하려는 태도를 갖고 있었다.[20]

그러나 물론 이때 도산이 말하는 사회주의는 곧바로 3·1운동 이후 우리 사회에 급속히 수용된 과학적 사회주의, 곧 맑스-레닌주의는 아니었다. 주요한은 당시 도산을 비롯한 민족주의 지도자들이 이해한 것은 유토피아적인 사회주의로서 착취와 압제가 없고 모든 사람이 다 평균하게 살 수 있는 사회를 만든다는 정도의 초보적인 사회주의론에 불과했던 것으로 보았다.[21] 도산이, "이 세계의 앞날은 페비안이 주장하는 그런 사회주의로 나아갈 것이다."라고 했다는 어떤 이의 증언이나,[22] 도산의 대공주의를 기독교사회주의에 가까운 것으로 이해하고 있는 또 다른 이의 지적도[23] 다 같은 의미로 보인다.

이러한 사실들을 종합해 보면 안창호는 평등사회 실현을 강조하는 사회주의의 본질에 대한 호의적 태도와 좌파 세력을 포함한 독립운동 세력의 대동단결이라는 현실적 필요에서 1920년대 후반 좌우합작의 대독립

---

20 그는 동지들에게 '사회주의도 한국 민족을 잘 살리기 위하여 주장하는 것이니 연구하여 좋은 점이 있으면 채택할 것'이라고 말하였다고 한다. 주요한, 『안도산전서』, 홍사단출판부, 1999. p.431.

21 주요한, 『안도산전서』, 홍사단출판부, 1999. p.431.

22 「길영희의 회고」, 『기러기』 1987년 6월호, 홍사단.

23 구익균, 「도산선생의 대공주의사상」, 『기러기』 1980년 6월호, 홍사단.

당운동을 전개하고, 사회민주주의적 성격의 대공주의를 정립하였던 것이다.[24]

말하자면 민족주의진영의 대표적 지도자였던 도산은 1920년대 사회주의 사상의 유입에 대해 매우 개방적인 태도를 가지고 있었으며 그 장점인 평등가치를 수용하여 한국민족주의를 보다 진보적인 방향으로 재구성하고 있었던 것이다. 춘원이 이러한 사실들을 일체 언급하지 않은 이유가 단지 잘 몰라서였는지 아니면 자신의 반공적 사상 성향 탓인지 혹은 해방 전부터 특히 좌파로부터 심하게 공격당해 온 정치적 입장 때문이었는지는 확정해 말하기 어렵다.

어쨌든 전체적으로 『도산 안창호』를 통해서는 독립운동 지도자 도산의 독립운동 목표와 방법론이 무엇이었는지가 선명하게 잘 드러나지 않는다. 지금까지 본 것처럼 애국심과 대동단결, 인격수양, 흥사단운동 등만이 두드러져 보일 뿐이다. 특히 민족향상운동이라는 이름으로 인격수양과 흥사단운동이 매우 비중 있게 서술되었는데 이는 춘원 자신이 국내로 들어와 수양동맹회와 수양동우회를 이끌면서 도산과 자신을 일체화한 사실과 관련된다고 본다.

그러나 이는 대다수 세상 사람들로 하여금 도산과 흥사단을 춘원과 일체로 여기게 만드는 악영향을 끼쳤다. 그리고 그것은 곧 상해로부터의 귀국 이후 스스로 민족개량주의자이자 자치운동자였던 춘원을 매개로 도산

---

24 박만규, 「도산 안창호의 대공주의에 관한 일고찰」, 『한국사론』26, 서울대학교 국사학과 1991 참조.

역시 민족개량주의자 또는 자치운동자들의 대부로 각인시키게 만드는 치명적인 결과를 낳기도 하였다.

3) 민족성과 민족사에 대한 부정적 인식

춘원에 의하면 도산은 우리의 과거 역사에서 수많은 폐단을 발견하고 있어서 민족성의 근본적인 혁신이 필요하다고 보았다.

"그는 어떤 모양으로 자아혁신의 대업을 성취할까 함에 대하여 민족성 분석, 즉 자아 반성의 방법을 취하였다. 역사적으로 보아서 우리 민족이 쇠퇴하여 옛 문화와 역량을 잃고 반만년 계승한 국맥까지 끊게 한 원인을 우리 민족성의 타락에서 찾아내려 하였다.

이리하여 그가 첫째로 발견한 것이 우리 민족이 허위의 폐습에 젖었다는 것이었다. 거짓말! 거짓 행실! 이 두 가지가 우리 민족을 쇠퇴케 하고 우리로 망국 국민의 수치를 받게 한 근본 원인이라고 그는 홀연히 깨달았다.

도산이 우리 민족성의 타락에서 찾아낸 둘째 병통은 '입'이었다. 공담공론이었다. 남의 비판이었다. 빈말로만 떠들고 실천 행동이 없는 것이었다. 저는 아무것도 아니 하면서 무엇을 하고 있는 남을 비판하기만 일삼는 것이었다."[25]

---

25 흥사단, 『도산 안창호』, 2013, p.140.

춘원에 의하면 도산이 찾아낸 우리 민족의 두 가지 병폐는 허위와 공담 공론이었다.

"이렇게 거짓과 공론을 우리 민족성의 가장 큰 결함이라고 간파한 그는 자기와 동포의 마음에서 이 폐습을 제거하기를 결심한 것이었다. 무실역행務實 力行 이것이 그 대책이었다. '참'을 힘쓰자. '행行'을 힘쓰자는 것이다."[26]

그래서 나온 것이 무실역행이라는 것이었다.

도산이 우리 민족의 인격혁명과 자아혁신을 중시하면서 특히 무실역 행을 강조한 것은 분명한 사실이었다. 진실과 실행을 핵심 덕목으로 꼽았던 것이다. 그러나 도산이 정말 위의 서술처럼 극단적으로 생각하고 단언하였을 것인지는 의문이 든다. 그는 1926년 상해에서 다음과 같이 말하고 있다.

"우리 민족은 원래 영특한 민족이었습니다. 현금 남에게 뒤떨어져 이러한 현상을 이룬 것은 경우에 의하여 특수한 원인이 있었습니다. 만일 우리 민족이 중국이나 일본과 같이 구미의 문화를 일찍이 받았더라면 우리가 동양의 우등 민족이 되었을 것입니다. 그런데 같은 동양 사람으로 어찌하여 일본이나 중국은 신문화를 일찍 수입하고 우리는 늦게 수입하게 되었는가?

---

26 앞의 책, p.141.

이것은 한 경우에 의하여 된 것입니다. 일본은 지리상으로 위치가 동양의 문 어귀에 있는 까닭에 구미가 동양에 통상할 때 일본을 먼저 경유하게 되었고, 중국은 대륙으로서 인구가 번다하고 물산이 풍부하여 동양의 주인 행세를 가진 고로 구미가 동양에 통상할 때 중국을 중심으로 삼게 되었습니다. 이로 인하여 일본과 중국에는 구미의 신문화가 먼저 들어가게 되었고 우리나라는 이상의 중국과 일본과 같은 경우를 가진 것이 없음으로 구미와의 통상이 늦어져 문화의 수입이 또한 늦었습니다.

만일 우리나라가 신문화를 일찍이 수입하였더라면 우리가 동양에서 가장 우수한 경우를 점령하였을 것입니다. 결단코 우리 민족은 근본적 품격이 부족하다고 무시할 민족이 아니요, 영원한 비관을 가질 민족도 아닙니다. 여러분은 우리 민족이 고구려 시대와 발해 시대에 동아에서 얼마나 우수한 경우에 처하였던 것을 생각하면 우리 민족이 얼마나 영특한가 하는 것을 알 것이외다."**27**

도산의 말이 타당한가의 여부는 차치하더라도, 그처럼 어떤 상황에 대해 합리적으로 사고하고 이해하는 사람은 대체로 생각과 말이 극단에 흐르는 경우가 드물다. 도산을 빌어 서술된 『도산 안창호』에서의 우리 민족과 역사에 대한 설명은 실은 사고의 굴곡이 심했고 과장된 표현을 즐겨했던 춘원 자신의 생각과 말이었던 것으로 보아진다.

---

27 주요한, 앞의 책, p.744.

"도산은 극언하였다. 이조 5백년의 역사는 공론의 역사였다고. 그러하기 때문에 이조 5백년은 경제적으로나 문화적으로나 위대한 유산이 적고 오직 갑론을박과 그로 하여서 온 참무 탄핵 비방 살육 빈축 산비할 기록이 있을 뿐이라고…"**28**

『도산 안창호』에서는 이 밖에도 도처에서 도산을 빌어 한국 민족의 결점과 부정적인 역사가 강조되어 묘사되고 있다.

"이것도(대성학교에서 규칙 준수를 엄격히 강조한 것—필자) 도산이 우리 민족이 경법 敬法 준법의 덕이 부족함을 느낀 데서 온 대증요법이었다. 이씨 조선의 끝말에 소위 세도라는 것이 생기고 매관육작이 생겨 악법오리 惡法汚吏가 횡행하매 국민은 법을 미워하고 법을 벗어날 것만 생각하여서 경법, 준법 관념이 희박해지고 말았다."**29**

"그런데 우리나라에서는 예로부터 나와 다른 의견을 용납하는 아량이 없고 오직 저만 옳다 하므로 그 혹독한 당쟁이 생긴 것이오. 나도 잘못할 수 있는 동시에 남도 옳을 수 있는 것이거든, 내 뜻과 같지 아니하다 하여서 이를 사문난적이라 하여 멸족까지 하고야 마는 것이 소위 사화요, 당쟁이었으니, 이 악습이 지금까지도 흐르고 있소."**30**

---

28 흥사단, 『도산 안창호』, 2013, p.140.
29 앞의 책, p.40.

이는 1920년 초 춘원 자신이 흥사단에 입단할 때 도산과의 문답식에서 도산이 동족 간의 사랑을 강조하면서 한 말로 기록되어 있다. 그러나 26, 27년이 흐른 시점에서 춘원이 기억해 기록한 이 말이 과연 평소 도산의 생각과 말 그대로인지는 확신할 수 없다. 그보다는 오히려 더 춘원 자신의 생각이 아닌가 싶다. 도산의 다음 말을 보면 우리 역사에 대한 도산의 기본적인 인식이 춘원이 기억한 것처럼 철저히 부정적인 것이었는지는 의문이 들기 때문이다.

"우리 민족의 역사상 다른 종족과 교섭한 전후를 궁구하여 보건대 유린을 당한 날보다 승리를 얻은 때가 많으니 (단군—필자) 대황조大皇祖의 성덕은 두만강 이쪽저쪽을 어루만져 다스리고 동명왕의 영웅은 중원을 흔들어 위엄이 천하에 진동하시고, 대무신왕은 4린을 정복하여 동국무사의 활발한 용기를 유전하신 이후 수제 양광을 살수에서 대파하고 당 태종 이세민은 안시성에서 피를 흘렸으며 이충무의 구선龜船이 한산, 명량에서 왜구를 진멸하여 우리 민족의 분투의 능력이 고금에 성함을 일컫더니 전제자가 정사를 잡아 무기를 말살하고 문치를 숭상하다가 드디어 국민을 문약에 병들게 하여 오늘날 이 같은 화를 빚어 내었도다. 그런즉 우리 민족은 조상의 혁혁한 명예와 위대한 공업을 추상하여 자존 자중하는 기습氣習을 수양함이 가하다 하오."[31]

---

30 앞의 책, p.221.
31 주요한, 앞의 책, p.594.

도산은 우리 민족이 쇠퇴한 이후 노출하고 있는 여러 폐단과 폐습을 강하게 비판하기는 했으나 이를 특정한 지리적 조건과 역사적 상황에 따른 일시적인 문제로 보았지 민족성 자체의 결함이나 우리 역사 전체의 본질로 보지는 않았다. 그래서 그의 비판은 자각과 각성을 위한 자기반성이었다. 반면 춘원의 우리 민족과 역사에 대한 부정적 인식은 그 자신이 가장 극명하게 보여주었듯이 여차하면 쉽게 좌절감과 절망감으로 이어지게 되는 자기비하였다.

춘원의 우리 민족과 역사에 대한 부정적인 인식은 일찍이 그가 저술한 「민족개조론」을 통해서도 잘 드러난다. 주지하듯이 「민족개조론」은 1921년 4월 춘원이 일제에 투항해 귀국한 후 11월에 저술을 마치고 이듬해인 1922년 5월 잡지 『개벽』에 실은 글이다.[32] 발표 당시부터 사회적으로 큰 파문을 일으켰다.

그 논지는 매우 간단하였다. 철저히 비정치적인 인격수양운동을 수십 년 동안의 장기간에 걸쳐 조직적으로 전개해 우리 민족의 성격적 결함들을 근본적으로 개조하자는 것이었다. 그것만이 장차 우리 민족의 활로를 여는 길이라는 것이었다. 논지 자체는 지극히 단순하고 낭만적이기조차 했지만 문제는 그 주장자가 누구인가였다.

그 글의 작자가 상해 독립운동계에서 탈출해 귀순해 온 춘원이라는 사실과 결부시켜 볼 때 뜻있는 이들의 눈에는 그 의도가 너무도 뻔히 보였기 때문이다. 3·1운동 후 특히 청년층 속에서 고양되어 있는 독립 의지를

---

32 김윤식, 『이광수와 그의 시대』3, 한길사, 1986, pp.713~741.

비정치적 수양운동이라는 것으로 희석시키려는 것 외에 다른 의미가 있을 수 없었다.

그럴 경우 그 안에 담길 내용도 쉽게 짐작되었다. 당연히 먼저 한국 민족에게서 드러나고 있는 갖가지 부정적인 현상을 나열하는 데서 시작할 것이었다. 실제로 거짓말, 게으름, 불결함, 당파싸움, 공리공론 등등이 줄줄이 지적되었다. 또 그런 틀에서 논의가 전개되고 보면 결국 민족의 성격적 특성이 말해지고 전체 민족 역사 속에서 이를 확인하는 과정도 뒤따르기 마련이었다. 이어서 필수적으로 그런 현상의 원인 분석이 있을 터인데 춘원은 이를 당시 유행하던 민족성 이론을 동원해 제법 과학적으로 설명하였다.

춘원은 프랑스인 학자 르봉의 이론을 인용해 민족성에는 근본적 성격과 부수적 성격이 있다고 구분하고 근본적 성격은 변할 수 없지만 부수적 성격은 장기간의 노력으로 능히 고칠 수 있다고 하였다. 논리상 그는 당연히 우리 민족은 근본 성격은 우수하나 부수적 성격에 문제점들을 갖고 있다고 말해 일견 희망적인 전망을 제시하였다. 그러므로 우리가 수양운동을 통해 수십 년만 조직적으로 노력하면 우리 민족의 성격 개조가 가능하다고 주장하였다. 결론은 비정치적 수양운동 조직, 즉 수양동맹이 필요하다는 것이었다.

그런데 춘원은 이미 「민족개조론」을 발표하기 석 달 전인 2월 11일에 일제의 적극적인 동의를 얻어 수양동맹회를 조직한 바 있었다.[33] 결국

---

33 홍사단, 『홍사단 100년사』, 2013, p.186.

「민족개조론」 저술과 발표는 수양동맹회의 취지를 세상에 널리 알리고 그 존재를 정당화하기 위한 것이었다.

그런데 춘원은 정치적으로 보면 자치운동적 성격의 「민족개조론」을 쓰면서 독립운동 지도자인 도산을 물고 들어갔다. 그 첫머리에서 다음과 같이 쓰고 있다.

"이 글의 내용인 민족개조의 사상과 내용은 재외 동포 중에서 발생한 것으로서 내 것과 일치하여 마침내 나의 일생의 목적을 이루게 된 것이외다. 나는 조선 내에서 이 사상을 전하게 된 것을 무상의 영광으로 알며 이 귀한 사상을 생각한 위대한 두뇌와 공명한 여러 선배 동지에게 이 기회에 또 한 번 감사와 존경을 드립니다."[34]

이 글을 통해 춘원은 자신이 도산의 제자 내지는 사상적 동지이며 자신이 만든 수양동맹회가 도산이 만든 흥사단의 국내지부임을 은연중에 드러낸 것이다. 즉 춘원으로서는 독립운동을 포기하고 일제에 투항한 자신의 변절을 도산과 흥사단을 이용해 합리화하려 한 것이었다.

어쨌든 이런 목적의 「민족개조론」에서 춘원은 특유의 능란한 문장력으로 한국 민족과 역사에 대한 부정적인 인식을 마음껏 드러냈다. 표면적으로는 민족성 개조의 희망을 말하면서 비록 먼 미래의 일일지라도 독립을 암시하는 듯하였지만 실제로는 읽는 사람들에게 자기 민족과 역사에 대

---

34 이광수, 「민족개조론」, 『이광수전집』10, 우신사, 1979, p.116.

한 열등감과 좌절감만을 각인시켰다. 독립의 의지를 포기하고 덕, 체, 지의 수양을 통해 기껏해야 식민지 체제 내에서의 소시민으로 안주할 것을 설득하고 있었던 것이다. 그리고 그것은 조금만 상황이 악화돼도 곧바로 절망감으로 변질되어 일제 지배 하에서의 자치마저도 포기하고 친일동화의 길로 전락할 것이 예견되고 있었다.

『도산 안창호』에서 도산의 입을 빌어 묘사한 우리 민족과 역사에 대한 부정적 인식은 실은 일찍이 26, 27년 전에 춘원이 「민족개조론」에서 이미 적나라하게 피력한 바 그 자신의 생각이었던 것이다.

3. 맺음말

춘원의 『도산 안창호』는 해방 직후 출간되어 도산과 그의 사상에 대한 인식의 틀을 우리 사회에 최초로 제시한 책이었다. 발간된 지 이미 70년이 넘었지만 오늘에 이르기까지도 판을 거듭해 계속 보급되면서 도산과 그의 사상을 이해하는 데는 거의 원전이라 할 정도의 비중을 가지고 있다. 그것이 미치고 있는 큰 영향력에 비추어 볼 때 본격적인 내용 검토는 지금이라도 반드시 필요한 일로 보인다. 여기서는 『도산 안창호』에 나타난 춘원의 도산에 관한 인식의 문제점을 크게 세 가지로 지적해 보았다.

첫째는, 춘원이 독립운동 지도자 도산의 활동을 수양운동으로 축소한 다음, 다시 그것을 도덕적 인격수양으로 한정한 점이다. 그는 다양한 조직을 만들고 참여하며 폭넓은 활동을 전개했던 도산의 독립운동 가운데 특히 기초부분인 흥사단운동을 도산의 민족운동의 근간이자 본질이라고 부각하였다. 더욱이 춘원은 그 흥사단운동이라는 것마저도 도덕적 인격 수양에 치중하여 말했다. 그런데 이는 독립운동에 헌신할 혁명투사의 양성을 목적으로 한 도산의 진의와는 매우 거리가 먼 것이었다. 그 이유는 그 자신이 국내로 귀순하여 전개한 비정치적인 수양운동[35]을 합리화하려는 의도가 깔린 탓으로 보인다.

둘째는, 당시 최고위 독립운동 지도자였던 도산의 독립운동론이 정작 『도산 안창호』를 통해서는 제대로 드러나지 않고 있다는 점이다. 그가 한국 근대 민족운동의 무대에 본격적으로 등장한 한말 신민회운동에서 그의 민주공화국가건설론이나 독립전쟁준비론에 대한 이해는 전혀 찾아볼 수 없다.

3·1운동 후 임정시기에도 임시정부를 중심으로 한 도산의 독립운동 구상은 선명히 그려지지 않는다. 대신 임시정부는 심한 파벌싸움 끝에 약화되어 전혀 독립의 전망을 주지 못했다고 매우 부정적으로 그려지는데 이 역시 그 자신이 임정을 배반하고 탈출한 사실과 결부되는 것이 아닌가 생각된다.

특히 주목할 것은 1920년대 후반의 좌우합작운동이 완전히 누락되어 있는 사실이다. 대신 그는 도산과 흥사단과 자신을 일체화시킴으로써 도

---

35 수양동맹회는 규약을 통해 '자기 수양과 문화 사업으로 조선인에게 고상한 덕과 필요한 지식과 건강과 부를 향수시키는 것을 목적으로 하고 절대로 정치 또는 시사에 간여하지 않는 것이 주의'라고 하여 엄격히 비정치적인 단체로 스스로를 규정하였다. 흥사단, 『흥사단100년사』, 2013, p.187.

산을 대다수의 국내 대중들에게 자신과 같은 민족개량주의자 또는 자치
운동자로 잘못 각인시켰다.[36] 도산에게는 너무도 치명적인 결과가 아닐
수 없었다.

셋째는, 춘원은 도산이 마치 한국 민족과 역사에 대해 지극히 부정적인
인식을 가진 것처럼 묘사하였다. 그러나 이는 사실과 다른 것으로 단지
춘원 자신이 갖고 있는 민족관과 역사관일 뿐이었다. 도산은 실제로는 우
리 민족의 자질에 대해 기본적으로 신뢰하고 있었으며 우리 역사에 대해
서도 비록 지금은 일시적으로 고난을 겪고 있다 하더라도 장래에 대해서
까지 비관하지는 않았다.[37]

어떤 인물에 대한 기록이건 상당한 정도로 작자의 주관이 개입되는 것
은 피할 수 없는 일이다. 그러나 『도산 안창호』의 경우는 너무 심한 사례
로 생각된다. 도산의 활동 전체에 비추어 보면 매우 중요한데도 누락된
부분이 많은 것은 일단 저술 당시의 여건이 어려웠기 때문으로 이해해 볼
수도 있다. 그러나 기술되어 있는 부분마저도 과장과 축소가 많고 왜곡이
심해서 어디까지가 도산의 실상이고 어느 부분이 작자인 춘원 자신의 처
지와 생각에 따라 만들어진 허상인지를 구분하기가 쉽지 않다. 읽는 이들

---

36 강동진, 『일제의 한국침략정책사』, 한길사, 1980.

서중석, 「한말 일제침략하의 자본주의 근대화론의 성격-도산 안창호 사상을 중심으로」, 『한
국근현대의 민족문제연구』, 지식산업사, 1989.

안태정, 「1920년대 일제의 조선지배논리와 이광수의 민족개량주의논리」, 『사총』35, 1989.

37 그가 운명하기 전 의식이 흐려진 가운데 마지막으로 남긴 말이 동포들을 향한 '낙…심…
마…오!'였다. 주요한, 앞의 책, p.486.

의 폭넓은 배경 지식과 세밀한 주의가 요구되는 이유이다. 그렇지 못할 경우 『도산 안창호』를 통해서는 도산과 그의 생각을 이해하는 것이 아니라 춘원이 자신의 틀 내에서 이해하고 자신의 처지와 의도에 따라 만들어낸 도산을 보게 되는 위험을 피할 수 없기 때문이다.

춘원에 뒤이어 1963년 『안도산전서』를 저술한 주요한은 그 서문에서 다음과 같이 말한 바 있다.

"도산의 사상, 인물 및 업적을 평가함에 있어서 종래 (춘원이—필자) 그의 애국사상과 도의적 주장에 치중함에 대하여, 필자는 그의 민족주의적 이념과 국민생활 현대화의 선결 논리를 중시하는 각도로 보는 또 하나의 도산관을 논하려고 시도하였다. 하여간 (언행록과 평전의—필자) 이중적 성격을 혼합한 이 기록을 기본으로 하여 장차 진정한 도산평전이 다시 쓰여져야 할 것이다."[38]

그러나 주요한 역시 큰 틀에서 보면 춘원의 도산 인식을 크게 뛰어넘지는 못하였다. 좀 더 나은 조건에서 보다 상세하게 도산의 행적과 생각을 서술하기는 하였으나 여전히 누락된 부분이 많고 그를 전체 독립운동의 지도자로서보다 주로 애국심과 도덕성이 뛰어난 민주주의의 선각적 지도자로만 그리고 있다.

도산의 본령은 어디까지나 한국독립운동의 최고지도자로서 사상과 운동의 양면에서 우리 독립운동을 이끌었던 데 있다. 신민회운동을 통해 민

---

[38] 주요한, 앞의 책, p.5.

주공화국 건설운동을 선도했고 대한민국임시정부의 주춧돌을 놓았으며 대독립당운동을 통해서는 사회민주주의적인 대공주의 사상을 정립해 한국민족주의의 새로운 전망을 열었던 것이다. 춘원의『도산 안창호』는 이런 그의 전모를 전해주기에는 너무도 거리가 멀다는 아쉬움이 크다. 그렇게 된 이유는 시대정신에 충실했던 도산을 온전히 제대로 그리기에는 춘원 자신의 생각과 삶이 너무 크게 굴절되었기 때문이라 하겠다.

참고자료

1. 도산기념사업회,『도산 안창호』, 태극출판사, 1947.

2. 흥사단,『도산 안창호』, 2013.

3. 주요한,『안도산전서』, 삼중당, 1963.

4. 주요한, 증보판『안도산전서』, 흥사단출판부, 1999.

5. 흥사단,『흥사단 100년사』, 2013.

6. 도산기념사업회,『도산안창호전집』1~14, 2000.

7. 김윤식,『이광수와 그의 시대』1~3, 한길사, 1986.

8. 강동진,『일제의 한국침략정책사』, 한길사, 1980.

9. 서중석,『한국근현대의 민족문제 연구』, 지식산업사, 1992.

10. 박찬승,『한국근대정치사상사 연구』, 역사비평사, 1992.

11. 안태정,「1920년대 일제의 조선지배논리와 이광수의 민족개량주의논리」,『사총』35, 1989.

12. 박만규,「도산 안창호의 대공주의에 관한 일고찰」,『한국사론』26,

서울대 국사학과, 1991.

13. 김용달, 「춘원의 민족개조론의 비판적 연구」, 『도산사상연구』4,

도산사상연구회, 1997.

14. 조배원, 「수양동우회연구」, 『도산사상연구』6, 2000.

15. 박만규, 「도산 안창호와 춘원 이광수의 관계」, 『역사학연구』57,

호남사학회, 2015.

16. 박만규, 「도산 안창호의 개혁사상과 민족개조론」, 『역사학연구』61,

호남사학회, 2016.

보론　안창호의 민족개조론과
이광수의 『민족개조론』 비교

　도산 안창호는 19세기 말~20세기 초의 변혁기에 처해 존망과 성쇠의
기로에 서 있던 한국 민족에게 생존과 번영을 위해 민족 구성원 각 개인
과 사회와 국가 나아가 세계 질서까지도 모든 것을 혁신하자고 주장한 선
각적 개혁사상가요, 그것을 앞장서 실천해 온 선구적 개혁운동가였다. 그
러나 현재 도산은 특히 그의 민족개조론과 관련해서는 긍정적 평가만을
받고 있지는 않다. 직접적으로 일제의 침략과 지배를 받고 있던 한말과
일제 강점 시기에 적을 향한 비판을 통해 투쟁 의지를 북돋기보다 스스로
에 대한 자성과 반성을 강조했던 주장이 과연 국권수호운동이나 민족독
립운동에 도움이 될 수 있었겠는가 하는 회의론이 제기되고 있는 것이다.
　더 나아가면 침략과 지배라는 일제의 불법적 행위를 준엄하게 문책하
기보다 그러한 결과를 초래한 원인이 결국은 우리 민족 스스로에게 있는
것이라 하여 그들에게 면죄부만 만들어준 것이 아니냐는 비판도 가능하

다. 그리고 설사 의도하지 않았더라도 한국 민족으로 하여금 일제의 침략과 지배에 적극적으로 저항하게 하기보다 자포자기와 절망에 빠지게 하여 결과적으로는 저들의 통치에 순응하게 하였을 뿐이라는 평가까지도 있을 수 있다.

이 같은 비판적 지적들에는 나름대로 일면의 타당성이 없지 않다. 모든 사물이 그렇듯이 제국주의 시대에 약소민족의 민족개조론 역시 빛과 그림자의 양면적 가능성을 함께 갖고 있었기 때문이다. 당시 제국주의 열강의 침략과 지배를 합리화하는 논리로서 약육강식과 우승열패를 자연스러운 일로 정당화하는 강자 위주의 사회진화론이 널리 유포되어 있었다는 것은 잘 알려져 있다.[1] 그런 속에서 피지배 약소민족의 자기 성찰과 반성은 각성과 분발의 계기도 될 수 있지만 힘의 우열이 너무도 확연한 상황에서는 자기 비하와 체념에 빠지게 하는 논리로도 작용하기 쉬운 까닭이다. 주관적으로는 아무리 애국적인 동기에서 출발하였다 하더라도 객관적인 상황 조건에 따라서는 자기 민족에 해악을 주는 결과를 초래할 수도 있는 것이었다.

이 같은 비판적 견해는 특히 춘원 이광수의 『민족개조론』 저술 때문에 한층 더 설득력을 얻고 있기도 하다. 잘 알려져 있듯이 식민지 시기 대표적 친일 지식인으로 지탄받고 있는 춘원은 도산과 각별한 인연을 맺고 있었으며 흥사단의 국내 조직을 창설하고 지도한 인물이기도 했다.[2] 춘원

---

1 박찬승, 「한국근대정치사상사연구」, p.37.
2 김윤식, 『이광수와 그의 시대』3, pp.747~753.

은 식민지 민족의 민족개조론이 가질 수 있는 위험성을 그 스스로 가장 적나라하게 실증해 보여 준 사례였다.

3·1운동을 전후하여 한때 상해에서 안창호의 적극적인 후원 아래 독립운동에 종사했던 그가 국내로 귀순해 들어와 자치운동으로 전환하면서 『민족개조론』을 저술했고 그 후에 또다시 완전한 친일 동화론자로 전락했던 것은 잘 알려진 사실이다. 그런 춘원이 『민족개조론』을 쓰면서 마치 도산의 뜻에 따라 그의 사상을 그대로 국내 동포들에게 전하기 위해 쓴 것처럼 그 서문에서 밝혔기 때문에[3] 많은 사람들에게 춘원과 도산은 더욱 일심동체로 여겨졌던 것이다.

그러나 도산이 가졌던 민족개조론과 춘원이 썼던 『민족개조론』은 내용상 많은 공통점이 있음에도 불구하고 동시에 근본적인 차이점들을 갖고 있음을 잘 알아야 한다. 도산의 민족개조론과 춘원의 『민족개조론』의 차이점들을 제대로 이해하기 위해서는 그것들이 말하고 있는 논리의 내용에 대한 검토와 함께 먼저 그들 자신의 차이점 자체부터를 잘 이해할 필요가 있다.

첫째, 무엇보다 도산은 그의 일생을 통해 초지일관 전혀 흔들림 없이 독립론을 견지했지만 춘원은 『민족개조론』을 쓸 당시 이미 자치론으로 기울어 있었고 또 그 자신이 의식했건 의식하지 못했건 간에 장차 동화론

---

3 "이 글의 내용인 민족개조의 사상과 내용은 재외 동포 중에서 발생한 것으로서 내 것과 일치하여 마침내 나의 일생의 목적을 이루게 된 것이외다. 나는 조선 내에서 이 사상을 전하게 된 것을 무상의 영광으로 알며." 이광수, 「민족개조론」, 『이광수전집』17, 삼중당, ,1964, p.169.

자로의 변신을 예비하고 있는 중이었다. 같은 민족개조라는 말을 쓴다고 하더라도 독립론자가 뜻하는 내용과 친일파 자치론자나 동화론자가 의도하는 바는 천양지차가 있게 마련이었다.

둘째, 도산은 자기 민족의 과거 역사에 비추어 그 잠재적 가능성에 대해서도 확고한 믿음을 갖고 있었던 데[4] 비해 춘원은 민족의 장래와 미래 가능성에 대한 신뢰를 갖지 못하였다.

여기에 더하여 도산은 제국주의의 본질과 국제 정세의 변화에 대한 정확한 통찰력을 갖고 있었지만 춘원은 그런 안목을 갖지 못하였다. 도산은 일찍부터 제국주의는 끝없는 팽창을 계속하게 마련이며 그 경우 일제 역시 대외 침략의 끊임없는 확장 끝에 결국은 중국, 러시아, 미국과 같은 강대국들과 충돌하게 된다고 보았다. 특히 미국과의 전쟁으로 패망하게 될 것이라 믿었다. 그리하여 도산은 일제가 중국 본토까지 침략하여 날로 세력을 확장하던 1938년의 임종 당시에도 동포들에게 결코 절망하지 말 것을 당부할 수 있었다.[5] 그러나 춘원은 점차 파멸을 향해 치닫고 있는 일제의 눈앞의 승전과 팽창에 눈이 멀어 완전한 일본인화만이 그나마 한국 민족이 살아남는 길이라고 생각하는 영원히 씻을 수 없는 잘못된 판단을 하고 있었던 것이다.[6]

이 같은 전제 위에 도산의 민족개조론과 춘원의 『민족개조론』을 내용

---

4 도산은 특히 고구려와 충무공의 예를 들면서 자기 역사에 대한 큰 자긍심을 표현하였다. 주요한, 앞의 책, p.502.

5 주요한, 앞의 책, p.486.

6 김윤식, 『이광수와 그의 시대』3, pp.999~1026.

적으로 검토해 보면 역시 크게 다음 두 가지 차이점이 있음을 알게 된다.

첫째, 그들이 각기 민족개조를 통해 이루려고 했던 목적이 전혀 다르다는 점이다. 이미 앞에서 말했듯이 독립론자와 자치론자가 지향하는 인간상이 같을 수는 없는 것이다. 독립론자가 민족개조를 말할 때는 정직과 성실 실천력과 신의 용기 등의 일반적 덕성 외에 애국심과 민족에 대한 영원한 책임감 및 주인의식 그리고 혁명투사로서의 자격 등을 포함하는 독립지향적 인간상을 추구할 것이었다. 반면 현실에서 이미 올바른 길을 벗어난 자치론자나 동화론자의 경우 여러 덕성 가운데서도 특히 보편적 도덕성만을 일면적으로 과도하게 미화하면서 상대적으로 그런 기준에 미치지 못하고 있는 우리의 현상적 결함을 극력 강조하게 될 것이었다. 그 결과 스스로에 대한 자신감을 잃게 하고 춘원 자신이 그러했던 것처럼 독립의 가능성에 대한 자포자기와 체념을 유발함으로써 은연 중 식민지 체제에의 순응을 권유할 것이었다.

구체적으로 도산이 지향했던 민족개조의 목표는 한국 민족으로 하여금 스스로가 나라의 주인임을 자각하여 애국심과 책임감 그리고 주인정신을 가진, 그리하여 정신적으로 그리고 실질적으로 독립 국민의 자격을 갖춘 사람들로 변화시키는 데 있었다. 나아가 독립투사를 양성하는 것이었는데,[7] 실제로 흥사단우 가운데서 180여 명의 독립유공자가 배출되었다.[8]

---

7 도산은 1929년 미주 단우들에게 보낸 공개 서한에서, "우리 흥사단은 평범한 수양주의로 이루어진 수양단체가 아니라 한국 혁명을 중심으로 하고 투사의 자격을 양성코자 하는 혁명훈련단체입니다."라고 하였다. 흥사단, 『흥사단 100년사』, p.200.

　　그러나 춘원은 독립을 포기하고 자치운동으로 전환한 자신의 정치적 변절을 호도하기 위해 복잡한 민족성 이론이라든가 도덕성 지상주의로 무장한 채 현상적으로 드러난 민족의 약점들만을 크게 부각시켰다. 장차의 전망에 대해서도 그럴듯하긴 하지만 현실성 없는 논리만을 펼쳐 결과적으로 독립에 대한 믿음과 희망을 갖지 못하게 유도하였다. 결국 그가 제시한 바람직한 인간상이란 일제의 지배를 인정한 채 그 안에서 어느 정도의 지식과 재산을 가진 식민지 체제 내에서의 안정된 소시민이 고작이었다.[9]

　　둘째, 도산과 춘원은 같은 민족개조를 말하면서도 그 개조의 구체적 대상을 다르게 설정하고 있었다. 도산은 주로 당시 한국 민족의 잘못된 습관을 개조의 대상으로 말한 데 비해 춘원은 민족의 성격 그것도 주로 도덕성을 문제 삼았다. 이미 위에서 말한 것처럼 두 사람의 민족개조의 지향점이 달라진 근본 원인은 역시 도산과 춘원의 정치적 지향이 다른 데서 연유하였지만 습관의 개조와 도덕성의 개조라는 개조 대상의 차이 역시 크게 작용하였다.

　　도산은 한국 민족이 개조해야 할 주된 대상을 낡은 시대의 잘못된 습관이라고 하였다. 그는 당시 한국 민족에게 드러나고 있는 여러 부정적 현상들을 냉정히 비판하면서도 그것들이 특정한 역사적 지리적 조건들 속

8　홍사단, 위의 책, pp.1208~1211. 이 숫자는 더 늘어나 2022년 현재 180여 명으로 확인되고 있다.

9　안태정, 「1920년대 일제의 조선지배 논리와 이광수의 민족개량주의 논리」, 『사총』35, 1989.

에서 연유한 것으로 보는 합리적 인식을 갖고 있었다.[10] 따라서 노력에 따라 얼마든지 극복할 수 있는 것이라고 생각했다. 반면 춘원은 표면적으로는 우리 민족의 근본적 성격은 우수하므로 단지 부수적 성격의 몇 가지 결함들만 고치면 된다고 말은 하였지만 우리 역사에 대한 부정적 인식과 겹쳐 그 자신부터 실제로는 그런 믿음을 갖고 있지 못했다.

그리하여 도산은 과거의 빛나는 역사에서 보듯 근본이 우수한 한국 민족이 끝내는 독립하고 말 것이라는 굳건한 신념을 갖고 있었다. 반면 춘원은 당시 유행하던 민족성 이론을 도입하여 특정 상황과 조건 속에서 드러나는 폐습들을 민족성 그 자체에서 연유하는 것으로 규정하고 그 근본적인 개조의 필요성을 말하였다. 민족성을 이른바 불변적 요소와 가변적 요소로 나누어 당시 한국인의 나쁜 성격은 불변적인 것은 아니고 단지 가변적인 것이라 하여 수십 년의 시간 동안만 노력하면 능히 개조할 수 있는 것이라 하여 일견 희망적인 듯 말하지만 실은 공허한 주장을 펴고 있었다. 개조에 필요한 시간을 지나치게 장기간으로 설정하는 것도 문제지만 사회나 국가 등 개인을 둘러싼 환경에 대한 개조론이 일체 사상된 채 단지 도덕적 민족성의 개조만을 별개로 강조하는 춘원의 민족개조론은 결과적으로 독립을 위한 분발과 투쟁의지를 고취하는 것이 아니라 자기비하와 자포자기에 빠지게 할 뿐이었다. 그 스스로 날로 커지는 한국과 일본 간 현실적 실력의 격차에 점점 더 절망할 수밖에 없었던 것이다.

---

10 만일 우리 민족이 일본이나 중국에 구미문화가 들어올 때에 그 때에 같이 신문화를 받았더라면 우리 민족이 일본이나 중국민족 보다 훨씬 나았을 것입니다." 주요한, 앞의 책, p.517.

이상에서 보았듯이 도산의 민족개조론과 춘원의 『민족개조론』은 표면적으로는 많은 유사성을 갖고 있었지만 실질적인 내용에서는 전혀 다른 지향과 논리를 갖고 있었다. 도산의 민족개조론이 사회개조론과 국가개조론 및 세계개조론이라는 개혁사상의 총체적 연결고리 속에서 한국 민족의 자주독립과 근대적 발전을 추구하기 위한 올바른 민족주의론이었다면 춘원의 『민족개조론』은 민족지도자 도산의 권위를 빌어 그의 반민족적 입장을 호도하기 위해 펼친 왜곡된 사이비 민족주의론에 불과하였다.